몸과 마음을 함께 돌보는
소마 사무량심 명상

기쁨의 세포를 춤추게 하라

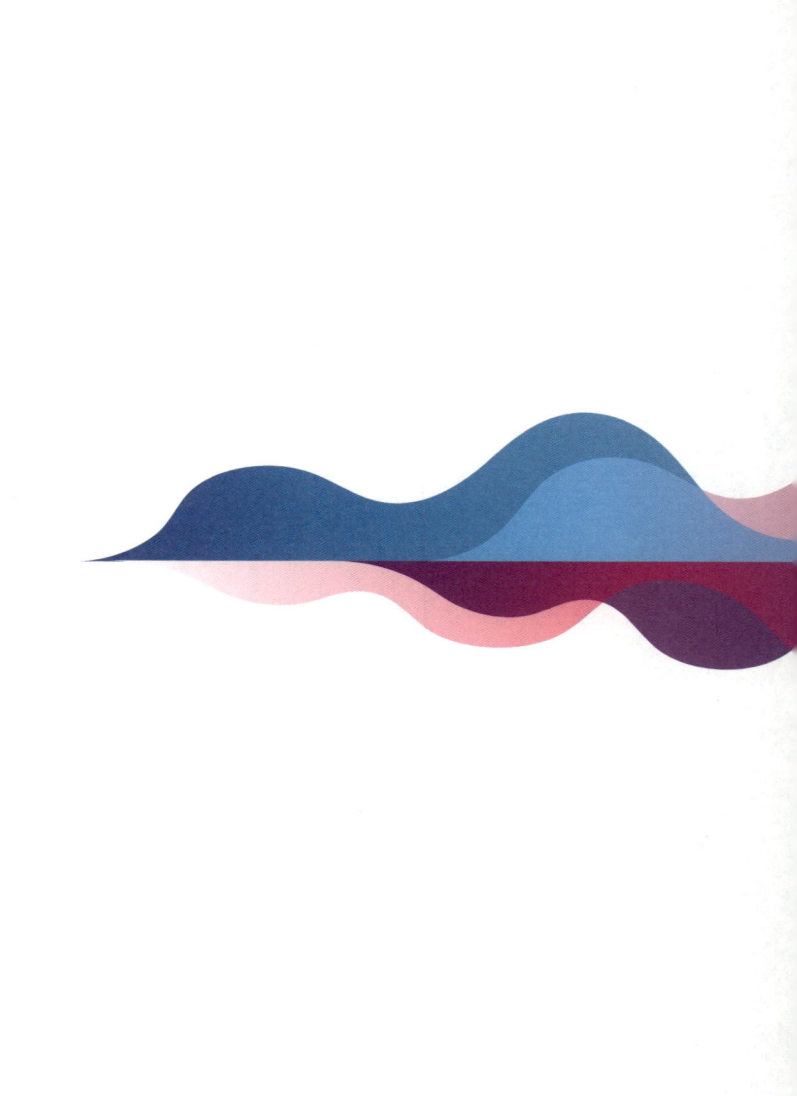

몸과 마음을 함께 돌보는
소마 사무량심 명상

기쁨의 세포를 춤추게 하라

정연 재마 지음

불광출판사

일체 중생 행복과 행복 원인 갖기를,
일체 중생 고통과 고통 원인에서 벗어나기를,
일체 중생 고통 없는 기쁨 갖기를,
일체 중생 애증 없는 평등심에 머물기를.
- 티베트 사무량심 기도문

○   들어가는 글

지혜와 자비(캔버스에 수채, 45㎝×56㎝)

'내일이 먼저 올 지 내생이 먼저 올 지 모르는' 지구별 여행에서 우리는 배워야 할 것들이 참 많습니다. 그런데 언제나 다른 사람들이 짜 놓은 프레임에 맞추느라 몸과 마음이 애를 먹는 것은 아닌지 묻고 싶을 때가 있습니다.

눈먼 거북이가 천 년에 한 번씩 숨을 쉬러 물 위로 올라오는 날, 망망대해를 떠돌던 구멍 뚫린 널빤지 구멍에 머리를 끼워 넣는 것만큼이나 인간 몸 받기 어렵다는 붓다의 말씀은 이 삶이 얼마나 귀중한지를 잘 가르쳐 줍니다. 이렇게도 귀한 인간의 삶을 받은 우리는 아주 짧은 시간 동안만 여행할 수 있습니다. 우리는 잠깐 다니러 온 이 존재여행을 얼마나 행복하게 하고 있을까요? 이 책에서는 존재여행에서 우리에게 진정 필요한 것들이 무엇일지 함께 탐구하고 실험해 보려고 합니다.

붓다께서는 세 가지 행복에 대해 말씀하셨는데요. 이 땅에 살면서 행복한 길과 다음 생을 위한 행복한 길, 그리고 완전한 행복을 위한 길입니다. 그리고 이 세 가지 길은 나눔과 윤리적인 생활과 지혜 수행을 통해 가능하다고 알려 주셨습니다. 이 지구별에서 행복한 존재여행을 하기 위해서는 몸과 마음의 건강을 유지하고, 행복의 원인을 심고 가꾸는 것이 중요합니다. 몸과 마음의 건강을 유지하려면 행복의 씨앗을 심고 가꾸어야 합니다. 행복의 씨앗을 심기 위해서는 네 가지 고결한 마음을 일으키고 자라게 하는 방법이 있습니다. 네 가지 고결한 마음은 이생과 내생, 그리고 완전한 행복을 위해 모두 가져야 하는 거룩한 마음입니다. 바로 모든 생명을 조건 없이 사랑하는 자애의 마음, 고통 속에 있는 이들이 고통에서 벗어나기를 바라며 측은히 여기는 연민의 마음, 나와 이웃의 성공을 함께 기뻐하고 축하하는 기쁨의 마음, 좋고 싫음에 대한 집착과 혐오가 없는 평등하고 평온한 마음이지요. 이들 네 가지 긍정적인 마음 상태는 고통을 가져오는 해롭고 부정적인 마음을 전환하는 열쇠입니다. 자애는 미움과 분노를, 연민은 원한과 성냄을, 더불어 기뻐하는 마음은 질투와 따분함을, 평온은 집착과 증오를 벗어나게 합니다.

네 가지 고결한 마음을 닦는 수행에 대해서는 붓다께서 제자들에게 사선정과 사무색정 수행 사이에 닦으라고 설하신 가르침이 지금까지 전해 옵니다. 이 가르침은 사선정에 들었을 때의 기쁘고 행복한, 대상과 하나가 된 고요한 심일경성心一境性의 마음을 선정에서 출정한 후에도 선한 마음으로 계속 유지하기 위해서입니다. 또 공동체 생활을 하는 제자들의 화합과 행복을 위해서도 권유하셨다고 봅니다. 이는 오늘날, 현대를 살아가는 우리에게도 똑같이 해당됩니다. 사무량심은 우리 자신을 밝고 맑게 할 뿐 아니라 이웃과 세상을 이롭게 하고 환하게 하는 고귀한 자원입니다. 어디서 무엇을 하건 자애와 연민, 기쁨과 평온의 마음으로 한다면 우리는 마치 천상에 거처하는 듯한 행복감을 누릴 수 있을 것입니다. 그래서 사무량심을 브라흐마 위하라Brahma-vihāra, 사범주四梵住, 즉 네 가지 거룩한 거처라고 부릅니다.

　　행복의 씨앗인 사무량심이 건강하게 자랄 수 있도록 하는 영양분으로 사섭법四攝法을 들 수 있습니다. 보시布施, 애어愛語, 이행利行, 동사同事이지요.

　　자애의 마음은 '보시, 나눔'이라는 행동을 통해 양분을 주고 자라게 할 수 있습니다. 이 지구별에 처음 왔을 때부터 지금까지 우리는 주변의 여러 사람들로부터 수많은 도움을 받았습니다. 물론 자신이 원하는 만큼 받지 못했을 수도 있지만 삶에 필요한 것들을 어떤 형태로든지 받았을 것입니다. 필요를 채워 주고 보살피는 마음이 사랑, 자애가 아닐까요? 나의 견해와 생각으로 상대를 돕는 것이 아니라, 상대방에게 정말 필요한 것이 무엇인지를 알고 나누는 것이 자애이며 사랑이라고 봅니다.

　　연민의 마음은 다른 사람을 이롭게 해주는 '이행利行'이라는 행동으로 행복의 씨앗에 양분을 줍니다. 이행은 고통 속에 있는 이들이 고통에서 벗어나기를 바라는 마음과 실천에서 나옵니다. 모든 이들이 존재여행을 하면서 소나기와 비바람을 만납니다. 이행은 어떻게 하면 어려운 환경과 조건에서 고통 받는 이들을 이롭게 할 수 있는지 함께 걸어가며 모색합니다. 거기에 연민의 마음은 첫발을 내딛게 하고 지속적인 동력을 제시

합니다. 연민의 마음으로 실천하는 타인을 이롭게 하는 행동은 가깝거나 멀거나 거리와 상관없이 고통을 겪는 인류의 공통된 관심사에 귀를 기울이게 합니다. 그리고 어떤 생각, 어떤 말, 어떤 행동이 나와 타인을 이롭게 할 수 있는지 날마다 깨어 있는 의식으로 준비합니다.

기쁜 마음은 '애어愛語'라는 행동으로 양분을 주고 자라게 할 수 있습니다. 애어는 진실한 말, 다정한 말, 위로의 말, 사랑스럽고 온화한 격려의 말로 실천할 수 있습니다. '어떻게 하면 기쁨을 줄 수 있을까?' 하는 모색은 사랑하는 사람에게나, 위하고 싶은 사람에게 일어나는 마음의 현상입니다. 자신의 마음이 넓어지고 주위에 많은 사람들이 모이고 행복해지는 탁월한 방법입니다. 다정하고 따뜻한 위로와 격려가 되는 말은 고통을 겪는 이에게 힘을 줄 수 있습니다. '만약 내가 이러한 고통 속에 있다면 무슨 말을 듣고 싶을까?'를 깊이 생각해 본다면 어떤 한 마디 말이 떠오를 것입니다. 그때 내가 듣고 싶은 말이 무엇이었는지 생각해 낼 수 있다면 우리 존재여행은 좀 더 따뜻해질 수 있습니다. 진실하게 상대방의 장점과 강점을 칭찬하고, 성공을 함께 기뻐하면서 축하해 주는 것은 상대방을 일으켜 세우는 행동입니다. 이로써 존재여행은 더 활기차게 나갈 수 있을 것입니다.

이러한 탁월한 방법을 나와 우리에게만 한정하는 것이 아니라 모든 존재에게 확대하는 것이 평온과 평등의 마음을 발현하는 것입니다. 좋아하는 사람과 싫어하는 사람을 가리지 않고 고통 속에 있는 이들을 벗어나게 하고, 기쁨을 주려는 마음으로 노력하는 모든 말과 행위는 수행입니다. 더 나아가 너와 나를 구분하지 않고, 우리 모두가 연결된 한 생명이라는 전체성과 서로 의존해 있는 연기의 가치를 받아들이는 것이 평온과 평정입니다. 여기에 '동사同事'라는 함께하는 행동이 보태어진다면 우리의 존재여행은 더없이 행복할 것입니다.

저는 여기서 사무량심으로, 치유를 가져오는 순환적인 수행법인 4S 방식을 통해 존재여행을 떠나보고자 합니다. 4S는 달리는 습관을 잠시 멈추고stop 깨어 현재 있는 곳에 머물러stay, 무엇이 일어나고 있는지 명료하게 보는see 지혜sophia를 일으키는 것입니다.

우리는 그동안 무엇인가를 향해 달리느라 우리 자신의 몸과 마음이 하는 이야기를 들을 겨를이 없었는지도 모릅니다. 그러나 생의 어느 주기에서나 몸과 마음은 끊임없이 우리에게 자신의 상태를 이야기하고 있습니다. 멈추고 머물러 바라보면서 지혜가 일어나는 4S는 더 자유롭고 행복한 존재여행을 위한 자비를 발현시키는 유용한 도구가 되어 줄 것입니다.

지혜는 자신과 주변, 세상을 있는 그대로 비추어 주고, 알아차리는 통찰입니다. 또한 우리가 이 지구별에서 존재여행을 하는 동안 고통스러운 경험의 원인이 나 아닌 다른 사람이나 세상에만 있다고 믿는 생각과 망상의 거품을 빼는 중요한 열쇠입니다. 그리고 지혜는 우리 존재에 대한 앎과, 존재가 진정으로 바라고 원하는 것이 무엇인지 아는 바탕을 제공합니다.

우리 존재는 지혜나무에 비유할 수 있습니다. 지혜나무의 변화와 성장은 4S 순환 방식으로 가능합니다. 지혜나무가 대지 안으로 깊게 뿌리를 내리기 위해서는 멈춤이 필요합니다. 우리들이 진정으로 자신을 대지처럼 받아들이고 자애롭기 위해서 멈추어야 합니다. 지혜나무가 땅에 깊이 뿌리내리고 싹을 틔우기 위해서 물을 머금고 흐르게 하는 시간이 필요하듯이 우리들도 연민의 흐르는 물에 머무는 시간이 필요합니다.

나무둥치가 나이테를 그리는 건 따스하고 충분한 빛의 시간과 가지들을 싹틔우는 기쁨을 누림에서 비롯합니다. 우리들의 존재여행도 빛과 어둠이 교차하는 순간의 관찰이라는 기쁨을 통해, 지루한 일상을 환하게 회복할 수 있습니다. 지혜나무에 무시로 불어오는 평온의 바람은 '무량함'으로 확장되어 '통찰'의 꽃을 피웁니다. 이처럼 애착과 증오의 갈림길에서 널을 뛰고 있는 우리들에게 지혜는 양극단에 빠지지 않게 하고 '사무량심' 열매를 맺게 합니다.

총 4장으로 구성한 이 책에서는 현대인들의 몸과 마음을 회복하는 방법을 다각도로 모색합니다. 1장에서는 몸과 감정을 바라보는 지혜로운 시작을, 2장에서는 사무량심에 머물러 보기를, 3장에서는 감정에서 자유로워지는 방법인 예술로 수행하기를, 4장에서는 일상에서 사무량심이 발현되는 지혜로움에 대해 모색해 보았습니다. 이 책 중간 중간에는 몸과 마음을 돌보고 회복하는 실천 수행법들을 따라 하도록 안내되어 있습니다. 한번 읽으신 후에 호기심이 생기는 명상법들을 직접 따라서 해보시면 보다 깊이 자신을 만나고 이해하며 더 건강해지리라 봅니다.

이 책은 박사학위 논문인 「사무량심의 가치 재발견과 체화를 위한 프로그램 개발」을 좀 더 쉽게 다가갈 수 있도록 핵심만 요약해 풀어 쓰고자 했습니다. 또 2017년 한 해 동안 《법보신문》에 매주 연재한 것을 다시 다듬고 보충한 것이기도 합니다. 이 책의 내용 중에서 잘못되거나 부족한 것이 있다면 모두 제 부족함 탓입니다. 불교 전통의 수행법이 훼손되지 않는 범위 내에서 불교를 모르고 수행을 처음 접하는 이들도 쉽게 따라 배울 수 있도록 노력했지만, 그 과정에서 잘못된 것이 보일지도 모릅니다. 경책해 주시면 고맙게 자원으로 받겠습니다.

이러한 가르침을 제 삶으로 초대하고 익도록 해주신 제불보살님들과 수많은 스승님들께 이 부족한 글을 올립니다.

Stop
몸과 마음을 바로 보는 지혜로운 시작

01 멈추어서 바라보는 몸 ·········· 030
    불교에서 바라보는 나와 몸 ·········· 031
    소마로서의 몸 ·········· 036
    지금 나의 몸은 어떠한가 ·········· 039
    ○ **멈춤의 춤** ·········· 044

02 머물며 바라보는 마음 ·········· 048
    마음을 바라보는 지혜로운 시선 ·········· 049
    마음이 만드는 몸, 몸이 만드는 마음 ·········· 053
    지금 내 몸과 마음이 머무는 곳은 어디인가 ·········· 056
    ○ **머묾의 춤** ·········· 061

03 몸과 마음을 인식하는 새로운 시각 ·········· 066
    몸과 마음의 현상을 관찰하는 새로운 눈 ·········· 067
    있는 그대로 받아들이기 ·········· 071
    나는 사건을 어떻게 받아들이는가 ·········· 074
    ○ **관찰의 춤** ·········· 077

04 고통을 바로 보는 지혜 ·········· 082
    고통에 대한 알아차림과 자각 ·········· 083
    나의 반응 책임지기 ·········· 088
    몸과 마음의 지각력을 높이기 위해 어떻게 해야 하는가 ·········· 092
    ○ **지혜의 춤** ·········· 096

Stay
사무량심에 머물러 보기

01 악의와 분노를 다스리는 자애 ··· 114
    악의와 분노는 어떻게 나를 지배하는가 ······························· 115
    악의와 분노를 사라지게 하는 자애 ······································ 120
    소마로 자애에 머물기 ··· 124
    ○ **분노를 춤추라 그리고 빛을 초대하라** ··························· 127

02 잔인함에서 자유로워지는 연민 ··· 132
    잔인함과 폭력은 어떻게 나를 지배하는가 ···························· 133
    잔인함과 폭력성을 무력화하는 연민 ···································· 137
    ○ **잔인함을 춤추라** ·· 140
    행복은 남을 생각하는 데서 온다 ·· 146

03 질투와 따분함에서 벗어나는 기쁨 ····································· 150
    기쁨은 매일을 어떻게 재미와 축복으로 안내하는가 ············ 151
    삶에서 따분함과 지루함을 내보내는 기쁨 ··························· 155
    ○ **질투를 수희찬탄으로 전환하라** ······································· 159
    고통과 불행에서 건져 올리는 지혜로운 기쁨 ······················· 164

04 집착과 혐오를 내려놓는 평온 ··· 168
    집착과 혐오는 어떻게 나를 지배하는가 ································ 169
    내려놓고 받아들이며 평온함을 유지하라 ····························· 173
    평온은 어떻게 집착과 혐오를 떠나보낼 수 있게 할까 ········· 177
    ○ **집착을 내려놓는 춤을 추라** ··· 181

# See
깊이 바라보며 예술로 수행하기

01 자애의 춤 ... 198
   날마다 몸을 체크하라 ... 199
   움켜쥐었던 주먹을 펼쳐라 ... 204
   ○ 흔들며 내려놓기 ... 208
   날마다 척추에 사랑을 심어라 ... 212

02 연민의 춤 ... 216
   연민으로 스스로를 건져 내라 ... 217
   온 우주의 맑은 기운은 저절로 들고 난다 ... 221
   ○ 세상을 향해 두 발로 걸어가라 ... 225
   연민의 팔로 껴안고 춤추라 ... 230

03 기쁨의 춤 ... 234
   날마다 움직임 의례로 감각 운동 신경 세포를 깨워라 ... 235
   부정적인 말과 소리를 정화하라 ... 240
   질투와 지루함을 기쁘게 변형하라 ... 246
   날마다 기쁨의 세포들이 춤추게 하라 ... 252
   ○ 나를 내려놓고 상대를 존중하는 절 수행 ... 256

04 평온의 춤 ... 260
   평온은 죽음의 공포도 이긴다 ... 261
   내 마음속 아이를 위해 기지개 춤을 추라 ... 265
   집착과 혐오를 도화지에 쏟으라 ... 269
   ○ 움직임으로 자기를 탐구하라 ... 274

Sophia
지혜롭게 수행하는 사무량심

01 나와 너를 위한 조건 없는 사랑 ——— 290
    생명은 조건 없는 사랑으로 피어난다 ——— 291
    나를 친밀하게 느끼고 사랑하기 ——— 296
    자애 에너지로 의식 공간을 가득 채워라 ——— 301

02 온 세상 사람에게 펼치는 공감 ——— 306
    연민은 마음의 창을 열어 통하게 한다 ——— 307
    지혜로운 연민은 불성의 발현 ——— 311
    ○ 물처럼 흐르며 스며들고 씻어내고 자라게 하라 ——— 317

03 존재여행을 기쁘게 ——— 322
    기쁜 존재여행을 위한 무의식 가꾸기 ——— 323
    기쁘고 즐거운 존재여행을 위한 미소 짓기 ——— 327
    고마움으로 존재여행을 기쁘게 만들라 ——— 331

04 놓아두고 받아들여 얻는 평온 ——— 336
    평온은 삶의 폭풍 속에서도 고요한 중심으로 이끈다 ——— 337
    ○ 우리는 이미 온전한 존재 ——— 342
    대지처럼 받아들이고 깊이 뿌리 내려라 ——— 347

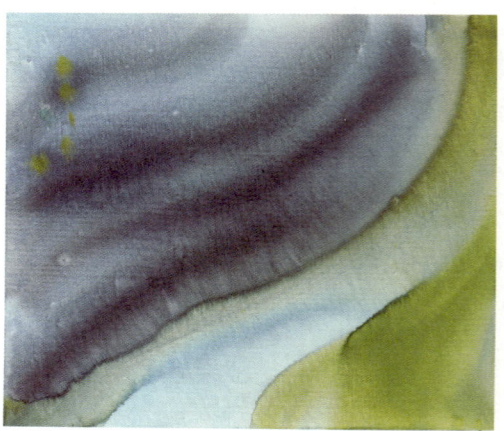
자애의 춤(캔버스에 수채, 65cm×65cm)

땅은 자신에게 오는
온갖 것을 받아들여
새로운 생명을 싹틔웁니다.
물은 스스로 흐르면서
생명을 자라게 합니다.
불은 생명을 따뜻하게 덥혀
보호하거나 풍성하게 만들고,
나아가 태워서 부드러운 재로
거름을 만듭니다.
이 특징들은 모두 원래의 것을
변형하거나 새로운 것을 만들어
내는 작용을 합니다. 하지만
허공은 어떤 현상이든지 있는
그대로 드러나게 놓아두고
허용하고 비추어 줍니다.

Stop

몸과 마음을 바로 보는 지혜로운 시작

바람도 마음에 드는 장소, 숲이나 나무 등을
가리지 않습니다.
조건과 원인이 맞으면 일어났다 사라집니다.
허공은 그 자체로 텅 비어 있기에
모든 것이 지나가도록 놔두고,
그 형상대로 존재하도록 놓아둡니다.

머물다 (캔버스에 수채, 45cm×52cm)

현재를 살아가는 우리는 무엇인가를 향해 끊임없이 달려갑니다. 도로에 나가보면 수많은 차들이 어딘가를 향해 달리고 있고, 공항에는 떠나는 이들로 인해 붐비고 있습니다. 이들은 우리 삶의 한 단면을 보여 주기도 하지만 어쩌면 우리 삶을 대변해 주는 걸지도 모릅니다. 우리는 날마다 어디로 달려가고 있는 걸까요?

우리는 태어나서부터 무엇인가를 배우기 위해 가르침을 받습니다. 평생교육이라고 해서 날마다 눈을 뜨고 나면 새로운 이론과 가르침이 우리를 기다리고 있습니다. 4차 산업혁명부터 고령화 사회 대비까지, 우리가 배워야 할 것은 넘쳐납니다. 게다가 다른 이들보다 뒤처지지 않기 위해 날마다 불안과 염려에 시달리면서 애쓰며 배우고 있습니다.

붓다 당시에 아주 착하고 순진한 청년, 아힘사不害가 있었습니다. 그는 스승의 집에서 가르침을 받으면서 열심히 노력했습니다. 누가 봐도 아름답고 순수한 청년은 스승의 아내 눈에 들었습니다. 어느 날 스승이 출타를 하자 그의 아내가 청년을 유혹했지만 청년은 거절하였습니다. 그리고 스승이 돌아오자 그의 아내는 청년을 모함했고, 아내의 말만 믿은 스승은 청년에게 벌을 내립니다. 그 벌은 일천 명의 사람을 죽이고, 그 손가락으로 목걸이를 만들어 오면 천상에 태어나게 해주겠다는 것이었습니다.

청년은 그때부터 사람을 죽이는 살인마가 되어 동네 사람들을 두려움에 떨게 했습니다. 예나 지금이나 천 명의 사람을 죽인다는 것은 거의 불가능에 가까운 이야기지요. 경전에서는 이 청년이 999명의 사람을 죽이고 마지막 손가락 하나를 구하기 위해 자신의 어머니를 죽이려 했을 때 붓다와 만났다고 전합니다. 청년은 붓다를 발견하자 그분을 죽이려고 달려옵니다. 그런데 아무리 달려도 거리가 좁혀지지 않았습니다. 쫓아가던 청년은 붓다에게 "멈춰라." 하고 소리칩니다. 붓다는 청년에게 "나는 멈추었다. 멈추지 못한 것은 너다."라고 말씀하십니다. 그리고 그 청년에게 "멈추어라." 하고 다시 한 번 부드럽게 타이르자 청년은 달리던 길을 멈추었습니다. 분노와 무지로 이글거렸던 청년은 마치 꿈에서 깬 듯 자신이 무슨 짓을 했는지 별안간 깨닫게 됩니다. 이후 그 청년은 출가하여 붓다의 제자가 되었고, 마침내 깨달음을 이루었습니다.

　경전에 전하는 앙굴리말라의 이야기입니다. 앙굴리말라는 천상에 태어나겠다는 목표를 이루기 위해 살인이라는 무서운 업을 지으면서도 막무가내로 달리는 인간이었습니다. 우리도 출가하기 전의 앙굴리말라와 같이 어떤 업을 지으면서 이 세상을, 이 시간들을 달리고 있는지도 모릅니다. 그렇다면 어디로 가는지도 모르면서 열심히 달리며 서로 고통을 주고받지는 않을까요? 이렇게 달리는 우리의 몸과 마음의 풍경은 어떨까요?

　앙굴리말라는 순수하게 노력하고 공부하는 삶을 살았지만 지혜가 없었기 때문에 스승의 말을 아무 저항 없이 받아들였습니다. 우리도 지혜가 없다면 권위를 가진 이나 다른 사람의 말을 무조건 받아들이게 됩니다. 매스컴의 보도나 인터넷의 정보를 의심하지 않고 받아들이며, 자신의 욕심을 채우기 위해 무조건 앞으로 나아갑니다. 그런 우리에게 붓다께서는 이런 것들을 멈추고 자신이 지금 어디에 있는지, 무엇을 하는지 보라고 가르칩니다.

　우리는 눈과 시각, 안식眼識을 통해 개념과 상像을 만들어 저장하고 기억하는 능력이 있습니다. 하지만 이 능력은 우리 존재의 현존과 행복을 방해하는 요소가 될 때가 많습니다. 왜냐하면 과거에 저장되어 기억하고 있는 것들이 현재를 있는 그대로 보지 못하도록 끼어들어 방해하기 때문입니다. 그래서 있는 그대로 보는 지혜가 자라기 위해서는 멈춤과 머묾, 관찰과 사유가 필요합니다.

　멈춤이란 자신의 선험적 견해의 작동을 멈추고, '밀당'을 내려놓는 것입니다. 다시 말씀드리면 내가 이미 알고 있는 '나의 것'이라는 내 생각, 내 가치, 나의 개념 등을 대상에 덧입히지 않는 것이지요. 오쇼 라즈니쉬Osho Rajneesh, 1931~1990는 '장미꽃을 바라보기' 위해서는 보고 있는 사람의 '생각과 기억, 경험, 듣고, 보고 알고 있는 것들을 텅 비워야' 대상의 현재 실제하는 모습을 느끼고 깊이 알게 된다고 했습니다. 대상을 알기 위해선 자신의 선험적인 경험과 생각에 대한 멈춤이 선행되어야 한다는 것입니다.

그런 후 오랫동안 바라보는 '머무는' 시간을 가집니다. 그 머무는 시간 동안 우리가 해야 할 일은 가만히 '관찰'하는 것입니다. 마치 이번 생에 처음 본 것처럼, 장미와 바라보는 사람 사이에 아무런 장애물이 없을 때 '장미'라는 미지의 대상이 바라보는 존재 속으로 들어오기 시작합니다. 이때 내가 그것을 '좋아하는지' 또는 '싫어하는지'와 같은 가치 판단과 선호도로 인한 밀고 당기기를 버릴 때 순수하게 관찰이 이루어집니다. 예를 들어 장미 향기는 좋으니까 가까이 두고 싶다, 가시에 찔릴까 봐 두려워서 싫다, 이 장미는 지난번에 본 색이 아니고 들판에 있는 것과는 모양이 다르다는 등의 선험적인 관념을 바탕으로 한 평가와 느낌을 갖고 대상을 '비추어 보면' 실제 그 순간의 장미를 만나지 못합니다.

멈춤과 머묾을 우리가 경험하는 고통에 적용할 수 있습니다. 혹시 지금 고통을 경험하고 계시다면 실제로 한 번 실험해 보시길 권합니다. 나의 경험과 생각, 가치 판단과 선호로 인해서 고통이 더 배가되지는 않았는지요? 혹시 주변의 환경과 상황이 가져다 준 실제 고통보다 자신의 개념과 관념, 생각으로 인해 고통을 더 크게 느끼지는 않는지요? 고통 속에 머물면서 고통을 깊이 관찰할 때 자신과 세상에 대한 깊은 이해가 생기고, 배움과 통찰이 일어날 수 있습니다.

 또한 대상에 머물면서 관찰하여 알게 될수록 깊은 이해와 지혜가 생겨 더 많은 것들을 수용할 수 있습니다. 그리고 수용이 깊어지면 편안하고 평온함, 평화 등의 열매를 맺게 됩니다. 내가 비추는 것들이 아름답고 사랑스럽게 되면 자신도 행복하고 아름답습니다.

01

멈추어서 바라보는 몸

불교에서 바라보는 나와 몸

붓다께서는 인간은 다섯 가지 무더기로 이루어진 존재라고 가르칩니다. 크게는 물질몸과 정신의 두 가지로 이루어졌고, 몸을 이루는 바탕을 물질로 보았습니다. 여기에서는 두 가지 중 물질에 대해 살펴보겠습니다.

생명체를 이루는 물질을 팔리어로는 루빠rūpa라고 하는데, 이 말을 한문으로는 색色이라고 번역합니다. 사전에서는 물질이란 말을 '일정한 공간을 점유하고 질량을 갖는 것'이라고만 설명하지만, 물질은 일어났다 사라지고, 서로 합성하여 변화하는 성질을 갖고 있습니다. 기원전 5세기 그리스의 철학자 엠페도클레스Empedoklēs는 모든 물질은 흙, 물, 불, 공기의 네 가지 원소가 결합하여 이뤄진다는 '4원소설'을 주장하였습니다. 하지만 엠페도클레스보다 조금 앞선 시대에 살았던 붓다는 물질을 이루는 요소를 엠페도클레스가 주장한 네 가지 요소, 지地, 수水, 화火, 풍風에 허공空을 더한 다섯 가지로 보았습니다. 불교에서는 이 다섯 가지 요소를 오대五大라고 부릅니다.

땅의 요소는 몸의 온갖 털과 손발톱, 이, 살갗, 힘줄, 뼈, 장기 등으로 딱딱하고 견고한 성질을 가지고 있습니다. 이 요소는 형체를 이루고 확장을 하거나 공간을 차지합니다. 땅의 요소는 감각으로 파악하기가 가장 쉽습니다. 예를 들어 길을 걸어갈 때 땅바닥의 단단함이나 부드러움을 느끼는데 이 느낌은 발바닥의 뼈와 근육 등의 땅의 요소와 접촉을 통한 것입니다.

물의 요소는 혈액과 눈물, 땀, 침, 고름, 가래, 기름기, 관절의 활액, 쓸개즙, 오줌 등으로 물과 같은 축축함과 움직이는 성질을 갖고 있습니다. 물의 요소는 땅과 온도, 바람의 요소와 결합하여 강하게 응집하는 특성이 있습니다. 예를 들어 피부가 건조하여 갈라지지 않는 것은 물의 요소가 지닌, 응집하여 잡아 주는 특성 때문입니다.

불의 요소는 열기입니다. 몸의 온도와 관련된 뜨거움과 차가움이지요. 불의 요소로 인해 몸이 따뜻해지고, 늙어 가며, 타 버리고, 소화가 가능합니다. 열이 나서 아플 때는 소모하고 태워 버리는 불의 요소가 과하게 작용합니다.

바람의 요소는 움직이는 특징을 가진 물질로 물질과 힘의 관계를 의미합니다. 상승하거나 하강하면서 몸이 움직이는 원인이 되는 요소입니다. 들숨과 날숨을 비롯해 몸 안에서 불의 요소온도와 만나 흐름을 유지합니다. 상승하는 바람의 요소 때문에 재채기, 하품, 구토, 딸꾹질 같은 현상이 일어나고, 하강하는 바람의 요소가 대변과 소변을 보게 하고, 팔다리를 움직이게 합니다. 다시 정리하자면 바람의 움직임, 불의 따뜻함과 차가움,

물의 응집력과 땅의 견고함 등 각각의 특성을 가진 여러 요소들이 결합하여 몸이 살아 움직이는 것입니다. 여기까지 소개한 네 가지 요소를 사대四大라고 하는데, 사대로 구성된 몸은 한정된 공간을 의미합니다.

하지만 다섯 번째 허공空의 요소는 한정된 공간을 넘어서게 합니다. 허공의 요소인 입과 콧구멍, 귓구멍 등 외부와 통하는 아홉 개의 구멍들이 내부와 외부를 이어 주고, 여러 물질들을 받아들이고 내보냅니다. 이를 통해 몸이라고 하는 형체에 한정되지 않고 외부와 자연스럽게 연결됩니다.

이렇게 우리 몸은 다섯 가지 요소에 토대를 두고 파생되는 물질의 모음으로 되어 있습니다. 이들은 '인간의 몸'이라는 형체를 이루면서 외부와 상호 작용하고 있습니다.

붓다는 물질에 대한 명상을 할 때 이 다섯 가지 요소의 성질을 닮는 수행을 하라고 합니다. 먼저 마음에 들거나, 들지 않는 감각 접촉이 일어나도 그것이 나의 마음을 사로잡지 못한다는 것을 자각합니다. 예를 들어 땅은 사람들이 씨앗을 뿌리거나, 쓰레기를 버리거나, 똥이나 오줌을 누거나, 물을 뿌려도 모욕을 당했다고 놀라거나 넌더리를 치지 않습니다. 오히려 그 모든 것을 받아들여 생명을 꽃피웁니다. 물은 드넓은 바다로 가는 동안 함께 흘러가거나, 스스로 형태가 변하는 것을 그대로 수용합니다. 불은 어떤 것이라도 다 태워 버리는 성질이 있습니다. 그리고 그 뜨거움으로 찬 것들을 데웁니다. 바람은 어떨까요? 바람도 마음에 드는 장소와 숲이나 나무 등을 가리지 않습니다. 조건과 원인이 맞으면 일어났다 사라집니다. 허공은 그 자체로 텅 비어 있기에 모든 것이 지나가도록 놔두고, 그 형상대로 존재하도록 놓아둡니다.

그래서 땅과 물과 불, 바람, 허공이 깨끗한 것에 집착하지 않고 더러운 것을 혐오하지 않음을 닮는 것이 오대 수행입니다. 땅, 물, 불, 바람, 허공의 모든 사물과 사건들에 대해 공평하고 평등한 성질을 인식하고 그것을 닮는 것입니다. 원하는 대상에 집착하지 않고, 원하지 않는 대상에 화를 내지 않는 것이 공평함입니다. 또 더러움과 깨끗함 등 어떤 것이 다가오든지 스스로 좋아서 잡아당기거나 싫어서 밀어내는 밀당을 하지 않습니다.

땅은 자신에게 오는 모든 것을 받아들여 새로운 생명을 싹틔웁니다. 물은 스스로 흐르면서 생명을 자라게 합니다. 불은 생명을 따뜻하게 덥혀 보호하거나 풍성하게 만들고, 나아가 태워서 부드러운 재로 거름을 만듭니다. 이 특징들은 모두 원래의 것을 변형하거나 새로운 것을 만들어 내는 작용을 합니다. 하지만 허공은 어떤 현상이든지 있는 그대로 드러나게 놓아두고 허용하고 비추어 줍니다.

여기서 우리는 밀당 때문에 스스로 고통스러운 시간이 얼마나 되는지 알아차려 보는 시간을 가질 수 있습니다. 또는 '땅과 물과 불과 바람이 되어 보기'를 해보는 것은 어떨까요? 예를 들어 토요일, 흙의 날은 대지를 닮는 수행을 합니다. 받아들이기 힘든 어떤 상황을 받아들여, 무언가 생명을 싹틔울 수 있는지 실험해 보는 겁니다. 화요일, 불의 날은 나에게 아프게 다가왔던 어떤 말이나 사건을 태워서 부드러운 재로 만들어 더 이상 나에게 가시가 되지 않게 하며, 거름이 되도록 하면 어떨까요? 수요일은 자신이 꽉 움켜쥐고 있는 것이 무엇인지 알아차리고 물처럼 흘려보낼 수 있는지, 그럴 때 내 삶이 어떻게 변화하는지 실험해 보는 것입니다.

혹은 바람처럼 흔적 없이 누군가를 시원하게 해주거나 도움을 주는 행동을 해보는 것입니다. 그리고 마지막으로 모든 현상을 그저 있는 그대로, 사랑스러운 마음으로 믿고 지켜봐 주는 허공이 되어 보는 하루를 실천 수행해 보기를 권합니다. 이렇게 오대를 닮는 수행을 통해 삶이 좀 더 가볍고 행복해질 수 있다면 존재여행에서 꼭 필요한 자원이 될 것입니다.

살아가면서 원하지 않는 대상과 마주하거나 원하지 않는 사건에 휘말릴 때, 우리 몸의 다섯 요소를 기억하면서 수용하거나, 놓아 버린다면 어떤 일이 일어날까요? 단지 기억하고, 알아차리고, 인식할 때 어떤 변화가 일어나는지 말입니다. 어떤 사건이나 상황을 경험할 때 나의 몸 안에서 어떤 일들이 일어났다 사라지는지 관찰하기 위해서는 멈춤과 머무름이 필요합니다. 지금 어디서 무엇을 하건 약 1분만이라도 멈추고 고요히 몸을 자각하는 시간을 가져 보시길 바랍니다.

소마로서의 몸

소마soma란 고대 그리스어 소마σωμα에서 유래한 말입니다. 역사학자인 헤시오도스Hesiod 때부터 사용된 이 말은 '총체적인 생명체the living body in its wholeness'라는 뜻으로, 기능적으로 충만하게 살아 있는 몸을 말합니다. 즉 살아 있고, 스스로를 느끼며, 내면에 대한 인식을 지닌 몸입니다. 현대 몸학Somatic을 정립시킨 토마스 하나Tomas Hanna, 1928~1990는 '몸의 정신적·육체적 기능을 포함하며, 움직임을 통해 스스로 진화하는 존재'를 일컫는다고 했습니다. 그러므로 살아 있다는 것은 끊임없이 움직임이 일어난다는 것이며, 이는 물질의 변화와 관계가 있습니다. '스스로를 느낀다'는 것은 스스로의 감각과 느낌을 알아차리는 것인데, 이 감각도 물질적인 변화와 관련이 깊습니다.

보통 인생의 가을을 맞이하는 분들에게 몸이 예전 같지 않다는 이야기를 듣습니다. 어떻게 안 좋아졌는지 여쭈어 보면 '저항력이 약해졌다'거나, '소화력이 떨어졌다'는 이야기가 가장 많습니다. 우리는 이것을 '노화'의 영향으로 인해 신체 기능에 장애가 생긴 것이라고 알고 있습니다.

토마스 하나는 이것을 '감각 운동 기억상실증Sensory-Motor Amnesia, SMA'이라고 말합니다.

　우리의 감각 운동 시스템은 살아가면서 겪는 일상의 스트레스와 외상에 끊임없이 반응하며 특정한 근육에 반사 운동을 일으킵니다. 이는 정신적인 현상과 육체적인 현상이 함께 일어나는 것으로, 스트레스와 외상으로 반복적인 자극을 받으면 근육의 수축이 무의식적이고도 습관적으로 일어납니다. 이러한 습관적 근육 수축은 어떤 움직임이 자유로운 것인지 알지 못하는 망각 상태를 만들어서 경직과 통증으로 제한된 움직임을 발생하게 합니다. 그리고 이러한 망각이 습관화된 상태를 '감각 운동 기억상실증'이라고 부릅니다. 특정한 근육을 어떻게 느끼고, 어떻게 통제할지에 대한 기억을 잃은 상태입니다. 예를 들어 오른쪽 허리에 통증을 느낀다면 왼쪽 허리에 과도하게 힘을 주는 식으로 보상하여 고통을 덜 느끼고자 합니다. 그리고 이러한 움직임이 반복되면 허리는 점점 감각 운동 기능을 잃어버리기 시작합니다.

　하지만 소마는 스스로 회복하고 살아나려 하는 생명력이 있습니다. 그러므로 감각 운동 기억상실도 회복할 수 있습니다. 토마스 하나는 그 방법으로 천천하고 느린 움직임을 통한 감각 알아차림을 권합니다. 신체 부위 하나하나를 움직이면서 감각을 알아차리는 경험을 하는 것입니다. 처음부터 감각이 알아차려지지 않아도 괜찮습니다. 우리는 이런 훈련을 받은 적이 없어서 낯설 수 있기 때문입니다.

먼저 편안한 곳에 앉거나 누워서 머리끝에서부터 발끝까지 인지해 봅니다. 정수리에서 발가락 끝까지 알아차림을 하다가 몸의 감각이 알아차려지지 않는 부분을 만난다면 그곳의 감각을 알아차릴 때까지 좀 더 머물러 보시길 권합니다. 그러다 보면 그 신체 부위의 감각이 알아차려지고, 가만히 있어도 우리 몸의 움직임들이 미세하게 느껴질 것입니다. 예를 들어 손바닥에 주의를 집중하고 있다 보면 손바닥이 간질간질하거나, 손바닥이 점점 무거워지거나 하는 등의 감각적인 느낌을 느낄 수 있습니다. 그러면 그곳에서 활발하게 살아 움직이는 맥박과 기운, 스스로 움직이고 있는 감각을 경험할 수 있을 것입니다.

우리가 인식을 하든, 못하든 소마는 스스로 살아 움직이는 지혜를 발현합니다. 내면을 자각하는 이 느낌은 고유수용감각이 담당하는데, 가만히 멈추고 소마의 지혜에 귀를 기울이면 이 감각 지각 능력이 점점 자라납니다. 이렇게 될 때 외부에서 판단하고 진단하고 평가하는 제3자적인 바디body의 몸이 아닌 1자적 관점에서 자각하고 경험하는 소마를 만날 수 있습니다.

지금 나의 몸은 어떠한가

우리는 일의 목표를 달성하면 하던 일을 멈추고 마칩니다. 혹은 중간에 무언가 잘못되어 간다는 것을 알아차리면 멈추고 다시 살펴봅니다. 이처럼 멈춘다는 것은 지속하기 어렵거나, 다음 단계로 넘어가거나, 변화와 성장을 자각하는 순간이나, 무엇을 알아차리는 순간 일어나는 현상입니다. 혹은 예상하지 못했던 원인과 조건들 때문에 지속할 수 없는 상황일 때 그 자리에 서는 것입니다.

보통 자신이 원하는 방향으로 일이 순조롭게 진행될 때는 앞으로 계속 나아갑니다. 하지만 그렇지 못한 상황이 올 때 멈춥니다. 자기 몸에 귀를 기울일 때도 대사 활동이 순조롭거나 건강한 상태일 때가 아니라 뭔가 불편하거나 원하는 대로 하지 못할 때입니다. 또는 어떤 환경적인 요인 때문에 습관적으로 특정한 감각이 발달되거나 둔감해지기도 합니다.

저는 청각이 예민한 편이라서 작은 소리에도 반응을 잘해 오랫동안 불편함을 경험했었습니다. 특히 대중과 공동생활을 할 때 시끄러운 소리, 제가 원하지 않는 소리를 듣는 것이 싫었습니다. 그리고 그 소리의 원인인 사람들이나 환경에 불평을 쏟아 내거나 미운 감정이 일어나는 것이 참 불편했었습니다. 특히 밤에 코를 고는 사람 옆에서 자거나 이를 가는 소리를 들을 때, 심하면 잠을 거의 못 잔 것 같아 낮이면 불평과 불편함을 호소하고 다녔습니다.

또한 어떤 것을 보면, 그것을 평가하고 판단하고 해석하면서 그 행동의 의도까지 짚어 보고, 저의 상상과 추론임에도 사실인 것처럼 착각을 하는 잘못된 습관도 있었습니다.

이 두 가지 행동은 공동생활을 하는 데 커다란 걸림돌이 되었습니다. 제가 원하는 것이면 좋아하고 싫어하는 것이면 거부하면서 상황을 제가 원하는 쪽으로 만들어 가려고 애를 쓰니까 사는 날들이 편안하지 않은, 작은 고통이 연속인 시간이었습니다.

그러던 중, 저는 마하시 전통의 위빠사나 vipassanā 집중 수행을 하게 되었습니다. 위빠사나는 '분별, 해체하다'라는 뜻의 위 vi, '보다, 보기'라는 뜻의 빠사나 passsnā 가 합성된 단어입니다. 분별하고 해체해서 관찰하는 방식의 수행법이지요. 우리는 보통 사실과 생각과 감정이나 의도를 따로 분별하지 않고 그것이 모두 사실인 것처럼 착각하는 경향이 있습니다. 하지만 사실과 생각을 분리하여 있는 그대로 바라보면 새로운 통찰을 경험합니다. 그때 저도 커다란 경험을 했습니다.

가장 큰 변화는 제가 듣고 본다는 사실을 받아들였을 때 생겨났습니다. 저는 그때까지 제가 '보고 듣는' 것이 아니라 '보이고 들리는 것'이라고 여기며 제가 인식하는 감각에 대해 책임 의식을 갖고 있지 않았었습니다. 그래서 제가 겪는 불편함과 고통의 원인을 외부에서 찾고, 또 외부에서 해결하려 했기 때문에 힘들었다는 사실을 알게 되었습니다. 이렇게 제가 보고 듣는 것은 제가 선택한다는 사실을 받아들이기 시작하자 놀랍고 신기하게도 고통이 줄어들었습니다.

그 이후 저는 소리에 좀 둔감해졌고, 사람들의 말과 행동을 판단하거나 평가하는 대신 일어난 것을 그대로 보려고 애쓰면서 편안해졌습니다. 그 예로 얼마쯤 지나 단체 연수에 여러 명이 한 방에서 잠을 자게 되었을 때, 몇 분은 코 고는 소리에 잠을 못 잤다고 아침에 이야기하셨지만 저는 바로 옆에서도 너무 잘 잘 수 있었습니다. 이후로는 대중에서도 아주 잘 자는 편입니다.

제가 반복했던 수행법을 간단히 말하면, 보고 듣는 것의 주체가 자신이라는 것을 받아들이는 것입니다. 이 세상에 수많은 소리가 있지만 그중에 우리가 들을 수 있는 소리는 얼마 되지 않습니다. 또 여러 사람이 같은 공간에 있어도 각자 듣는 소리가 다릅니다. 이 말은 우리 스스로 무엇을 들을지 선택하고, 듣는 것에도 한계가 있다는 뜻입니다. 그래서 첫째, 듣고 보는 것은 내가 선택한다는 것을 받아들입니다. 둘째, 소리가 들린다고 생각이 들 때는 "들림"이라는 단어를 사용해서 들리는 순간 멈춥니다. 더 이상 느낌이나 생각으로 나가지 않는 것이지요. 보이는 것도 마찬가지로 "보임" 하면서 멈춥니다. 습관의 힘이 너무나 크기 때문에 곧바로 어떤 생각이나 느낌이 든다면 "생각", "느낌"이라던가 "일어남"이라는 단어를 사용해서 더 이상 확장하지 않고 멈추는 시도를 해봅니다. 그리고 조금 익숙해지면 "들음", "봄", "일어남" 등의 단어로 멈추는 습관을 훈련하다 보면 신기하게도 자신의 평가나 판단, 해석으로 사실을 덧입히지 않음을 경험하게 됩니다. 그래서 주체적으로, 나의 경험에 책임을 지는 삶을 살게 되었습니다.

지금 여러분의 몸과 마음의 상태는 어떤가요? 보는 것과 듣는 것, 생각하는 것도 하나의 움직임이라는 것을 의식해 보시기 바랍니다. 여러분은 보는 것과 듣는 것, 생각하는 것, 냄새 맡는 것, 피부로 감촉하는 것, 맛을 느끼는 것 등 여러 감각 중에 어느 감각에 더 많이 의존하는가요? 더 예민하게 반응하는 감각 기관은 어디인가요? 자신이 어디로, 어느 방향으로 자주 시선을 향하는지, 귀는 어디로 열고 있는지 알아차려 보시기 바랍니다. 아침에 잠에서 깼을 때 제일 먼저 눈에 들어오는 사물이나 환경은 무엇인가요? 얼마나 바라보고 계신가요? 고개를 돌려서 보고 싶어 하는 것은 무엇인가요? 나는 어떤 것을 보고 싶어 하는가요? 혹은 눈을 떴을 때 제일 먼저 떠오르는 것은 무엇인가요? 하루 종일 나의 주의를 잡아당기는 무엇이 있는가요? 지금 여기서 몸의 감각이 어떤지, 마음의 풍경은 어떤 날씨인지 한 번 알아차려 보실까요?

멈 춤 의 춤

~~~~~~~~~~~~~~~~~~~~~~~~~~~~

흔히 춤이란 고도로 훈련받은 전문가들이 리듬과 속도 등의 요소를 바탕으로 아름답게 또는 조화롭게 움직여 표현하는 것으로 알고 있습니다. 그래서 아름답거나, 흥을 돋우는 춤을 보면서 우리 몸의 다양하고 확장된 움직임에 감탄합니다. 하지만 현대 무용가이면서 안무가이자 교육가인 안나 할프린Anna Halprin, 1920~은 춤을 조금 다르게 정의합니다. '기괴할 수도, 추하고 어색하고, 웃기고 불안하고 갈등으로 가득할 수도 있고, 뛰어오르고, 바닥에 쓰러지고, 공격하고, 물어뜯거나 내뻗을 수도 비틀거나 돌리고 치고, 뛰는 등등의 모든 움직임이 춤이 될 수 있다'고 합니다. 그러므로 춤은 우리의 몸과 마음을 움직임으로 드러내는 것이라 할 수 있습니다.

우리들이 하는 동작의 근원은 세포와 맥박과 호흡의 리듬이 만들어내는 몸짓입니다. 그래서 자연스럽게, 의식적으로 무의식적으로 우리는 동작을 하고 있습니다. 하지만 때때로 밖으로 드러날지도 모르는 어떤 느낌에 대한 무의식적인 두려움 때문에 특정 동작에 제약을 걸기도 합니다. 여기서 저는 우리들의 몸을 자각하는 알아차림을 위한 멈춤도 춤이라고 표현하고 싶습니다. 그래서 우리들의 수행에 예술적인 요소를 가미해서 재미와 흥미를 더하고 싶습니다.

멈추기 춤은 자신을 고통스럽게 하는 습관을 자각할 때 멈추는 것입니다. 멈춤은 움직임과 움직임을 연결하거나 움직이지 않는 상태로, 춤의 중요한 요소입니다. 멈춤의 춤을 한번 춰볼까요? 평소의 자연스런 움직임을 하다가 어느 순간 아무것도 하지 않고 멈추는 동작을 한번 실험해보는 것입니다.

가능하면 한 시간 단위로 알람을 맞춰 놓고 알람이 울리면 하던 동작이나 생각을 멈추고 눈을 감고 호흡으로 돌아가는 것을 약 30초에서 1분 정도 해보시길 권합니다. 눈을 감고 호흡으로 돌아가 생명을 의식하고 살아 있음을 자각하는 시간을 가져 보는 것이지요. 다시 눈을 뜰 때는 눈꺼풀을 천천히 열면서 빛을 초대합니다. 그리고 어떤 사물이나 환경이 눈으로 들어올 때 있는 그대로 마음을 열고 바라보기를 선택해 보시길 권합니다. 깨어 있는 낮 시간 동안 하루에 열 번 정도 실천한다면 일주일이면 70번 정도가 되겠네요. 3주 정도가 지나면 하나의 습관이 된다고 하니, 한번 해보시길 권합니다. 하다 보면 몸의 움직임과 마음의 속도가 늦추어져 고통과 불편함을 멈춰 주고, 보다 여유로워지고 가벼워지는 것을 알아차리실 수 있을 것입니다.

　이것은 내 삶의 모든 경험을 내가 선택하고 결정하고 책임을 지는 행위입니다. 보통 우리는 사물과 대상, 사건을 따라가는 경향이 있습니다. 그러면서 고통의 원인을 외부 대상과 사건에 한정 짓고 판단합니다. 하지만 자신이 주체적으로 눈을 뜨고, 밖을 선택해서 바라보는 경험에 익숙해지면, 불편함의 원인도 외부가 아닌 나 자신의 인식에서부터 비롯되었음을 알게 됩니다. 우리는 많은 부분 자신이 세상을 인식하고 경험하고 바라보는 방식에 의해 고통 받습니다. 하지만 보살은 세상의 고통에 기꺼이 함께 머무르고 고통을 완화시키고자 고통의 한가운데로 뛰어들어 연민으로 살기 때문에 고통을 싫어하지 않습니다. 이때 고통은 내가 기꺼이 원하고 받아들인 것이기에 고통이 아니라 은총이며, 자원이 됩니다.

　멈추기 춤은 기쁨과 고통을 스스로 선택하고 스스로 책임지는 내 삶의 주인이 되는 방법입니다. 몸의 이야기에 귀를 기울이는 다양한 방법을 우리에게 선물하지요. 이 방법은 멈추고 난 이후 부정적이거나 긍정적인 감정을 표현하는 유익한 수행 과정이기도 합니다. 멈추기 춤으로 몸을 더 깊이 자각해 보시기 바랍니다. 하시던 일과 생각을 잠시 멈추고 지금 여기서 맥박이 뛰고 호흡을 하는 소마의 움직임을 자각합니다. 생명 현상을 위해 가장 기본적인 흐름만이 움직이고, 생각은 고요히 잦아든 멈춤을 충분히 느낌으로 현존하는 것이 멈추기 춤입니다.

02

머물며 바라보는 마음

마음을 바라보는 지혜로운 시선

붓다께서는 인간을 다섯 가지 무더기의 쌓임으로 이루어진 존재오온五蘊라고 하셨습니다. 오온은 색·수·상·행·식이라는 것인데, 이 중에 색色은 물질이고 나머지는 정신 작용을 말합니다. 네 가지 정신 작용 중에서 수受, vedanā는 우리 몸의 감각 기관이 바깥 대상과 접촉했을 때 반응하는 느낌 작용을 말합니다. 상想, saññā은 대상을 인지하거나 파악하고, 대상을 보면 떠오르는 표상 작용으로 대상의 특징을 파악하고 관념이나 개념을 만드는 정신 작용입니다. 행行, saṅkhāra은 수·상·식을 포함한 모든 정신 활동으로 기억하고 추리하고 상상하고 의도하고 형성해 흔적을 남기는 작용을 말합니다. 식識, viññāṇa은 여섯 감각 기관의 분별 작용을 구분해서 아는 것을 말합니다. 또 몸의 눈·귀·코·혀와 피부 그리고 뇌의 감각 기관에서 형체와 소리와 냄새와 맛, 감촉을 신경계에서 구별해 무엇이라는 판단 작용을 합니다.

    이 여섯 감각 기관육근六根으로, 여섯 대상육경六境을 인식하는 방식 육식六識을 18계, 일체법이라고 합니다. 인간이 경험하는 인식 세계는 이 18계가 전체인데, 각각 좋고 싫음 두 가지를 경험해서 총 36세계를 경험합니다. 36계의 경험적 세계는 다시 과거·현재·미래의 3세계가 있습니다. 이를 합하면 108세계가 됩니다. 불교에서 말하는 108가지 번뇌가 여기서 탄생한다고 볼 수 있습니다.

예를 들어 지금 내 앞에 고양이가 한 마리 나타났을 때 이것을 본 나의 인식 세계를 탐구해 보면 다음과 같습니다. 우선 6근은 나의 감각 기관, 6경은 고양이라는 대상, 6식은 나의 감각 기관과 고양이가 만나 이루어지는 인식 작용을 말합니다. 6근과 6경이 만나는 것을 12처라고 합니다. 고양이의 형체를 보고, 야옹 하는 소리를 듣고, 고양이 특유의 냄새를 맡고, 고양이의 털과 피부의 부드러움을 감촉하고, 이 고양이가 길고양이인지, 누가 키우던 고양이인지 구분할 수 있습니다. 그리고 곧바로 12처에서 6식의 작용이 일어나 18계가 형성이 됩니다. 그런데 18계는 다시 오온으로 설명이 됩니다. 고양이라는 색을 만나면서 수·상·행·식의 정신 작용들이 일어납니다. 고양이가 예쁘다거나, 좋다든지, 싫다든지, 무덤덤한 느낌인 수受 작용을 일으킵니다. 또 이 물건이 고양이라는 표상을 자각, 인식하는 상想이 일어나고, 쓰다듬고 싶다거나 하는 행行과, 주인을 찾아 주고 싶다거나 키우고 싶다거나 하는 식識으로 오온이 작용합니다.

오온 중에 정신 작용인 수·상·행·식과 18계에서 6근과 6식을 마음이라고 할 수 있습니다. 그런데 6근은 색色인 물질에 포함되어 있습니다. 불교에서는 마음을 몸과 반대되는 의미로 쓰기도 합니다만 실제는 구분하기 위한 것입니다. 그러므로 불교에서 정의하는 마음은 감각과 대상이라는 조건에 따라 발생하는 것이라고 전합니다. 마음은 홀로, 독단적으로 존재하지 않고 단지 대상을 아는 특성이 있습니다. 또한 오온의 하나이면서 실체가 없이 무상하여 대상에 따라 찰나에 일어났다가 조건이 사라지면 찰나에 사라집니다.

그런데 인지학을 수립한 철학자이며 발도르프 교육을 창시한 루돌프 슈타이너Rudolf Steiner, 1861~1925는 감각을 열두 가지로 나누어 말합니다. 불교의 안·이·비·설·신이라는 다섯 감각은 같고, 의식意이라는 감각에 생명 감각, 고유 운동 감각, 균형 감각, 열 감각, 언어 감각, 사고 감각, 자아 감각의 일곱 가지를 더해 12감각으로 세분화해 놓았습니다.

정리하자면 이 마음은 몸의 12감각 기관이 대상과 만났을 때 일어나고 사라지는 현상이라고 볼 수 있습니다. 어떤 인식이나 자각, 판단이나 분별, 기억과 의도나 충동, 기대 등을 아는 것뿐 아니라 즐거움과 기쁨, 미움과 분노, 사랑과 연민, 외로움과 우울, 후회와 불안, 절망 등의 감정도 모두 마음 현상입니다. 이 모든 감정은 신체의 감각 세포 수준에서 조건에 따라 일어났다 사라지는 것이지요.

현대 인지과학에서도 몸의 감각이나 행동이 마음의 인지 기능에 영향을 미친다는 신체화된 인지 이론이 1980년대 이후 등장했습니다. 이는 중세 이후 몸이 무시되었던 서양의 주류 철학에서 몸을 마음 안으로 되돌려 놓는 시도로 평가되고 있습니다. 1999년에 마크 존슨 Mark Johnson이 펴낸 『몸의 철학』에서도 마음은 본유적本有的으로 신체적 경험, 특히 감각 운동 경험에 의해 형성된다고 보았습니다. 또한 인간의 인지 95퍼센트가 무의식적인 것으로, 의식은 빙산의 일각으로 보았습니다. 그리고 우리의 사고는 대부분 은유적으로 하는데 이는 신체화된 경험에서 나온다는 신체화된 마음 이론의 정립으로 널리 알려져 있습니다. 이처럼 몸과 마음은 따로따로가 아니라 서로가 영향을 주고받으며 의존해 있는 관계라는 것이 밝혀지고 있습니다. 다음 단락에서는 몸과 마음이 어떻게 긴밀하게 연결되어 있는지 조금 더 자세히 살펴보겠습니다.

마음이 만드는 몸, 몸이 만드는 마음

우리 몸의 생명 현상에 대한 분자 수준의 연구가 성과를 내면서 지금까지 독립적인 시스템으로 여겼던 신경계, 면역계, 내분비계를 연결하는 다양한 신경 전달 물질과 면역 물질들이 알려지고, 기능성 자기공명 영상 장치fMRI나 양전자 방출 단층 촬영PET 등으로 뇌의 활동을 실시간으로 모니터링 할 수 있게 되었습니다. 그 결과 우리의 지각이나 사고, 의도와 의지 작용과 근심 걱정은 우리의 몸과 행동에 그대로 영향을 미친다는 것을 발견했습니다.

또한 뇌와 신경계의 상태는 바로 마음의 상태를 만들 수 있다고 합니다. 조지 솔로몬 박사는 정서적인 스트레스가 T임파구를 감소시켜 면역계통의 장애를 초래한다는 사실을 발견했습니다. 이후 마음과 신경과 면역이 서로 연결되어 있다는 신경 정신 면역학PNI, Psycho-Neuro-Immunology 이라는 분야도 탄생했습니다. 이를 통해 심리적·인지적 현상의 생리적 근거를 확보하게 되었고, 질병을 포함한 인간의 경험 세계에서 몸과 마음이 어떻게 상호 작용하는지에 대한 과학적 탐구가 가능해졌습니다. 이 실험 결과들은 몸과 마음의 상호 의존성을 가리키고 있습니다. 다시 말해 몸과 마음이 서로 긴밀하게 연결되어 있음을 알게 하는 것이지요.

붓다께서는 제자들에게 행복하기 위한 방법으로 몸과 몸의 현상, 느낌 및 마음을 알아차리는 수행을 친절하게 알려 주셨습니다. 우리가 밥을 먹을 때의 움직임은 어떤 형태를 띠는지, 이때 몸의 상태와 마음의 흐름은 어떠한지에 대해 주의 깊게 관찰함으로써 평온과 해탈에 이를 수 있다고 하셨습니다. 그런데 불교 수행을 하는 사람들 가운데에는 마음을 지나치게 강조한 나머지, '일체유심조一切唯心造'를 오직 마음만으로 모든 것이 가능하다고 여기는 '마음 우월주의'라고 오해하는 이들이 있습니다.

하지만 현대 과학에서는 마음 현상과 작용이 신경계라는 물질적 형태로 나타난다고 보고합니다. 우리가 평소에 하는 생각과 기분의 상태와 무엇을 믿는가 하는 신념은 뇌와 몸 전체에 실제적인 화학 반응과 물리적 변화를 일으킨다는 사실이 신경과학계의 실험으로 밝혀지고 있습니다. 우리가 흥분하면 혈압이 올라가고, 기분이 나쁘면 소화액의 분비가 억제되어 식욕이 떨어지는 것이 좋은 예입니다. 근심이나 염려, 슬픔, 분노, 증오 등으로 마음이 아프면 몸속에 있는 면역체가 약해져 병균에 대한 저항력이 약화되고 감기 등 바이러스로 인한 각종 질병과 심지어 암까지 쉽게 발병하거나 악화된다고 합니다. 또한 우리의 정신과 신체 기관은 뇌에 의해 기능이 조절되며, 뇌의 노화는 뇌의 조절 통제 기능을 약화시켜 우리를 늙게 한다는 사실이 최근에 보고되고 있습니다.

그러므로 존재여행에서 우리가 기억해야 할 것은 몸과 마음은 고정된 실체로 존재하는 것이 아니라 '생명 현상'으로, 지금 이 순간 현존하면서 계속 변화한다는 것입니다. 즉 우리 존재는 관념과 개념, 기억, 표상을 마음에서 일으키면서, 조건과 원인에 따라 다양한 현상이 몸으로 나타납니다. 마음과 몸은 서로 긴밀하게 연결되어 있는 것이지요.

그래서 몸이 가벼우면 마음도 가볍고, 몸이 불편하면 마음도 불편합니다. 몸과 마음이 조화와 일치를 이룰 때 누리는 안정과 평온은 존재여행에서 매우 필요한 것들입니다. 여러분은 언제 몸과 마음의 조화와 일체감을 느끼시는가요?

언젠가 어느 기업체 광고인 "생각대로 ok"라는 문구를 보면서 붓다의 가르침과 지혜가 세상으로 흘러들어 가고 있다고 생각했습니다. 저는 '생각대로 이루어지게' 하려면 몸과 마음을 잘 돌보는 훈련이 필요하다고 봅니다. 디팩 초프라 Deepak Chopra, 1946~는 '생각하는 것은 뇌의 화학 작용을 훈련하는 것'이라고 했습니다. 지금 이 순간 어떤 생각을 하는가에 따라 활발하게 생명 현상이 피어나기도 하고 그렇지 않을 수도 있습니다. 긍정적이고 밝은 생각은 건강하고 행복한 결과를 가져옵니다. 반대로 부정적인 생각은 어둡고 불행한 결과를 가져옵니다.

여러분은 어떻게 살고 싶은가요?

지금 내 몸과 마음이 머무는 곳은 어디인가

신경을 쓰면 소화가 잘 되지 않는다거나, 마음을 다른 곳에 빼앗겼을 때 자신도 모르게 발목을 삔 경험을 하신 적이 있는가요? 화를 낸 후에 몸이 아프다거나, 운동을 하고 난 후에 마음이 가벼워진다거나 하는 현상들은 모두 몸과 마음이 서로 연결되어 있다는 증거입니다. 이 글을 읽는 여러분은 자신의 몸의 변화를 언제 어디서, 얼마나 느끼고 계신가요?

여러분들은 하루 중에 자신의 마음을 언제 인지하고 확인하는가요? "내 마음을 나도 모른다."라고 하면서 그냥 흘려보낼 때도 자주 있을 것 같습니다. 아침에 일어나 눈을 뜨고 첫 번째로 드는 마음의 풍경은 어떤지, 자주 자각하시는지, 어떤 방법으로 기분 좋은 하루를 시작하시는지 호기심이 생깁니다.

또 몸의 현상은 얼마나 자주 알아차리시는지요? 두통이 있을 때처럼 불편한 상황에서만 몸을 알아차릴 수도 있습니다. 이번에는 우리의 마음이 몸과 만나는 지점이 어디인지 실험해 보고자 합니다.

몸에서 마음을 발견하고, 마음에서 몸을 발견하는 실험을 통해 몸과 마음이 긴밀하게 연결되어 있음을 체험해 보시길 권합니다. 특히 몸의 어느 부분이 불편한 것을 자주 자각하시는 분이나 편두통이나 요통, 근육통 등을 주기적으로 경험하시는 분은 몸이 불편하고 힘들어질 때 자신이 어떤 생각을 하는지, 정서나 감정 상태가 어떻게 움직이는지 살펴보는 것입니다. 그리고 자신의 마음이 불편할 때 세상은 어떻게 보이는지 알아차려 봅니다.

예를 들어 어떤 특정한 신체 부위에 통증이나 불편한 감각이 자각되면 그 신체 부위에 주의를 두고 가만히 머물러 봅니다. 감지되는 감각에 가만히 머물러 보면 그곳에 어떤 느낌이나 감정, 기쁘거나 슬프거나 혹은 무덤덤한 것을 알아차릴 수 있습니다. 처음엔 다소 낯설어서 알아차리기 힘들 수도 있습니다. 하지만 머물다 보면 감각적 느낌으로 어떤 움직임들 속의 감정을 알아차릴 수 있을 것입니다.

신체 부위의 감각에 머무르는 훈련을 계속 하다 보면 자칫 생각에 빠지는 우리의 습관을 알아차릴 수 있습니다. 우리는 불편하거나 기쁜 상황이 생기면 바로 그 경험과 비슷한 기억이나 경험을 떠올리는 생각의 습관에 빠지기 쉽습니다. 생각의 습관에 빠지면 현재의 경험을 제대로 하기 어렵습니다. 과거로 가면 후회하기가 쉽고, 미래로 가면 걱정이나 불안을 경험하기가 쉽습니다. 이렇게 과거나 미래의 생각으로 빠지지 않고 현재에 머무는 것은 현존 감각을 경험하게 합니다.

가장 효과적으로 현재에 머무는 방법은 어떤 불편함을 느끼는 신체 부위에 머물러 보는 것입니다. 그리고 통증을 느끼는 신체 부위의 감각에 계속 머물면서 마음의 눈으로 감각을 자세히 관찰하기 시작합니다. 이때 도움을 줄 수 있는 가장 유익한 동반자는 '호흡'입니다.

　우리는 들숨에서 신선한 공기와 에너지를 몸으로 받아들이고, 날숨으로 우리가 지각하는 신체 감각의 불편함을 내보낼 수 있습니다. 이러한 작용은 우리의 선택과 의식적인 자각을 통해 가능합니다. 들숨 날숨을 자각하면서 우리의 의도를 수용하거나 내려놓음으로써 우리 몸을 다시 잘 흐르게 할 수 있습니다. 이 방법을 통해 우리 삶의 흐름도 조절할 수 있습니다. 우리가 받아들여야 할 것들을 온몸으로 받아들일 때 습관이 아닌 새로운 나를 경험할 수 있고, 내려놓음을 통해 더 가벼워질 수 있습니다. 호흡을 통해 몸과 생각, 감정을 청소하고 샤워하는 것입니다. 그럴 때 언짢거나 불편한 에너지들은 몸에서 빠져나가 자연과 우주의 에너지로 돌아가 어떤 거름이 되기도 합니다. 그 거름이 또 다른 자원이 되어 다시 우리 몸으로 돌아오는 순환의 흐름을 관찰할 수 있을 것입니다.

　이번에는 마음이 먼저 알아차려질 때를 살펴보겠습니다. 어떤 상황, 기분이 좋거나 언짢거나 불편한 일이 발생한 사실을 알아차렸을 때 가만히 멈추어 봅니다. 시작할 때는 미세한 감정일 수 있기 때문에 이러한 감정이 발생하는 시작 지점에서 멈추기는 어렵습니다. 우리들이 감정을 알아차릴 때는 보통 격렬한 감정일 때가 더 쉽고 많습니다. 그래서 어떤 감정을 느끼거나 마음이 자각될 때 우선 멈춘 다음 머물러 봅니다. 그리고 그것이 무엇인지 이름을 붙여 보시기 바랍니다.

보통 기쁘거나 즐거운 감정들은 우리들을 고통으로 몰아가지 않습니다. 그래서 특별히 벗어나야겠다는 의도를 일으키기 어렵습니다. 하지만 슬픔이나 분노, 증오나 미움 등이 마음에서 일어났을 때는 괴롭습니다. 그래서 싫어하면서 빨리 벗어나고 싶어 하기 때문에 더 고통스럽습니다. 불편한 상황은 1차 고통인데, 이것을 싫어하고 벗어나고자 하고, 마음대로 되지 않는 마음 때문에 두 번째 고통이 찾아온 것이지요.

붓다께서는 이를 '두 번째 화살'이라고 하셨습니다. 가만히 머물러 보면 우리들의 고통은 이 두 번째 화살로 인해 더 가중되는 것을 알 수 있습니다. 현자들은 이 두 번째 고통에 빠지지 않는다고 합니다. 좋은 경험을 환영하는 것은 좋지만 그 경험에 집착할 때 고통이 옵니다. 마찬가지로 불편한 경험이 지나가도록 허용하지 않고 벗어나고자 집착할 때 두 번째 고통이 찾아옵니다. 그럴 때 현존은 두 번째 화살을 피하는 경이로운 길입니다.

우리가 존재여행에서 배워야 하는 것은 좋은 경험에 집착하지 않는 것과 나쁜 경험에 대해 혐오하지 않는 것입니다. 불교에서는 이것을 '중도中道'라고 가르칩니다. 몸과 마음 모두 좋고 싫음의 어느 한쪽에 집착하지 않는 중도의 가르침을 선택할 수 있는 용기가 실현되기를 바랍니다. 이 용기를 실현하는 유익한 동반자는 현존하는 훈련입니다.

머묾의 춤

몸에서 하는 이야기를 듣기 위해서는 멈춤이 필요하고, 몸의 지혜를 깨우기 위해서는 잠들어 있는 세포들의 감정을 깨우고 흔들어 경청해야 합니다. 우선 몸이 불편하거나 마음이 불편한 곳을 발견하도록 멈추고, 그곳에 가만히 머물러 봅니다. 앞에서 '멈춤의 춤'을 춰 보았으니, 여기선 머묾의 춤을 한 번 실험해 보고자 합니다.

먼저 신체 부위의 한 공간을 가만히 상상해 봅니다. 그리고 그곳의 색깔이 어떤지, 그 신체 부위에 어떤 기억들이 있는지 떠올려 봅니다. 그 신체 부위가 간직한 이야기들이 있는지도 귀를 기울여 봅니다. 그러면 그 신체 부위에 어떤 감정들이 잠들어 있는지도 볼 수 있을지 모릅니다. 특히 불편하거나 통증이 느껴지는 신체 부위에 머물러 그곳의 빛깔을 상상해 보고 이야기를 들어 보는 것도 좋겠습니다.

이때 어떤 이미지나 이야기, 기억들이 떠오른다면 그것을 도화지에 크레파스 등으로 선과 색, 형태로 표현해 봅니다. 선과 색, 형태로 그리기 어려울 때는 노트나 메모지에 단어나 문장의 형태로 표현할 수도 있습니다. 이것은 자신의 몸을 이해하는 데 의미 있는 방법으로, 그림과 글로 표현하는 명상법입니다.

여기에서 유의할 것이 있습니다. 우리는 그동안 받은 교육 덕분에 그림이나 글은 모두 전문가의 영역이라고 치부해 버립니다. 그림은 화가가, 글은 작가가 쓰는 것으로 말입니다. 그래서 대부분 자신의 느낌과 이미지를 제대로 표현해 본 적이 거의 없습니다. 그림이나 글을 볼 때도 잘 그리고 잘 썼는지를 먼저 평가합니다. 그래서 그 평가 기준에 못 미칠까 봐 그리거나 쓰는 것을 두려워할 수 있습니다. 또한 다른 이들의 것과 비교해서 낙담하고 자신을 비하하기도 합니다. 아예 시작할 엄두를 내지 못할 수도 있습니다. 하지만 모든 인간의 내면에서 표현되어 나온 진실한 이미지와 이야기는 그 자체로 독특하고 고유한 작품이며, 예술입니다. 이때의 예술은 몇몇 전문가의 전유물이 아닌 모든 이들의 내면이 투사된 모든 소리와 글, 이미지, 움직임이 포함되어 있습니다.

이번엔 감각이 느껴지는 몸에 머물러 보겠습니다. 예를 들어 손목에 통증이 느껴진다면 손목에 주의를 두기 위해 다른 동작을 멈추어 봅니다. 통증은 흐름이 통하지 않은 불통不通에서 생기는 감각입니다. 몸의 흐름과 순환이 잘 이루어진다면 잘 느껴지지 않습니다. 예를 들어 손목이 불편하다면, 손목에서 느껴지는 감각에 머물며 찌릿찌릿하거나 욱신거리거나 쑤시거나 하는 등의 감각적 경험을 잘 살펴봅니다. 그리고 반대편 손으로 아픈 손목을 잡고, 아픈 손목에 섬세한 진동을 주어 자극해 봅니다. 조금 더 크게 살짝살짝 흔들어 줍니다. 한쪽 방향으로 돌리거나 다른 방향으로 돌리거나 하면서 진동과 파동을 느끼며 조용하고 잔잔하게 반복적으로 움직여 줍니다. 통각을 느끼는 부위에 주의를 모으고 머물면서 움직임을 해보는 것입니다.

    아주 작은 부위부터 큰 부위까지 우리가 움직일 수 있는 방법은 얼마나 많을까요? 시간 여유를 갖고 통각 부위를 움직여 보기를 권합니다. 반복적으로 움직이면서 그 움직임이 자신을 어디로 데려가는지 머물러 보기 바랍니다. 그리고 어떤 움직임을 하면 기분이 점점 밝아지고 상쾌하고 유쾌해지는지 탐색해 보시기 바랍니다.

신체 부위의 한 부분을 움직임에 머물다 보면 근육과 세포가 보다 가벼워지고 자유로워지는 경험을 할 수 있습니다. 그리고 이 부분적인 움직임은 몸 전체에 영향을 미칩니다. 신체의 한 부위와 몸 전체는 유기적으로 서로 연결되어 있기 때문입니다. 그리고 움직이다가 '이제 충분하다'는 느낌이나 '기분이나 통증이 조금 나아진 느낌'이 들 때 척추를 곧게 세워서 앉거나 서 봅니다. 그리고 두 눈을 감고 발바닥에서부터 정수리 끝까지 몸의 뼈 전체를 하나하나 땅위에 쌓아 올린다는 느낌으로 세워 봅니다. 그리고 어떤 느낌이나 상상이 드는지, 어떤 경험을 하는지 알아차려 봅니다. 이렇게 하면서 호흡이 내 몸에 들고 나는 것을 자각하며 머물러 보는 것도 좋겠습니다.

좋은 경험을 환영하는 것은
좋지만 그 경험에 집착할 때
고통이 옵니다. 마찬가지로
불편한 경험이 지나가도록
허용하지 않고 벗어나고자
집착할 때 두 번째 고통이
찾아옵니다. 그럴 때 현존은
두 번째 화살을 피하는
경이로운 길입니다.

03

몸과 마음을 인식하는 새로운 시각

몸과 마음의 현상을 관찰하는 새로운 눈

몸과 마음의 현상을 관찰하는 새로운 눈은 몸을 내면에서 지각하는 고유 수용 감각proprioception에서 비롯합니다. 고유 수용 감각은 움직이거나 정지한 상태에서 공간 속 자신의 위치와 몸과 움직임을 지각합니다. 한마디로 자신을 느끼는 감각입니다. '고유 수용기'라는 감각 능력을 통해 몸과 마음의 정보를 느끼고 평가하고 반응하는데, 이는 자기를 감지하고 교정하고 조직화하는 지성으로 '고유수용감각 지성'이라고도 합니다. 고유수용감각은 근육이나 관절, 인대 조직에 위치한 신경을 통해 뇌와 끊임없이 정보를 교환하면서 우리 몸의 움직임과 위치와 긴장 상태를 감지합니다. 바깥 정보를 받아들이는 오감과는 달리 우리 내부 세계에 대한 정보를 받아들이는 감각입니다.

고유수용감각은 시스템으로 작동하면서 세 가지 형태의 정보를 받아들입니다. 첫째는 운동 감각으로 우리 몸 전체의 근·골격계로부터 전달되는 움직임 정보입니다. 뿐만 아니라 통증과 공간 안에서 방향과 시간의 변화, 그리고 몸의 리듬 등의 정보가 들어옵니다. 두 번째는 내장 기관이 받는 다양한 형태의 압력 신호입니다. 배가 부르다든지, 숨이 차다든지, 목이 마르다든지 하는, 몸에 무엇이 필요한지 혹은 어디가 불편한지를 느끼는 감각적 신호입니다. 세 번째는 미로/전정 피드백으로 공간 속에서의 위치와 균형에 대한 감각입니다. 예를 들어 우리가 가만히 있거나 움직이면서도 균형을 잡을 수 있는 것은 귓속 달팽이관의 고유수용감각 시스템이 작용하기 때문입니다.

평소 우리들은 이 고유수용감각을 잘 인지하지 못합니다. 왜냐하면 당연히 몸이 있다는 것을 느끼고 자신의 움직임을 자유롭게 할 수 있고, 몸에서 생명 대사 활동이 잘 진행되고 있기 때문입니다. 하지만 소화가 잘 되지 않는다거나, 오래 앉아 다리가 저리거나, 발목을 삐끗했을 때 통증이나 신체 변화를 느낄 수 있는 것은 모두 고유수용감각을 자각한 덕분입니다. 하지만 신경 손상으로 인해 고유수용감각을 상실하게 되면 자기 몸을 내면에서 감지하는 능력이 없어지게 됩니다.

고유수용감각에 탈이 나면 우리는 자신에게 몸이 있다는 사실을 더 이상 느끼지 못합니다. 자신이 움직이고 있다는 것도 눈으로 보지 못하면 자각하지 못합니다. 고유수용감각 지성이 발달하지 못한다면 자신의 능력을 잘 인지하지 못합니다. 다른 사람이 평가해 준 몸의 진단에 따라 움직이는 것이 습관이 되면, 몸이 조금만 불편해도 약이나 병원을 찾고 다른 이의 말에 귀를 기울이고 의존합니다. 반면 내 몸을 자유롭게 움직이고, 자신의 운명을 원하는 환경으로 개척할 수 있는 것은 고유수용감각

지성이 발달한 때문입니다. 자신의 상태가 지금 어떤지, 자신이 무엇을 원하는지, 그리고 자신이 회복 능력이 있다는 것을 스스로 잘 파악할 수 있기 때문입니다.

이 고유수용감각과 함께 자신의 몸이 어떻게 느끼는지 알 수 있는 또 하나의 감각으로 내부감각 interoception 이 있습니다. 내부감각은 머리로 아는 감각이 아니라 체화를 통해 직접 느끼는 감각입니다. 이 감각은 흔히 우리들이 명상을 할 때 활성화됩니다. 우리가 하던 일을 멈추고 가만히 머물면서 고요히 관찰하는 순간 알아차려집니다. 명상을 하면 보통 평소보다 더 많은 시간 동안 몸의 감각에 많은 주의를 기울이게 됩니다. 온전한 현존으로 자각하는 것은 의식의 집인 몸으로 돌아오는 길입니다.

관찰은 고유수용감각과 내부감각을 통합하여 스스로를 감지하는 능력을 키우는 방법입니다. 평소 느낌과 몸의 알아차림 자각에 시간을 더 투자하는 습관을 갖는 것입니다. 즉 고유수용감각과 내적 감각의 능력을 자주 사용해서 미지의 세계를 인지하는 것이지요. 이미 알고 있는 자신이 아닌, 자신을 규정하던 것을 내려놓고 현존으로 미지를 인지하고 받아들이는 것입니다. 이를 통해 특정한 관념에 묶여 있던 의식을 풀어 주어 자신이라는 개념과 어떤 목적을 위해 달려가던 자신을 해방할 수 있습니다.

이때 우리는 커다란 의식, 텅 빈 지혜의 곳간을 열게 됩니다. 자신이 묶여 있던 고정된 이미지에서 벗어나 해탈되는 것이지요.

이렇게 관찰을 지속적으로 하면 자신의 습관적 욕구가 아니라 진정한 바람을 알 수 있습니다. 그리고 어디로 움직여야 할지, 어느 방향으로 나아가야 할지 키를 잡을 수 있습니다. 어떤 것이 더 유익한 것인지, 행복의 씨앗인지, 어디에 물을 주어야 하는지 말입니다.

있는 그대로 받아들이기

현대 사회에는 우리들의 감각을 부르는 것들이 많습니다. 늘 가까이 있어 손가락만 움직이면 원하는 정보를 언제든지 볼 수 있는 스마트폰이 그렇고, 도심 한복판에서 볼 수 있는 전광판 화면이 그렇습니다. 그곳에는 어디로 가면 아름다움과 낭만이 우리를 기다리는지, 또 무엇을 소유하면 행복감에 젖을 수 있는지를 말하는 광고가 넘쳐 납니다. 우리는 알게 모르게 미디어가 주는 메시지에 오감과 마음을 열어놓고, 그들이 원하는 소비에 유혹 당하고 있습니다. 제러미 리프킨Jeremy Rifkin은 이를 두고 '제품을 자아의 일부로 보는 일체감을 위한 것'이라고 했습니다. 그에 따르면 소비하지 않은 사람들은 자아의 결핍감을 느끼면서, 시대에 뒤쳐질 것이라는 암묵적인 메시지를 받고 불안해 한다는 것입니다.

    광고 외에도 많은 드라마와 영화가 철학과 사유, 재미를 담아 삶의 자리에 깊숙하게 들어와 있습니다. 이들의 다양한 목적 가운데 하나는 고래古來로부터 내려온 선과 악의 대결, 일과 사랑과 성공에 대한 영웅 신화를 제시하면서 시대의 모델을 창조하고 시대를 통제하는 것입니다. 그리고 자본주의 시스템의 부작용에 대해 무감각해지거나 시선을 다른 데로 향하도록 자극하기도 합니다. 미디어의 다양한 채널은 지구촌에서 일어나는 사건이나 사고에 대한 새로운 정보를 실시간으로 제공합니다. 그리고 채널마다 한 상황에 대한 다른 인식과 판단을 제공하기도 합니다. 또한 그동안 신비한 기적이라고 불렸던 현상들은 과학을 통해 실체가 드러나고, 종교적인 이상과 가르침들이 비밀리에 전수되지 않고 널리 알려지기 시작했습니다.

미디어를 통해 바깥에서 들려오는 수많은 정보들 중에서 여러분이 관심을 가지는 것은 무엇인가요? 어떤 정보에 귀를 기울이고, 마우스를 움직이며 찾아다니는가요? 여러분은 무엇을 바라보고, 어떤 선택을 하며 살아가고 있나요? 이 물음들에 대한 답은 여러분의 관심사나 가치관을 대변해 세상을 어떤 가치관으로 바라보고 어떻게 살고 싶은지를 말해 줍니다.

우리들의 가치관은 이미 마음속에 형성된 상想, saññā의 영향을 받고 있습니다. 절집에서는 이를 업력業力이라고 합니다. 이 업의 힘은 우리의 현실에서 매우 강력하게 작용할 수 있습니다. 과거의 경험, 즉 기억과 인상, 이미지들이 현재 다른 새로운 경험을 할 때 영향을 미치는 것이지요. 이를 잘 표현하는 속담이 "자라 보고 놀란 가슴 솥뚜껑 보고 놀란다."입니다. 또 이 업력은 우리 삶에서 습관적 패턴이나 경향성, 성향 등으로 자리하기도 합니다. 그래서 계획을 세우면 작심삼일이 되기 십상이고, 일어난 현상을 있는 그대로 보는 것을 어렵게 합니다.

그러면 이 업의 힘에 휘둘리지 않는 방법은 무엇일까요? 우선 내가 내 마음대로 살지 못하고 업의 힘에 이끌려 다닌다는 것을 인정하고 받아들입니다. 다시 말해 내가 보는 것이 절대적이거나 진실, 혹은 사실이 아닐 수 있다는 것을 인정하고 받아들이는 것입니다. 그리고 멈추고 머물러서 고요히 관찰할 때 좀 더 있는 그대로, 사실을 사실로, 진실을 진실로 볼 수 있을 것입니다.

우리는 고통에서 벗어나기 위해 그 고통을 잊게 해줄 수 있는 대상을 밖에서 찾으려 애씁니다. 하지만 고통의 원인을 밖에서 찾는다면 고통을 멈추기 어렵습니다. 붓다께서는 우리가 행복하려면 지금 여기에 현존하라고 하셨습니다. 고통을 느끼는 자신을 먼저 알아차리고 멈추어 관찰하는 것입니다. 현존은 지금 이 순간 내 몸의 감각적 느낌이 어떤지, 정서적으로는 어떤 느낌이 있는지 알아차리는 것입니다. 그리고 바깥 대상을 어떤 욕구와 기대를 가지고 바라보는지, 그럴 때 과거의 어떤 생각과 기억, 상상이 현재를 오롯하게 경험하지 못하게 하는지 알아차리는 것입니다. 한마디로 대상을 바라보는 자신의 인식 상태를 깨어 관찰하는 것입니다.

이렇게 경험하는 자아를 관찰하는 것이 곧 명상입니다. 그리고 이를 통해 관찰하는 능력을 키우는 것, 이것이 지혜로 가는 길입니다.

나는 사건을 어떻게 받아들이는가

내가 경험하는 인식을 관찰하는 능력이 자라면 어떤 현상에 대한 나의 반응을 알아차리기 시작합니다. 어떤 현상을 바라볼 때 부정적인 시선으로 바라보는지, 낙천적으로 받아들이는지, 아니면 비판적인 시각으로 반응하는지, 혹은 일어나는 현상을 그대로 단순하게 주의 집중하여 관찰을 하는지 말입니다. 우리는 우리의 마음을 멈추고 머물면서 관찰하는 훈련을 거의 받은 적이 없기 때문에 현상과 반응을 구분하기가 어렵습니다. 그렇기 때문에 현상을 사실 그대로 알아차리기보다 자신의 반응과 생각을 섞어 버립니다. 그래서 명료하게 구분하지 못하고, 심하면 생각으로 현상을 재창조해서 고통을 생산합니다.

『화엄경』에서는 '마음은 마치 화가와 같아서 내가 바라보는 이 세상은 마음이 그려 낸 것'이라고 합니다. 즉 내가 바라보는 것들은 모두 내 마음이 투영되었다는 뜻이지요. 저는 이 말씀에 담긴 뜻을 '세상을 바라보는 그 사람의 가치관이 그가 바라본 세상을 해석한다'는 의미로 받아들였습니다. 우리는 자신이 세상을 바라보는 방식으로 인해 기쁨을 느끼거나 절망을 느낍니다. 그것은 여러 사람이 같은 현상이나 사건을 보아도 똑같은 감정을 느끼지 않는다는 것을 통해 알 수 있습니다. 어떤 사건이나 상황에 대한 반응은 자신이 누구인가, 혹은 자신이 지금 어떤 상태인가를 말해 주는 거울입니다.

　계신 곳이 어디든 상관없이 가정과 직장, 학교와 동네에서 여러분이 바라보는 세상과 일에 자신이 어떻게 반응하는지 관찰해 보기를 권합니다. 관찰하기 위해서는 순수한 주의 집중이 필요한데요. 주의 집중으로 지금 이 순간 있는 그대로의 감각적인 경험과 우리의 반응을 구분하는 것입니다. 매 순간 우리들이 경험하는 것마다 세심한 주의를 기울이게 되면 순수한 주의력이 자랄 것입니다. 순수한 주의력과 집중력이 커지면 사실을 사실로 받아들이는 경험을 할 수 있습니다. 습관적인 시각 없이 마치 처음 보는 것처럼 자세하게 사건과 사물이 스스로의 모습을 드러내는 것을 관찰합니다.

　여러분이 접하는 모든 정보와 자극에 대한 여러분의 반응은 어떤지요? 이 정보들을 찾고 기쁘거나 활기찬 삶을 영위하고 계시는가요? 아니면 비판적이며 회의적인 사고를 키우시나요? 혹은 좌절감과 비통하거나 절망감을 자주 느끼진 않는가요? 아마도 정보와 자극에 따라 각각 다른 반응을 하면서 희로애락을 경험하고 계실 것입니다.

　우선, 어떤 사건이나 정보나 자극에 대해 어떤 반응을 하는지 그 반응의 감정에 이름표를 붙여 보시기 바랍니다. 이 방법은 UCLA의 매튜

리버먼 연구소에서 개발한 간단한 자기 조절법으로 '감정 라벨링'이라고 합니다. 예를 들어 지금 경험하고 있는 감정에 기쁨, 슬픔, 분노, 화 등의 이름표를 붙이게 되면 스스로 이 감정들을 관리하는 데 도움이 된다는 것입니다. 감정에 이름을 붙이는 것은 뇌의 브레이크 페달 역할을 하는 부위의 활동을 증가시키고, 뇌의 행정 센터에 해당하는 부위의 활동도 증가시켜 편도체의 진정을 가져옵니다. 이와 함께 뇌의 다른 부위들도 활성화시켜서 뇌의 많은 신경회로를 활용하게 되어 감정을 효과적으로 관리할 수 있다고 합니다.

정보나 자극을 받아들일 때의 반응을 알아차림은 현존과 깨어 있음으로 인식의 확장을 가져옵니다. 인식의 확장은 특히 자신의 상태와 자신이 누구인가에 대한 통찰을 가져옵니다. 그리고 통찰이 늘어날수록 지혜가 자라납니다. 결과적으로 사건과 사물과 사람들에 자신을 비추어 보는 경험을 축적하여 자신을 알아차리는 능력이 커질수록 존재여행은 더 자유로워집니다. 그러다 문득 불성이 현현하고 본성이 발현되는 시간을 마주할지도 모를 일입니다.

관찰의 춤

관찰은 어떠한 선택이나 판단 없이 알아차리고 자신의 반응을 수용하게 합니다. 깨어 있는 관찰은 우리가 알지 못하는 미지의 세계로 우리를 이끌어 진정한 앎으로 데려갑니다. 『생명의 느낌』이라는 책으로 소개된, 인간 게놈 지도의 초석을 마련한 여성 과학자 바바라 매클린톡Barbara McClintock, 1902~1992의 삶을 보면 더 확실해집니다. 여성 단독으로는 최초로 노벨 생리의학상을 수상한 그녀는 자연과의 교감을 통해 생명의 신비를 밝혀낸 인물로 알려져 있습니다.

그녀는 매일 산책을 나가 옥수수 밭에서 옥수수 잎들을 관찰하면서 직접적인 만남을 가졌습니다. 이와 함께 광학 현미경으로도 꾸준하게 관찰함으로써 옥수수만으로 유전학의 역사를 바꾸었습니다. 당시에 알려진 것과는 다르게, 자리바꿈 현상이라는 유전자의 활동을 발견한 것은 그때까지 없었던 새로운 이론이고 앎이었습니다. 너무나 새로웠기 때문에 30년간 그녀의 이론은 묻혀 있었지만, 30년이 지난 이후 옥수수 말고도 바이러스, 초파리, 고등 동물 등에서 자리바꿈 유전자가 발견되면서 그녀의 직관적인 관찰 능력이 빛을 보게 되었습니다.

결국 우리가 관찰하고 싶은 것은 우리 자신입니다. 처음에는 사물과 일, 관계의 자극에서 어떤 접촉이 이루어질 때 자신의 신체적·정서적·인지적인 반응을 알아차려 보시길 권합니다. 타인과의 관계에서도 자신의 몸의 감각이 어떻게 반응하는지 알아차립니다. 그리고 정서적으로 어떤 감정을 경험하는지도 살펴봅니다. 인식의 대상을 바깥에서 자신으로 옮겨 오는 것입니다. 그리고 이러한 반응을 알아차리는 경험을 통해 어떤 현상이 일어나는지 인식하는 시간을 가져 보는 것을 권합니다.

보통 우리는 반응과 자신을 구분하지 못하고 자동적으로 동일시하며 살아가고 있습니다. 반응에는 자신의 생각과 감정, 평가와 판단, 해석 등이 있습니다. 앞에서도 이야기했듯이 우리는 사실, 현상과 우리의 반응을 구분하지 못해 괴로워합니다. 하지만 이런 훈련을 지속하게 되면 우리의 반응과 우리 자신을 분리할 수 있습니다. 그리고 이러한 관찰이 지속되면 신체적·정서적 느낌과 생각과 의식, 나라는 느낌에 이르는 동안 점점 더 미세한 현상에까지 순수하게 주의를 둘 수 있습니다.

그렇게 되면 자극과 반응 사이에 공간이 생깁니다. 그리고 이후부터는 자신의 반응을 선택할 수 있는 힘이 생깁니다. 즉 순수한 주의력을 키울수록 자기 조절 능력을 키우는 결과를 가져오는 것이지요. 이는 '반응 유연성'이라는 능력을 키워 행동하기 전에 멈추는 능력도 가져다줍니다. 우리 자신이 누구인지, 지금 이 순간 어떤 사람이 될지 자유롭게 선택하기 위해 멈출 수 있어야 합니다. 관찰하기 위해서도 멈춤이 필요하므로 관찰과 멈춤은 서로 의지하고 있습니다.

주의력을 바탕으로 하는 순수한 관찰은 판단을 중지시키고 지금 이 순간 현존하게 합니다. 살아 있음이라는 존재, 생명을 느낍니다. 그것은 그냥 머물면서 의식적으로 현재의 순간에 주의를 기울이는 것입니다. 우리는 무엇을 보고 듣고 냄새 맡든지 간에 평가하고, 판단하고, 때로는 해석을 하는 습관이 있습니다. 순수한 주의력을 동반한 관찰은 이러한 습관에서 벗어나게 해줍니다. 그래서 자동화된 습관적 사고에서 벗어나기 위해서는 순수한 주의력으로 알아차림을 하는 관찰을 해야 합니다.

주의 깊은 집중력을 동반한 깨어 있는 알아차림의 관찰이 깊어질수록 관찰자와 관찰 대상 사이의 경계가 허물어지는 상태를 경험하게 됩니다. 이것이 '선택 없는 알아차림'으로 '자기 의식' 없이 순수한 알아차림만 있는 상태가 됩니다. 이 상태를 '명상의 정수'라고 부르기도 합니다. 수많은 명상가들이 하나같이 말하는 마음속에 내재하는 고요함과 청명함을 알아차리는 순간입니다. 평소 생각으로 알고 있던 자아나 자신을 잊는 순간이지요.

    어쩌면 매클린톡이 말한 "지극한 마음으로 바라보고 있노라면 그들이 나의 일부가 되지요. 그러면 나 자신은 잊어버려요. 그래요, 그게 중요해요. 나 자신을 완전히 잊어버리는 거 말이에요. 거기에는 더 이상 내가 없어요."라는 경험을 우리도 하는 순간입니다. 그러므로 진정한 '앎'은 이러한 자기 해체를 통해 이루어진다는 것을 경험하게 됩니다. 관찰은 바로 무아의 경험을 하게 합니다.

주의력을 바탕으로 하는
순수한 관찰은 판단을
중지시키고 지금 이 순간
현존하게 합니다.
살아 있음이라는 존재,
생명을 느낍니다.
그것은 그냥 머물면서
의식적으로 현재의 순간에
주의를 기울이는 것입니다.

04

고통을 바로 보는 지혜

고통에 대한 알아차림과 자각

우리가 사는 세상에는 어떤 고통들이 있을까요? 이 글을 읽고 계신 동안에도 여러분을 사로잡거나 흔들리게 하는 걱정거리가 있는가요? 혹시 나 혼자만 고통에서 헤매고 있다는 생각이 들지는 않으시나요?

경전을 보면, 아이를 잃고 고통스러운 나머지 정신을 놓은 엄마의 이야기가 나옵니다. 아이 엄마는 죽은 아이를 등에 업고 살릴 수 있는 사람을 찾아 헤매다가 부처님을 만났습니다. 그리고 부처님을 붙들고 하소연하며 아이를 살려 달라고 울부짖었습니다.

연민이 가득한 눈으로 그 여인을 바라보던 부처님께서는 여인이 잠시 울음을 그치고 숨을 쉬는 틈을 발견하고 그 여인에게 겨자씨 한 알을 보여 주면서 갈 수 있는 모든 곳을 찾아가 죽은 사람이 없는 집에서 겨자씨를 얻어 오면 죽은 아이를 살려 주겠다고 하셨습니다. 그 여인은 아이를 살려 줄 수 있다는 말에 번개처럼 빠르게 떠나 이 집 저 집의 문을 두드렸습니다. 어떻게 되었을까요?

여러분의 짐작대로 그 여인은 빈손으로 부처님께 돌아와 마지막 눈물을 흘렸습니다. 경전에는 기록되어 있지 않지만, 아마도 부처님께서는 그 여인을 조용히 감싸 안고 다독여 주셨을 겁니다. 그 여인은 자신의 삶에서 지독한 고통과 고통을 자각하는 자신의 현실을 마주했습니다. 그녀는 세상에 대한 어떠한 기대도 품지 않게 되고, 죽음과 고통을 해결하기 위해 출가와 수행을 선택합니다. 그리고 마침내 죽음도 질병도 그 어떤 고통도 자신을 무너지게 할 수 없는 초월의 행복에 도달했다는, 경전 속 끼사 고타미의 이야기입니다.

죽음과 고통, 질병은 누구에게나 찾아옵니다. 나이와 성별, 학력과 지위 고하를 막론하고 언제 어떻게 찾아올지는 아무도 모르지만 언젠가는 마주하게 됩니다. 이는 누구나 아는 진실이고 사실입니다. 하지만 우리는 이 진실을 마주하고 싶지 않습니다. 할 수 있는 한 미루고 도망가서 피하고 싶어 합니다.

고통을 자각하는 정도는 모두 다릅니다. 어떤 이는 암세포를 죽이는 수술과 방사선으로 하는 항암 치료의 고통을 견뎌냅니다. 또 다른 이는 점심 때 나온 국이 식었다거나 짜거나 싱겁다는 등의 이유로 짜증 내고 고통을 호소합니다.

그런데 우리는 아무도 그 사람이 겪는 고통의 크기와 질을 감히 재단할 수 없습니다. 우리는 각자 삶이라는 학교에 와서 생生이 내어 준 숙제들을 풀고 있는 중입니다. 어떤 분에게는 그 과제가 고통과 힘듦으로 다가올 수도 있습니다. 삶의 의미를 찾다가 길을 잃었다는 느낌이 드시는가요? 아무리 노력하고 잘해도 상황이 변하지 않고 계속 진흙 속으로 빠져드는 느낌이 있는가요? 아니면 이젠 지쳐서 모두 그만두고 포기하고 싶으신가요? 지금 내가 겪고 있는 아픔이 누군가만 없어진다면 다 해결될 것 같은가요? 혹은 이 상황만 바꾼다면 마음이 편안해질 것 같은가요? 어떤 경험을 하고 계시든지 잠시 멈춰 여유를 갖고 이 공간에 여러분들이 지금 현재 경험하는 고통을 한번 적어 보시길 권합니다. 용기를 내어 다음 문장을 완성해 보시기 바랍니다.

지금 내가 경험하는 가장 큰 고통은
_____ 이다.

지금 내가 경험하는 가장 큰 아픔은
_____ 이다.

지금 내가 불행하다고 여기는 것은
_____ 때문이다.

잘 적어지시는가요? 적고 난 후에 어떤 느낌이 드시나요? 이제 자신이 가장 사랑하는 이나 가까운 이를 떠올려 보시고 그이의 고통이나 걱정, 아픔이나 불행을 한 번 적어 봅니다. 계속해서 자신이 싫어하거나 미워하는 이를 떠올려 그 사람의 고통과 아픔을 적어 봅니다.

사랑하고 친애하는 (   )의 가장 큰 고통은
_____ 일 것이다.

존경하는 (   )의 가장 큰 아픔은
_____ 일 것이다.

내가 싫어하고 미워하는 (   )의 걱정과 고통은
_____ 일 것이다.

이 작업을 해보면서 어떤 알아차림이 생기셨나요? 실제로 존재여행을 하는 누구나 고통을 겪고 있다는 지혜가 생겼을지도 모릅니다. 고통이 나에게만 찾아오는 것이 아니라 누구에게나 언제든지 찾아오는 피할 수 없는 손님이라는 것을 알 수 있습니다.

고통은 혼자만 경험하는 것이 아니라 보편적으로 누구나 경험하고 있다는 진실을 받아들이는 것이 고통에서 벗어나는 첫 걸음입니다. 그러면 같은 고통이라도 무게가 줄어든 것처럼 느껴질 것입니다. 변화무쌍한

마음의 방향과 고통을 향한 적개심을 자각하는 것, 이것이 고통의 성스러운 진리가 가져다주는 선물입니다.

나의 반응 책임지기

우리는 고통을 몸과 마음으로 경험합니다. 또 고통은 몸과 마음의 조화가 깨졌을 때 나타나기도 합니다. 지금 자신의 몸과 마음을 알아차렸을 때 조화로운가요, 아니면 균형이 깨져 어딘가로 쏠려 있는가요? 한쪽으로 쏠려 있으면서도 알아차리지 못하고 불안과 걱정으로 조바심을 내고 있진 않는가요?

곳곳에 풍요가 넘쳐나지만 양극화는 점점 더 심해지고, 물신숭배로 인해 상처받는 이들이 점점 많아지고 있습니다. 이런 우리 사회를 산업 자본주의 사회, 소비 정보 사회, 네트워크 접속 사회 등으로 부릅니다. 이런 이름들은 인류 역사가 빠르게 진화하는 것 같은 인상을 갖게 합니다. 그래서 우리도 그에 맞춰 변화해야 한다는 무언의 압박감을 느낍니다. 그리고 이 속도에 적응하지 못해 변화의 물결에서 밀려날까 봐 두려움을 안고 삽니다. 또 이 물살을 따라가기 위해 안간힘을 쓰면서 자신의 몸과 마음에 생채기를 내기도 합니다. 이런 삶은 자연스럽게 해결되지 못한 심리적·정서적·정신적 상처를 유발합니다. 그리고 아무것도 해결되지 않은 상태가 계속 이어지면 트라우마가 생길지도 모른다는 불안감을 안고 살아가게 됩니다.

또한 성장과 발전이라는 구호 아래 지구의 한정된 자원을 무분별하게 착취한 결과 지구 온난화를 비롯한 기후 위기와 자원 고갈 문제로 전 지구적인 고통을 경험하고 있습니다. 뿐만 아니라 지구 어머니의 피부로 쏟아 부은 엄청난 양의 쓰레기와 무분별한 개발 때문에 지구 어머니 품에 기대어 살고 있는 수많은 생명들이 사라져 가는 고통을 목격하고 있습니다. 이는 개인적인 고통과 더불어 우리 힘으로는 어쩔 수 없다는 무력감과 죄책감을 더하기도 합니다. 고통의 양상은 점점 새롭고 다양한 형태로 확대 재생산되고 있습니다.

이러한 안팎의 스트레스를 경험하면 우리 의식은 위기를 인식하고 몸에서는 심장박동, 혈압, 근육의 긴장이 증가하고 위나 장 운동은 잠시 멈추는 생리적 반응이 일어납니다. 그래서 바로 싸움 태세로 돌입할 수 있습니다. 이 반응 덕분에 인류가 살아남을 수 있었지만 지금은 이 반응의 유효 기간이 지난 것으로 추정합니다. 스트레스에 적응하지 못했을 때는 두 번째 반응으로 우울, 불안, 정서 및 행동의 장애 등을 잠시 경험하기도 합니다, 이를 적응 질환 disease of adaptation이라고 합니다. 이 적응 질환은 몸과 마음의 상호 작용에서 일어나는 현상으로, 적응하기 위해 나타나는 다양한 현상들을 다시 일반 적응 증후군으로 분류하고 있습니다.

일반 적응 증후군 개념을 발전시킨 캐나다의 내분비학자 한스 휴고

브루노 셀리에는 사람들에게 스트레스에 대한 개념을 명확하게 이해시킨 사람으로 알려져 있습니다. 그는 지속적인 연구를 통해 스트레스가 목표 지향적인 활동 과정에서 살아 있는 몸에게 가하는 압력이라는 것을 밝혀냈습니다. 그는 우리에게 어떤 자극이 가해졌을 때 몸의 내분비계가 적응하는 방식은 비슷하다고 전합니다. 처음에는 알람 반응으로, 두 번째는 저항, 세 번째는 포기로 나타난다고 합니다. 우리에게 가해지는 자극은 사람이 잠을 자지 않고 몇 킬로미터를 뛰거나 격렬한 논쟁을 하거나, 영화가 끝나고 어두운 극장에서 환한 바깥으로 나왔을 때 받는 눈의 충격까지 알람 반응을 촉발시킨다고 합니다. 알람 반응이 촉발되면 우리 몸에서는 방어 조절이 일어나는데, 자극을 받은 부신이 부신 수질 호르몬을 방출해 스트레스에 저항하려는 현상입니다. 자연스런 현상이지만 스트레스 자극이 지속되고 저항하는 기간이 길어지면 포기하게 됩니다. 진짜 문제는 여기서 발생한다고 합니다.

    우리들이 살아가는 세상은 도처에 위기가 도사리고 있어 불안과 걱정이 자연스런 사회인 것 같습니다. 환경적이고 생태적인 거대한 위기감과 개인적이고도 사소한 고통이 혼재합니다. 셀리에는 사람이 어떤 정신 자세로 살아가는지, 어떤 방식으로 스스로의 삶을 통제하는지가 스트레스가 주는 영향을 감소시킨다고 보았습니다. 이를 자기책임self-responsibility이라고 정의합니다.

우리는 두 번째 화살을 맞을지 아니면 피할지를 선택할 수 있는 자유와 의지가 있습니다. 일어나는 사건과 상황마다 자동화된 반응에 끌려 다니는지요? 아니면 일어나는 현상에 깨어 있으면서 스스로 반응을 선택하고 책임을 지면서 주인공으로 사시는지요? 자기책임을 지면 질수록 고통에서 빨리 벗어날 수 있습니다. 우리는 깨어 있음으로, 고통의 원인을 외부 자극으로만 보는 시각 대신 내부에서 일어나는 몸과 마음의 반응이 또 다른 고통을 창조해 낸다는 자각을 할 수 있습니다. 시선을 내부로 향해 어떻게 반응할지 스스로 선택할 수 있습니다. 이런 통찰이 고통에서 얻을 수 있는 지혜로운 선물입니다.

몸과 마음의 지각력을 높이기 위해 어떻게 해야 하는가

셀리에는 우리가 스트레스에 노출되면 될수록 우리 자신을 보호하기 위해 '회피와 행동'의 두 가지 반응을 한다고 했습니다. 회피 반응withdrawal response은 주로 부정적인 스트레스를 방어합니다. 두려움, 불안, 걱정의 감정은 목 근육을 수축하게 하고 머리는 앞으로 향하게 합니다. 어깨 주변도 긴장감으로 두툼해지면서 어깨가 올라가거나 둥그레지고, 어깨와 목에 만성 통증이 자주 발생합니다. 나이가 어려도 근심걱정이 많으면 몸이 구부정해지고 목이 앞으로 나오며 어깨가 한쪽으로 기울기 쉽습니다. 몸의 자세가 안 좋아지는 것은 물론, 부정적인 스트레스가 몸에 누적되면 자세를 삐뚤어지게 만들고 호흡 작용도 얕아지게 합니다. 또한 복부 근육이 수축하면서 흉곽을 압박하고 복강 내부의 장기들에도 영향을 미칩니다. 얕고 빠른 호흡을 지속하게 되면 심장과 폐 기능에 이상이 올 수도 있습니다.

여러분은 지금 어떤 걱정이나 불안, 두려움을 갖고 살고 계신가요? 그 두려움과 걱정과 불안은 여러분의 몸에 어떤 말을 하고 있나요? 혹시 이 글을 읽으시는 분 중에서 호흡을 얕게 하시거나 자세가 앞으로 구부정하거나 한쪽으로 기운 것이 자각되신다면 횡격막 호흡을 권합니다. 소화가 잘 안되거나 기침을 자주하거나, 숨을 자주 헐떡이거나 한숨이 잦거나 하시는 분들도 마찬가지입니다. 횡격막 호흡을 통해 우리 몸을 긴장에서 해방시킬 수 있습니다. 횡격막 호흡은 숨을 들이쉴 때 복부의 앞과 옆이 팽창하도록 허용하는 호흡입니다. 보통 복식 호흡으로 복부만 팽창하도록 하셨다면 갈비뼈 부근까지 숨이 들어오도록 조금 더 숨을 인지해 보시기 바랍니다. 그리고 가득 들이쉰 숨을 내보낼 때는 근심과 걱정, 불안도 함께 내보내 보시길 권합니다.

행동 반응action response은 회피 반응과는 반대로 신체의 후면에서 주로 일어난다고 합니다. 우리는 인생을 책임지고 살아가려면 행동을 해야 합니다. 직업을 가지고, 경제활동을 하고, 알람에 맞춰 일어나고, 어디를 가며, 커피를 마시며 하루에 해야 할 할당량을 채우고, 마감일을 지키는 등 이 모든 시간이 반복되는 행동으로 프로그램화되어 있습니다. 어쩌면 이 행동이 우리 사회를 돌아가게 하는 원동력일지도 모릅니다. 하지만 우리의 움직임은 척추의 도움을 받아 직립과 보행을 담보로 합니다. 척추는 에너지의 가동성을 확보하기 위해, 척추의 중력 중심을 최대한 높게 디자인해 인간의 보행을 원활하게 하고 손과 뇌를 진화시키는 기반이 되었습니다.

아기가 태어나서 6개월이 지나기 전에 중력에 저항하는 란다우 반응 landau reaction 을 합니다. 란다우 반응은 머리를 들고 생애 최초로 허리를 펴면서 다리를 뻗는 것입니다. 이로써 직립과 보행을 위한 근육이 살아나기 시작합니다. 이 동작을 시작으로 배를 밀면서 앞으로 나갈 수 있게 됩니다. 공간 속에서 자신을 움직일 수 있고 목적지를 향해 나아갈 뿐 아니라 목적지를 선택할 수 있는 능력이 생기는 놀라운 사건입니다. 이후 아기는 허리의 근육을 분주하게 움직이면서 다리를 펴고 스릴 넘치는 모험을 시작해 상승과 전진의 감각을 습득하기 시작합니다.

행동 반응은 우리를 새로운 세계로 탐험하도록 이끕니다. 하지만 세상 속으로 들어간 우리는 이내 자발적이고 즐거운, 하고 싶은 행동에서 해야만 하는 일들을 알아차리게 됩니다. 더구나 책임이 따르는 일들, 과제를 수행하고, 집안일이나 직장일로 생계를 꾸리면서 스스로를 돌볼 수도 있어야 합니다.

몸학 Somatics 이론을 정립한 토마스 한나는 책임이 늘어날수록 허리 근육은 점점 더 자극을 받는다고 전합니다. 현대 사회에서 겪는 엄청난 스트레스로 불편과 피로한 삶이 우리의 허리 근육을 긴장하고 수축시킵니다. 행동 반응에서 일어나는 허리 근육의 수축은 느리지만 지속적으로 우리 몸에 습관화를 가져와 근육이 수축된다는 감각을 느끼지 못하게 만듭니다. 이렇게 되면 근육의 수축은 무의식에서 이루어집니다. 행동 반응이 습관화가 되면 머리와 목 뒤쪽, 어깨와 등 뒤쪽, 허리와 엉덩이에 피로

감과 끊임없는 통증을 느끼게 됩니다.

　여러분은 쉽게 피로감이나 불편감이 찾아오진 않는가요? 무기력이 여러분을 지배하고 있진 않은가요? 그럴 땐 자신이 하고 있는 일을 한 번 돌아보면 좋겠습니다. 책임과 의무로만 살아가고 있지는 않는지, 그 일을 정말 하고 싶은 것인지 사유하는 시간을 가져 보시길 바랍니다. 그러면서 내려놓아야 할 것들이 있는지 찾아보고 우선순위를 정해 일을 줄이거나, 즐겁게 할 수 있는 방법을 찾아보기를 권합니다. 여러분께 드리는 이 질문은 제 자신에게도 하는 것들입니다.

　여러분이 진정 가고 싶은 곳은 어느 방향인가요? 진정으로 원하는 목적지는 어디, 혹은 무엇인가요?

지혜의 춤

때때로 우리는 몸의 지혜에 귀를 기울여야 합니다. 특히 고통에 압도당하고 있다고 느끼거나 불만과 불평, 짜증 등의 부정적인 조건과 환경에 처해 있을 때 더욱 그렇습니다. 특히 과도한 책임감으로 인해 많은 일을 내려놓지 못하거나, 두려움과 걱정, 불안으로 삶의 중심에 서지 못하고 자꾸 물러나려고 할 때 이 양극단을 내려놓을 수 있는 지혜가 필요합니다. 이때 이생에서의 존재여행을 마치는 상상이나 아무것도 할 수 없는 상태를 가끔 떠올려 보는 것이 도움이 됩니다. 그동안 알고 있었던 모든 것, 습관화된 모든 활동과 패턴들을 내려놓는 훈련이 도움이 될 수 있습니다.

지상에서 가장 행복한 수행자로 인정받은 밍규르 린포체는 삶을 잘 마무리하고 떠나기 위해서는 죽음의 순간에 다섯 가지에 대해 명상을 하라고 말씀하셨습니다. 첫째, 모든 애착을 내려놓고, 둘째는 지은 공덕을 나누는 것입니다. 셋째는 죽는 순간 모든 이를 이롭게 하겠다는 마음을 일으키는 보리심깨달은 마음을 내는 것이고, 넷째는 기도, 다섯째는 알아차림 안에서 쉬는 것입니다.

어떻게 하면 밍규르 린포체의 가르침을 실천할 수 있을까요? 우선 오늘 하루 자신과 다른 이를 위한 선행을 기뻐하고, 그 공덕을 다른 이들을 위해 나누는 것입니다. 오늘 하루 동안 의미 있었던 생각과 말과 행동, 기도와 명상 등 좋은 일들을 기억해 내고 기뻐합니다. 그리고 모든 존재들이 고통에서 벗어나 완전한 행복에 이르기를 바라는 마음으로 가치 있다고 여기는 공덕들을 일체 존재들을 위해 바칩니다. 일체 존재들이 자신의 참된 가치를 깨닫고 완전한 자유로움에 이르는 데 자신의 공덕을 바치는 것입니다. 일체 존재들이 본래 완성되어 있고, 그 자체로 온전한 존재라는 것을 깨닫도록 하는 데 바치는 것입니다.

이번에는 오늘 하루의 사계절 안에서 꽃피고 열매 맺은 온갖 선행뿐 아니라 나를 찾아왔던 반갑지 않은 손님들이 가져온 모든 선물들을 해탈과 깨달음을 위한 씨앗으로 삼아 불보살이라는 밭에 뿌리는 겨울의 춤을 추면 어떨까 합니다. 곽재구 시인은 「겨울의 춤」이라는 시에서 '쌓였던 먼지와 허무와 슬픔 등, 선하지 못한 것들을 모두 털어 버리고, 영하의 칼바람에도 스러지지 않는 호롱불을 밝히고' 춤을 추어야겠다고 노래합니다. 아프고 힘겨워 하는 세상 모든 존재들을 위해 따뜻한 호롱불을 밝히는 춤의 세상으로 여러분을 초대하고 싶습니다.

먼저 지금 계시는 곳이 어디든지 가능하면 누울 수 있는 편안한 공간을 선택해서 척추 뼈들을 누이면서 잘못한 일, 원망과 근심, 공허와 아픔 등 내려놓아야 할 것들을 내려놓는 동작을 해봅니다. 그리고 충분히 내려놓아 더 이상 부정적인 감정이 떠오르지 않으면 다시 몸을 일으켜 세우면서 온 세상을 향해 따뜻한 불을 밝히는 움직임을 해봅니다. 어떤 동작이든 상관없습니다. 이때 어떤 동작이 맞고, 어떤 동작은 틀린 것은 아닙니다. 그 따뜻한 불속에 내가 행한 모든 공덕을 나눈다는 의도가 들어 있으면 기도가 됩니다.

그러면서 움켜쥐었던 손을 펴서 세상을 향해 쭉 뻗는 동작을 하면서, 두 다리와 온몸은 이를 지지하고 받치는 자세를 해보세요. 또는 무릎을 굽히거나 뻗으면서, 어딘가에 있는 누군가에게 나의 좋은 것들을 바치는 움직임을 반복합니다. 나의 세포와 근육과 관절, 인대들을 움직이면서 나누는 몸짓은 기도가 되고 춤이 됩니다.

이를 통해 아무것도 남기지 않는 비움을 경험해 보시길 권합니다. 손이나 몸의 어느 한 부분을 웅크리면서 모으면 무엇인가 담길 수 있는 공간이 생깁니다. 무엇인가 애착하고 집착하는 동작이 될 수 있습니다. 웅크렸던 몸의 공간을 다시 열면 무엇도 남겨 놓지 않는 형태가 됩니다. 아무것도 갖지 않고 모두 비워 내는 춤을 춰 보시기 바랍니다. 그리고 모두 비워 내어 마침내 완전하게 비웠다면 바닥에 누워 보시기 바랍니다.

머리를 바닥에 누이고 양팔과 두 다리를 자연스럽게 바닥에 내려놓고 아무것도 쥐지 않은 두 손바닥을 펴서 천장을 보는 자세로 말입니다. 이를 요가에서는 사바사나shavasana, 시체 자세라고 합니다. 어떤 의도나 뜻이 없고, 힘을 주지 않고 누운 자세입니다. 그리고 몸의 감각을 느껴 보고, 마음은 어떤지 가만히 헤아려 봅니다. 어떤 정서들을 느낄 수 있는지도 관찰해 봅니다. 아직까지 내려놓지 못하고 집착하고 있는 것들이 떠오르는지요?

무엇을 생각하고 있는지, 아니면 생각을 따라 이리저리 헤매는지도 알아차려 봅니다. 그리고 모든 것을 날숨과 함께 허공으로 날려 보내는 시도를 몇 차례 해봅니다. 그런 후 마치 텅 빈 것 같은 고요를 감지하게 되면 모든 존재들이 완전한 행복에 이르기를 바라는 보리심을 일으켜 봅니다. 그리고 보리심을 알아차리고 유지하면서 수면에 들어가 보시길 권합니다.

밍규르 린포체는 잠이 드는 바로 그 순간에 알아차림을 유지하는 것이 수면 명상이라고 가르칩니다. 잠이 드는 순간에 알아차리지 못하면 꿈 안에서 다시 깨어나게 된다고 합니다. 꿈 안에서 깨어났을 때 해야 할 것은 꿈꾸는 것을 알아차리는 것입니다. 그러니 이제 알아차림 안에서 쉬는 시간을 가져보시기 바랍니다.

이 비움의 춤은 그날의 모든 것을 내려놓고 제로로 만들어 아무것도 남기지 않는 지혜의 움직임입니다. 마치 나무가 모든 잎과 열매를 땅에다 되돌려 주고 나목으로 겨울바람을 맞이하듯이 오롯하게 홀로 고독을 맞이하고 나를 내려놓는 춤입니다. 그때 텅 빈 충만함과 고요함으로 성성한 자각을 하면서 쉼에 들어갈 수 있습니다.

고통은 혼자만 경험하는 것이
아니라 보편적으로 누구나
경험하고 있다는 진실을
받아들이는 것이 고통에서
벗어나는 첫 걸음입니다.
그러면 같은 고통이라도
무게가 줄어든 것처럼
느껴질 것입니다.
변화무쌍한 마음의 방향과
고통을 향한 적개심을 자각하는
것, 이것이 고통의 성스러운
진리가 가져다주는 선물입니다.

불쾌하고 마음에 들지 않은 상황을 만나면 잠깐
멈춤stop을 합니다. 호흡을 의식하며 생각과 감정이
신체 어느 부위에 어떤 감각으로 느껴지는지
머물러stay 봅니다. 그리고 호흡을 의식하며
감정을 자세히 관찰하여see 알아차린 후,
자연스럽게 흘려보내고 내려놓는 지혜sophia를 선택합니다.

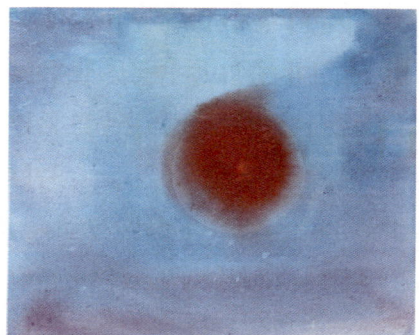
멈추다 (캔버스에 수채, 38cm×43cm)

Stay

사무량심에 머물러 보기

환희 (캔버스에 수채, 45cm×52cm)

우리가 이 지상에 막 도착했을 때 신생아인 우리를 바라보며
경이와 환희에 가득했던 어머니와 아버지, 친척과 지인들의
따뜻한 눈길과 손길 같은 아무 조건 없는 환영과 사랑은 우리를
너그럽고 이해심 있는 수용적인 성품으로 만들어 줍니다.
이해와 수용과 자애로움이 있는 마음에는 분노와 악의가
자리 잡지 못합니다.

앞장에서 우리는 몸과 마음을 바라보는 지혜로운 불교적 시각과 몸을 바라보는 현대 몸학Somatic의 관점을 곁들여 살펴보았습니다. 이번 장에서는 감정과 몸의 관계로 좀 더 들어가 보고자 합니다.

초기불교에서는 우리 마음의 작용들을 52가지로 분류했는데 그중에서 몸과 마음이 함께 일어나는 작용을 여섯 쌍으로 전합니다. 몸과 마음의 경안輕安, 몸과 마음의 가벼움, 몸과 마음의 부드러움, 몸과 마음의 적합함, 몸과 마음의 능숙함, 몸과 마음의 올곧음입니다.

이 여섯 쌍을 초기불교의 아비달마적 해석으로 조금 더 살펴보면 다음과 같습니다. 경안빳삿디passaddhi은 몸과 마음을 안정시키는 것으로 들뜸과 불안을 완화하는 역할을 합니다. 경안이 있으면 어떤 상태에서도 동요하지 않고 침착합니다. 가벼움라후따ahutā은 몸과 마음이 무거운 것을 덜어 버리고 가라앉음에서 벗어나 가볍고 빠른 상태를 말합니다. 게으르고 멍하거나 가라앉은 상태에서 일어나는 것입니다. 부드러움무두따mudutā은 몸과 마음이 유연하고 부드러운 상태를 말하는데 자만이나 잘못된 견해 등의 해로운 마음에 반대됩니다. 부드러움은 몸과 마음이 뻣뻣하고 경직되고 저항하는 상태를 풀어 줍니다. 적합함깜만냐따kammaññatā은 몸과 마음이 일을 하기에 적합한 상태를 말합니다. 일의 대상에 집중하고, 집중하지 못하게 하는 장애들을 없애고, 신뢰할 만한 대상을 신뢰하고, 이로운 행위에 쉽게 적응하게 만듭니다. 능숙함빠군냐따pāguññatā은 몸과 마음이 건강한 상태를 말합니다. 질병이나 근심 없이 건강하고, 어떤 일에 실수를 하지 않고, 자신을 불신하여 몸과 마음에 병을 초래하지 않는 상태입니다. 올곧음 우주까따ujukatā은 거짓이나 속임수, 사기 등의 마음이 없고 몸이 곧은 상태입니다. 즉 몸과 마음이 구부러짐이 없이 반듯한 자세를 말합니다.

현대 뇌 신경과학에서는 몸과 마음은 뇌에 그려진 신체 지도에 척수를 통해 감각이 전달되므로 연결이 가능하다는 사실을 밝혀냈습니다. 우리 피부 표면의 신체 부위와 내장 기관들은 뇌 조직 속에 지도화해서 저장되어 있다고 합니다. 신체의 모든 부분이 그려져 있는 지도의 각 부위는 우리가 움직이거나 자각을 하는 것을 통해서 활성화됩니다. 그래서 누군가 우리의 어깨를 툭하고 친다면 뇌 속에 있는 지도의 어깨 부위에 있는 신경 세포들이 활성화된다는 것입니다.

이렇게 신체 표면이나 내장 기관들에서 감각한 것들이 척수를 통해 뇌까지 전달되어 신경 세포가 활성화된다는 사실을 보면, 이 지도를 통해 온갖 촉각과 온도 감각, 통각, 움직임을 자각하는 고유수용감각을 받아들이는 몸 전체에 퍼져 있는 감각 수용기들에서 촉각 정보를 수집해서 척수를 통해 뇌로 전달되는 것을 알 수 있습니다. 체내의 감각 변화를 민감하게 파악할 수 있는 능력은 인간이 느끼는 욕망, 환희, 기쁨, 슬픔과 수치감, 굴욕, 혐오 등의 감정 의식을 만들어 낸다고 합니다. 그래서 어떤 과학자들은 뇌에 그려진 신체 지도가 우리의 자아의식을 탄생시키고 강화하는 '존재의 핵심'으로 보기도 합니다.

『진화론』을 쓴 다윈은 인간의 정서 표현이 근육과 신경 체계를 통해 행동과 움직임으로 나타난다는 연구를 남겼습니다. 그는 정서를 여섯 가지 큰 범주로 나누어 슬픔, 기쁨, 화, 공포, 경멸, 수치, 깜짝 놀람의 신체 반응에 천착했습니다. 이에 대해서는 다음 장에 등장하는 각각의 감정에 대한 신체 반응에서 좀 더 자세히 살펴보겠습니다.

신경학자들은 우리가 하는 생각이 우리 몸에 직접 연결되어 있는 운동 피질 내의 운동 신경을 자극하는 운동이라고 말합니다. 마크 제이콥슨1938은 근육 긴장 측정 장치를 개발해 생각과 근육 긴장이 서로 밀접하게 연결되어 있음을 보고했습니다. 맥길McGill 대학의 로버트 말모Robert Malmo는 30년간 정신 기능과 운동 활동 사이의 관계를 폭넓게 연구한 사람으로, 전극 측정Electromyography : EMG으로 그려진 근육 긴장 상태의 높낮이 변화도를 통해 생각과 근육의 긴장도 사이의 관계를 밝혀냈습니다. 뿐만 아니라 긍정적 생각에서 부정적 생각으로 변화할 때 근육의 긴장도가 변하는 것을 보여 주었습니다. 인간의 모든 감정은 근육 긴장도를 높거나 낮게 할 수 있다는 사실을 밝힌 것입니다.

또 다른 실험에서 기쁨이나 칭찬 등의 긍정적 감정에는 근육의 긴장도가 급격히 떨어진다는 것이 드러났습니다. 맥길 대학 외에 몇몇 다른 대학의 실험 결과에서도 기대와 흥분은 정신적인 상태가 아니라 총체적 소마의 상태로 온 존재가 영향을 받는다는 것을 증명했습니다. 마찬가지로 실망, 지연된 만족감, 실패의 느낌 등은 정신적인 어려움이 아니라 정신적인 면을 포함하는 몸 전체의 어려움으로 밝혀졌습니다. 그래서 스트레스나 목표 지향적인 활동이 근육의 긴장도를 상승시키고 불만족 등으로 인한 근육 긴장이 완화되지 않는다면 몸의 왜곡이 일어난다는 것을 밝혔습니다.

신경생리학적 연구 결과로 보면 우리의 전 존재는 매일의 경험과 의식의 초점에 따라 감정과 몸이 달라집니다. 즉 우리가 무슨 생각을 하느냐에 따라 우리 삶의 질과 효율성이 결정된다는 것입니다. 생각은 신경 운동 시스템을 작동시키는 몸의 행위이고, 생각하는 활동의 본질은 바로 우리 신체 활동의 성격을 결정합니다. 걱정이나 불안 등은 근육의 긴장과 수축을 일으키고, 복수심에 젖는다면 신체 근육 내분비선은 계속 활성화하게 될 것입니다. 반복해서 절망감을 느낀다면 우리 몸 조직의 운동 능력은 완전히 무력해질 때까지 계속 짓밟힐 것입니다. 상처와 절망감, 두려움 같은 기억에서 헤어 나오지 못한다면 스스로 자신의 신체에 지속적인 상처를 주면서 자기 파괴를 하고 있는 것입니다.

여기에서는 부정적인 감정들을 대치할 수 있는 자애와 연민, 기쁨과 평온의 사무량심에 머물러 보고자 합니다. 사무량심이 우리 몸과 마음에 미치는 영향과 사무량심으로 극복되는 감정을 간략하게 살펴보겠습니다. 또 사무량심이란 무엇이며, 생활하면서 어떻게 실천해 우리 삶 속에 녹아들게 할 수 있는지도 탐험해 보고자 합니다.

01

악의와 분노를 다스리는 자애

악의와 분노는 어떻게 나를 지배하는가

언젠가 작은 자동차 사고로 한방병원 다인실에 입원해 짧은 여름 휴가를 보낸 적이 있었습니다. 에어컨 바람과 삼시 세끼 따뜻한 식사, 아침저녁으로 두 번씩 이루어지는 침과 약물과 물리 치료를 받으면서 아주 시원하게 보냈습니다. 그런데 거기서 짜증과 화를 바라보는 시간이 있었습니다.

제가 입원한 첫날 저녁, 병실에서 잠자리에 들 시간이 되었는데 아흔이 다 되어 가는 할머니 환자분께서 계속해서 "아유…, 아유…, 아유…." 하며 신음소리를 내셨습니다. 그 소리를 들으면서 제가 나이 듦과 죽음이 우리 모두에게 가까이 와 있음을 생각하는 동안, 다른 환자의 간병인이 신음소리를 내는 할머니 환자에게 "시끄러우니 조용히 하라."라고 말했습니다. 그 간병인의 요구는 당연해 보였습니다. 왜냐하면 환자의 일거수일투족을 돕느라 종일 바쁘게 움직여서 피곤했을 테니 말입니다. 하지만 할머니는 "아픈 걸 어떻게 하라고? 아유, 아유, 아유, 아유…." 하며 소리를 더 크게 냈습니다. 그리고 "늙고 아픈 것도 서럽고 불행한데, 아유 하고 내는 이 소리를 이해 못해 주나?" 하고 한숨 지으며 계속 소리를 냈습니다.

처음엔 간호사들도 이 상황을 잘 알지 못해 옥신각신하는 시간이 계속되었습니다. 그러자 갈등의 목소리는 점점 커져서 자칫 싸움으로 번질까 염려가 되었습니다. 또 돌봄과 치료를 위한 병실에서 이런 갈등이 생기니 어찌 해야 할지 난감했습니다. 나중에는 할머니의 신음소리보다 간병인이 짜증내고 화내는 소리가 더 커졌습니다. 하지만 그 간병인은 자신의 큰 소리는 인지하지 못한 채 자신의 화를 병실에다 쏟아 내고 있었습니다.

우리가 화를 내도록 만드는 요인에는 환경적인 것뿐만 아니라 여러 가지 생각이 있습니다. '~하면 안 된다'는 생각, 자신이 옳다고 믿는 생각, 상대방이 해주는 것이 당연하다는 인식, 무언가로부터 자극받을 때 '상대방의 탓이고 나는 피해자'라는 생각 등입니다. 이러한 생각 때문에 우리는 불편한 상황을 고통스럽게 인식하고, 그 고통 때문에 화를 내게 됩니다. 또한 상황에 대한 통제 욕구가 강할 때도 자신의 견해를 고집하면서 화를 표출합니다.

화나 불만은 보통 공격과 적대감으로 나타나지만 소극적으로 표현하기도 합니다. 비난 섞인 표정과 한숨 등으로 비꼬거나 딴청을 부리거나 냉담한 표정을 짓고 말하지 않는 등 분노는 조건에 따라 다르게 표현됩니다. 눈 맞추기를 거부하거나 상대가 원하는 것을 겉으로는 들어주는 척하면서 속으로는 들어주지 않는 것으로 표현되기도 합니다.

다윈이 연구한 화의 또 다른 신체 반응으로는 입을 굳게 닫거나 치아를 꽉 물거나 주먹을 꽉 쥐고, 심하면 팔을 올리는 자세로 주변의 사물을 때리거나 던지는 동작으로 나타납니다. 특히 어린아이들은 땅바닥에 드러눕거나 배를 대고 엎어져서 구르거나 소리치고 차고 할퀴고 닥치는 대로 물어뜯는다는 보고가 있습니다.

화에 대한 반응은 화를 내는 조건이나 환경 등 여러 이유로 다양하게 나타납니다. 하지만 화는 표출해도 감정은 그대로 남아 있으며, 화를 표출하는 공격성은 표출할수록 더 커집니다. 그래서 아주 작은 자극에도 공격 행동을 할 가능성이 커지며 촉발 사고를 계속해 작은 자극에도 화를 폭발시키는 악순환이 일어납니다. 즉 분노에 관계되는 신경 회로가 강화되어 작은 일에도 신경 네트워크가 먼저 발동되고 감정 조절을 못하게 되는 결과를 가져와 화에 중독되는 것이죠.

티베트불교 비구계를 받은 최초의 서양인인 텐진 로버트 서먼Tenzin Robert Thurman은 우리가 살면서 일으키는 분노와 증오는 골치 아픈 내부의 적이라고 말합니다. 이 내부의 적이 습관적으로 우리를 지배하면 우리의 삶이 엉망진창이 되는 것은 물론이고 스스로도 화가 많은 사람이라고 규정하기 쉽습니다. 물론 다른 사람에게 화가 많은 사람이라는 평판을 듣기도 하지요.

외부 조건이 불편하고 힘든 상황에 처했을 때 자신의 첫 반응이 무엇인지 알아차릴 수 있도록 깨어 있는 것이 수행의 첫 걸음입니다. 불편한 일을 당했을 때 가장 일반적이고 보편적인 반응은 불쾌함일 것입니다. 기분 나쁨, 짜증 등의 무의식적인 반응이 일어날 수 있는데, 이들을 빨리 알아차려 수용해 주고, 흘려보내거나 다른 감정으로 대처해야 합니다. 그렇지 못하면 분노와 증오가 충동적이고 습관적인 감정으로 자라게 됩니다.

분노와 증오라는 감정에 지배당하지 않기 위해서 4S 치유 순환 방식으로 사유해 보기를 권합니다. 외부적인 조건에서 불쾌하고 마음에 들지 않은 상황을 만나면 잠깐 멈춤stop을 합니다. 호흡을 의식하며 생각과 감정이 신체 어느 부위에 어떤 감각으로 느껴지는지 머물러stay 봅니다. 그리고 호흡을 의식하며 분노나 화의 감정을 자세히 관찰하여see 알아차린 후, 자연스럽게 흘려보내고 내려놓는 지혜sophia를 선택하는 것입니다.

그런 후 호흡이 순조로워지고 의식이 조금씩 맑아지면 붓다의 다음과 같은 가르침을 조용히 읊조리면서 마음의 공간을 확장해 보시길 초대합니다. 의도를 일으켜 언어로 하는 자애 수행입니다. 한 번이나 여러 번, 여건이 허락하는 대로 시간을 정해 놓고 조금씩 시간을 늘려 가며 해보시길 권합니다.

"모든 존재들이 원한이 없기를, 악의가 없기를, 근심이 없기를, 행복하게 살기를! 모든 존재들이, 모든 인간들이, 모든 생명들이 원한이 없기를, 악의가 없기를, 근심이 없기를, 행복하게 삶을 영위하기를!"

평소에 아침저녁으로 이 문구를 계속 외워 우리 마음을 불선不善한 것으로부터 멀어지게 하고, 사랑으로 가득 채우는 연습을 계속해 보시길 권합니다. 우리 마음이 화를 내는 것에서 점점 자유로워지는 것을 경험할 수 있을 것입니다.

악의와 분노를 사라지게 하는 자애
이름 붙이기와 나무토막처럼 가만히 있기

틱낫한 스님은 화를 풀어야 하는 일곱 가지 이유에 대해 이렇게 말했습니다. 분노는 우리를 추하게 하고, 마치 불 위에서 구워지는 새우처럼 고통 속에서 등을 접어 웅크리며 괴롭게 하기 때문에, 우리를 발전시킬 수 없고 꽃피우게 할 수도 없기 때문에, 물질적·정신적 부와 행복을 잃게 하기 때문에, 화를 잘 내는 사람으로만 알려져 친구들과 멀어지고, 즐거운 무리에 끼지 못하고 유령처럼 홀로 떠돌게 하기 때문에 화를 풀어야 한다고 말입니다.

 이와 달리 화를 표출해야 한다는 견해도 있습니다. 가장 대표적인 것이 정신분석적 견해입니다. 소리를 지르거나 고함을 치면 몸에서 엔도르핀이 나오는데, 이것이 격렬한 운동 뒤에 오는 카타르시스처럼 공격성을 줄여 준다고 합니다. 하지만 우리는 화를 내는 순간 얼굴은 긴장으로 인해 빨개지고, 표정이 일그러지고, 가슴은 빨리 뛰고, 피가 온몸으로 솟구치고, 심하면 몸의 떨림 등을 경험합니다. 이런 부정적 정서와 기운 때문에 화나는 사람 옆에 가고 싶지 않았던 경험은 누구나 가지고 있을 겁니다.

하지만 몸의 상태가 이렇다 하더라도 자신의 감정을 화라고 느끼지 않을 때가 많습니다. 불안, 분함, 원망, 짜증, 창피함, 속상함, 슬픔, 억울함, 복수심, 부끄러움, 미안함, 욕하고 싶음, 불만 등의 감정이 분화되지 않았을 수도 있습니다. 하지만 이 모든 감정은 화의 군락이기 때문에 긴장과 스트레스에 대해 예민한 반응을 보이기도 합니다. 정서적으로 취약하기 때문에 분노와 불안 수치가 높게 나타나며, 화를 낼 수 있는 상황이라면 폭발할 가능성이 있습니다.

자신의 감정이 통제가 되지 않는다면 감정의 노예나 다름없습니다. 분노가 나를 노예처럼 부리는 상황이라 할 수 있겠지요. 그런데 분노하는 감정 속에 숨겨져 있는 다른 감정을 찾아내어 이름을 붙이면 분노를 줄이거나 조절할 수 있습니다. 화를 안으로 안고 표현하지 못하는 경우, 만사를 자기 탓으로 여겨 못나고 바보 같다고 자신에게 화를 내는데요. 이때 화가 일어난 것을 알아차리고 느끼고 있는 감정을 잘 반영해서 자기 감정을 인식하면 그 화가 사라질 수 있습니다.

페르시아의 수피시인 루미Rumi, 1207~1273는 인간에게 찾아오는 매일의 감정을 손님처럼 접대하라고 합니다. 인생의 '하루'라는 여인숙에 찾아오는 손님들, 어두운 생각, 수치심, 악의 등을 문간에서 고맙게 잘 맞아들이라는 겁니다. 이 손님들이 방 안의 모든 것을 쓸어 가 버린다 하더라도 말입니다. 루미는 이들이 우리를 정화하는 훌륭한 안내자들이라고 노래합니다. 이들에게서 배울 수 있는 것들로 우리가 성장할 수 있을 테니까요. 근원적으로 이 감정들은 늘 변하며 무상합니다. 잠시 왔다 가는 것이지요.

화와 관련되어 일어나는 모든 감정을 알아차리고 그 감정들이 자신에게 무엇을 이야기해 주는지 귀를 기울여 봅니다. 7~8세기경 인도의 종교적 천재였던 샨티데바 스님은 『입보살행론』에서 "화가 일어나면 나무 토막처럼 움직이지 말고 가만히 있으라."라고 노래합니다. 샨티데바 스님이 말씀하신 이 방법은 분노의 공격성이 부리는 횡포에서 우리 자신과 이웃이 피해를 가장 적게 입는 방법입니다. 한 번에 할 수는 없어도 반복적인 수행으로 익숙해질 수 있을 것입니다.

화가 일어날 때 나무토막처럼 아무것도 하지 않고 가만히 있어 보기, 그리고 내쉬는 숨에 이 뜨겁고 흥분된 에너지를 흘려보내실 것을 권합니다. 각자 건강한 자신으로 돌아오는 데 시간이 얼마나 필요할까요? 화와 분노를 느끼는 시간 동안 가만히 있는 수행을 한 번이라도 성공한다면 다음에 격한 분노의 감정이 찾아오더라도 더 이상 노예가 되지 않을 수 있을 것입니다.

그리고 비어 있는 곳에 친절한 사랑 loving-kindness 의 에너지를 채워 보시기를 권합니다. 친절한 사랑의 에너지는 우리가 이 지상에 막 도착했을 때 신생아인 우리를 바라보며 경이와 환희에 가득했던 어머니와 아버지, 친척과 지인들의 따뜻한 눈길과 손길의 에너지입니다. 아무 조건 없는 환영과 사랑을 받았던 바로 그 느낌을 상상으로 기억해 보는 것입니다. 누군가로부터 받았던 무한한 신뢰와 사랑은 우리를 너그럽고 이해심 있는 수용적인 성품으로 자라게 합니다. 이해와 수용과 자애로움이 있는 마음에는 분노와 악의가 자리 잡지 못합니다.

소마로 자애에 머물기

어린 시절 충분한 사랑을 받았지만 여러 세파를 겪으면서 우리는 자신이 귀하고 사랑스런 존재라는 것을 잊어버리고 살 때가 많습니다. 그래서 이번 단락에서는 우리의 본래 사랑을 회복하는 명상을 실험해 보고자 합니다. 존재여행에서 사랑의 체험을 증가시키는 실용적이고 신속한 방법 하나를 소개합니다. 여러분도 많이 들어서 잘 알고 있는 명상법입니다. 바로 행동을 멈추고 고요히 앉는 좌선 명상입니다.

전통적인 좌선 명상 방법은 붓다께서 가르쳐 주신 사념처 수행입니다. 사념처 수행으로 몸과 느낌, 마음, 일어나는 현상들에 반응하는 마음을 관찰하면서 좋아하거나 싫어하는 마음 없이 그저 고요히 바라봅니다. 그러면 지혜와 자비의 온전함을 깊이 인지할 수 있습니다. 우리는 우리 자신의 몸과 느낌, 마음의 여러 갈래들과 일어나는 현상들에 대해 얼마나 알아차리고 있을까요?

고요히 앉아서 지금 이 순간 신체의 감각적 상태와 정서적·감정적 느낌과, 생각과 기억, 욕구, 기대 등은 무엇인지 관찰하는 것으로 좌선 명상을 시작합니다. 이 수행법에 고마움과 사랑을 초대해 우리 자신을 자애로움에 물들게 할 수 있습니다.

먼저 1~3분 정도 짧은 명상입니다. 사무실, 지하철, 버스 등의 의자에 앉아서도 가능합니다. 의자에 앉아 허리를 펴고, 두 발바닥의 전체 면이 바닥과 골고루 닿도록 놓습니다. 두 손은 펴서 손바닥을 무릎 위에 편안히 놓고 두 눈을 감습니다. 들숨과 날숨을 의식하면서 발가락 끝에서부터 머리 정수리까지 몸의 상태를 확인해 봅니다.

그 다음에는 기분이 상쾌한지, 불쾌한지 등 어떤 감정을 느끼는지 헤아려 봅니다. 그리고 지금 무슨 생각이 떠오르는지 알아차리고 생각과 감정을 내려놓습니다. 들숨과 날숨을 의식하며 잠시 머문 후 이 시간 깨어서 자각한 자신에게 고마움과 사랑을 보냅니다. 들숨에 "고마워.", 날숨에 "사랑해."라고 인사를 하고 짧은 집중 명상에서 깨어납니다.

다음으로 10분 정도 시간을 낼 수 있다면, 핸드폰이나 텔레비전 같은 전자 제품이 방해되지 않도록 거리를 두고 자신의 공간을 확보합니다. 그리고 짧게 한 명상과 같은 자세를 하고 허리를 펴고 숨을 들이쉬고 내쉬는 것을 세 번 정도 의식합니다. 그 다음엔 천천히 두 손바닥을 따뜻한 열기가 날 때까지 비빈 후, 두 눈 위에 손바닥을 펴서 가만히 얹습니다. 손바닥의 열기로 세상의 정보를 수집하느라 긴장하고 수축했던 두 눈 주변의 근육이 펴지고 부드러워지는 것을 느껴 봅니다. 두 눈에 의식을 두면서 들숨에 고마움을, 날숨에 사랑을 보내 휴식하도록 돕습니다. 같은 방법으로 귀, 코, 입가에 손바닥을 갖다 대면서 들숨에 고마움을, 날숨에 사랑을 보내 휴식합니다.

그리고 지금 이 순간 나의 의식을 부르는 신체 부위가 있는지 귀를 기울여 봅니다. 있다면 두 손바닥을 따뜻하게 비벼서 불편하거나 통증이 있는 부위에 얹어 봅니다. 그리고 그 부위가 자신에게 무슨 말을 하는지 귀를 기울여 봅니다. 그 부위에서 오는 통증과 불편함을 그대로 느끼고 받아들이면서 들숨에 "고마워.", 날숨에 "사랑해."라는 말을 속삭여 줍니다.

불편한 곳이 없다면 발가락부터 머리끝까지 신체 각 부분의 감각을 의식하며 들숨에 고마움을, 날숨에 사랑을 보냅니다. 몸의 각 부위에 보내는 고마움과 사랑은 마음과 내면에 사랑의 느낌을 초대합니다. 그래서 들숨에 고마움을, 날숨에 사랑을 불러일으키는 좌선 명상은 매일 자연스럽게 사랑을 체험하게 할 수 있는 탁월한 방법입니다. 온몸이 고마움과 사랑의 에너지에 충분히 머무는 시간을 자주 가져 보시길 바랍니다.

분노를 춤추라 그리고 빛을 초대하라

분노는 에너지입니다. 화를 내고 싶지 않다는 생각과 원의願意만으로 화를 쉽게 조절할 수 있는 것은 아닙니다. 어떤 조건과 원인에 의해 화가 한 번 촉발되면 에너지로 작용하여 힘을 갖습니다. 앞 단락에서처럼 화를 내지 않기 위해 나무토막처럼 가만히 있을 수 있거나, 호흡을 통해 화를 내보내는 수행을 계속 할 수 있는 분이라면 그렇게 수행을 하셔도 좋습니다.

하지만 아직 화를 조절할 수 있는 힘이 모자라는 분들은 틱낫한 스님이 말하는 찬물 한 컵 마시기와 동네 한 바퀴 돌기 등의 움직임도 좋습니다. 하지만 이것도 하기 힘들거나 조금 더 재미있게 분노 에너지를 날려 보내고 싶은 분들에게 다른 방법을 소개해 드리겠습니다.

화가 난 것을 알아차렸을 때, 자신이 화낸 것을 싫어하고 자신을 미워하는 대신, 화가 난 자신의 맥박과 호흡의 리듬을 느껴 봅니다. 그리고 자신에게서 일어난 화가 신체 어느 부위에 있는지 찾아내 봅니다. 그 신체 부위의 상태가 어떤지, 부글부글 끓어오르는 것 같은지, 아니면 차갑게 얼어붙은 것 같은지를 감각해 봅니다. 물론 감각은 잘 느껴지지 않을 수도 있습니다. 하지만 분노 에너지는 우리가 생각하는 것보다 더 크기 때문에 자신이 화가 났다는 것을 알아차릴 때 대부분 감지할 수 있을 것입니다.

분노의 에너지가 강하고 크게 느껴질 때, 분노 에너지를 흔들어 몸 밖으로 내보내시길 권합니다. 다른 사람이 보거나 어떻게 평가할지 신경 쓰지 않을 수 있는 장소가 있으면 더 좋습니다.

먼저 자신의 맥박의 펄스를 발목과 무릎 등에 움직임으로 함께 초대해 진동과 반동으로 박자를 맞춰 봅니다. 그리고 손가락, 손목, 팔꿈치 등의 관절과 골반과 대퇴부, 어깨 등의 관절도 움직임에 같이 참여하도록 허용해 줍니다. 가능하다면 신나는 음악을 틀어 자원으로 삼고, 음악의 박자도 함께 이용해서 분노 에너지의 춤을 춰 보시기를 권합니다.

만약 그러기 어려운 상황이라면 사지 말단, 손가락, 발가락부터 흔들어 보세요. 그 파동이 팔과 다리를 타고 척추와 몸통까지 이르도록, 몸속에 있는 분노 에너지를 털어내 보세요. 분노의 정도에 따라 오랜 시간이 필요하지 않을 수도 있습니다. 건물 옥상이나, 필요하다면 화장실 등에서도 쏟아 버릴 수 있습니다.

　그렇게 몸과 마음을 비웠으면, 다시 방해를 받지 않을 편안하고 고요한 장소에서 빛 명상을 해봅니다. '두루 빛을 비추는 존재'라는 뜻의 이름을 가진 비로자나 부처님의 큰 광명은 우리를 지혜로 양육하고 자비로 이끌어 줍니다. 휴대폰을 끄고 외부로 향하는 시선도 잠시 거두고 눈을 감습니다. 호흡을 두세 번 정도 천천히 깊게 들이쉬고 내쉬면서 몸의 긴장을 내려놓습니다. 그리고 아침에 떠오르는 둥근 태양 같은 편안한 빛을 상상해 봅니다. 불자가 아니라면 자신이 사랑하는 초월적인 존재나 내면의 빛을 상상합니다.

　만약 더 할 수 있다면 나로부터 1미터 정도 앞에 사랑과 연민이 가득한 붓다나 자신이 사랑하는 초월적인 존재가 앉아 계시고, 그분의 미간에서 친절한 사랑의 환한 빛이 계속 흘러나오고 있음을 상상해 봅니다. 그리고 그 빛이 나의 이마와 정수리로 스며들어 오는 것을 상상합니다.

　먼저 나의 미간으로 그 밝고 따뜻한 친절한 사랑의 빛이 스며들어 와

오른쪽, 왼쪽 눈과 양 볼을 거쳐 코와 콧구멍, 입과 혀, 치아와 턱관절 등 얼굴 앞면의 감각 기관을 골고루 환하게 비추고 따뜻하게 돌보는 것을 느껴 봅니다. 그리고 양 귓속을 지나 시신경들이 자리한 시상하부를 거쳐 우뇌와 좌뇌를 환하게 비추어 뇌의 주름막이 펴지면서 친절한 사랑이 피어나는 것을 느껴 봅니다. 그 따뜻한 사랑이 뇌와 척수를 이어 주는 뇌간을 거쳐 뇌척수를 지나 목뼈에서부터 등·허리뼈를 타고 꼬리뼈까지 흐르며 척추를 환하게 비추는 것을 상상해 봅니다. 또한 환하고 친절한 사랑의 빛은 림프선과 임파선, 혈관을 따라 온몸으로 따뜻하게 흐른다고 상상하며 감각해 봅니다.

이때 따뜻하고 친절한 사랑의 빛이 내 몸 구석구석 분노가 자리했던 어둔 곳과 아픔과 슬픔, 좌절과 무기력, 외로움을 환하게 비추며, 밝고 따뜻한 사랑으로 가득하게 하는 것을 상상해 봅니다. 혈관을 흐르는 혈액들이 더 활기찬 맥박으로 돌아오고, 림프와 임파액에서 건강한 면역 세포들이 깨어나 나의 온 장기들로 따뜻하고 환하게 흘러 들어가는 것을 상상합니다. 온몸과 마음의 상처가 치유되고, 좌절과 무기력이 힘을 얻으며 온 존재가 사랑의 빛으로 가득함에 머물러 봅니다.

　　차가웠던 가슴이 따뜻해지고 환해지면서 어깨와 두 팔과 손으로 그 빛이 흘러 들어감을 상상합니다. 뭉쳐 있던 복부와 내장들도 부드럽게 펴지고 말랑말랑해지면서 골반과 고관절을 지나 양 다리와 두 발까지 부드럽고 따뜻한 빛의 에너지가 스며들어 가고 있음을 감각해 봅니다. 온몸과 마음이 환한 빛의 사랑으로 가득함을 기뻐하고 온 존재가 충만한 빛으로 환해짐을 느끼고 충분히 머물러 줍니다.

　　자신의 몸과 마음이 환한 빛과 사랑으로 가득 차 흘러넘치게 되었다면 이 빛과 사랑이 가까운 이에게 흘러가 그를 비추고 환하게 해주는 상상을 합니다. 가능하다면 온 세상으로 흘러 미운 사람 고운 사람 편견 없이 골고루 세상을 비추는 에너지가 되어 사랑의 세상이 되게 해봅니다. 그런 후 자신의 몸과 마음을 가만히 느껴 보면서 몸과 마음이 어떤지 알아차려 봅니다.

02

잔인함에서 자유로워지는 연민

잔인함과 폭력은 어떻게 나를 지배하는가

어느 단체에서 운영하는 수련 프로그램에 다녀온 적이 있습니다. 그곳에서는 바쁘게 살아가면서 몸과 마음이 생기를 잃어 가는 현대인들에게 필요한 정화 식단과 명상 프로그램을 진행하고 있었습니다. 그곳에 스님은 저 혼자였고, 참가한 분들의 종교는 다양했습니다.

그러다 같은 방을 쓰는 분과 산책을 하면서 이야기를 나누게 되었습니다. 그분은 노장 사상을 공부한 분이었는데, 처음엔 건강에 대해 가벼운 이야기를 하다가 점점 스님과 불교에 대해 강도 높게 비판하기 시작하였습니다. 그분 이야기의 요지는 불교는 시대 변화와 요구에 대응하지 못하고 너무나 구태의연하며, 당신이 만났던 스님들 대부분은 사람들의 인식 변화를 모르고 권위적인 분들이 많았다는 것이었습니다. 이야기를 하는 그분 목소리의 톤은 점점 높아지고 말의 속도도 빨라지는 등 입과 코 주위의 근육들이 위쪽을 향하고 근육의 움직임들이 강해졌습니다. 이런 신체 반응은 다윈이 말한 경멸이나 혐오를 상상하게 했습니다.

그 순간 저는 침묵하면서, 더 이상 그분의 말에 어떠한 대응이나 반응을 하지 않고 '가만히 있는' 반응을 선택했습니다. 평소 저도 우리 절집

안에서 변화하기를 바라던 것이기는 했지만 다른 이에게서 듣는 것이 다소 불편해지기 시작했기 때문입니다. 무엇보다 그분의 말씀하시는 태도가 제가 옆에 있다는 것을 잊어버린 듯, 학생을 다그치거나 가르치듯 했고, 더 심해지면 폭력적이 될 수도 있겠다는 상상이 들었습니다.

    그분의 비판과 힐책의 말들을 듣는 제 몸은 처음에는 창피함과 수치심으로 도망가고 싶고, 그 자리를 피하고, 고개를 돌리고 싶고 걸음을 멈추고 싶었습니다. 하지만 저는 그런 저의 몸과 마음의 반응을 지켜보며 걸었습니다. 그리고 그분을 불편해 하는 제 감정 반응과 수치심과 모멸감이 일어나려는 순간순간 '가만히 있기'를 계속 시도하면서, 그분도 행복을 원하고 고통을 싫어하는 평등한 존재임을 계속 떠올렸습니다. '그분이 고통에서 벗어나 행복하기를, 그분이 평화롭게 살고, 무언가에 지나치게 집착하거나 무언가를 지나치게 싫어하지 않기를' 바라는 마음을 계속 일으켰습니다.

    한참을 그렇게 걸은 후 그분은 신랄하게 하던 비판을 거두었습니다. 그분은 제게 창피나 수치심, 경멸이나 모멸감을 주려고 이야기를 꺼낸 것은 아니었을 것입니다. 그분 속에 있던 어떤 경험과 가치관이 그분을 분노와 비판으로 이끌었는지도 모릅니다. 하지만 저는 그분과의 만남의 책임이 100퍼센트 제게 있다고 여기고, "미안합니다, 용서하세요, 고맙습니다, 사랑합니다."라는 만트라를 마음속으로 계속했습니다. 산책을 마칠 즈음에는 조용히 그분께 "저희가 그렇게밖에 살지 못해 죄송합니다."라고 사과를 드렸습니다. 그분이 저를 보고 일으킨 반응은 그분의 총체적 삶의 경험이 담겨져 있습니다. 그분의 삶과 역사가 어떻든지 저는 그분과 저에게 연민의 마음을 계속 보냈습니다.

그렇게 저녁과 밤을 지낸 다음날 아침, 그분은 어제의 그 똑똑하고 높은 목소리가 아닌 낮고 풀이 죽은 목소리로 제게 "어제 너무 심한 말을 한 것 같습니다. 죄송합니다."라고 했습니다. 저는 그분께 고마운 마음과 동시에 기쁨이 일어났습니다. 그분이 자신을 비추어 보고 주변을 둘러보는 선한 마음을 회복했기 때문입니다. 고독한 사유의 밤이 지나고 다시 환하게 웃으며 새롭게 태어난 아침의 경이로움을 함께 축하할 수 있었던 경험이었습니다.

내가 누구보다 잘나고, 더 많이 알고, 힘이 세다는 것을 자랑하는 것은 나보다 약한 이들에게는 위협이나 폭력이 될 수 있습니다. 비판과 잔인함, 폭력성 앞에서 마음이 슬퍼지면 우리 몸은 점점 혈액순환이 느려져서 뭔가가 뭉치는 것 같고, 안색은 창백하고 근육들이 늘어집니다. 눈꺼풀은 힘없이 처지고 수축된 가슴으로 얼굴과 머리 등이 가라앉아 마침내 '무너지는 자세'가 됩니다.

이럴 때 우리에게 필요한 것은 반응하는 마음이나 슬픔, 분노가 아니라 오직 자신과 상대방에 대한 연민입니다. 우리는 늘 평화롭고 행복하고 건강하기를 기대하고, 고통에서 벗어나기를 바라지만 그런 원인을 심지 않은 탓에 현실은 그렇지 못합니다. 이럴 때 우리는 고통에 맞서는 분노를 일으키지 않고 연민karuna-compassion으로 유대를 맺을 수 있습니다.

모든 이가 고통에서 벗어나기를 바라는 어머니의 마음을 선택한다면 우리의 가슴을 열 수 있습니다. 적대감이나 부정적인 시선에 분노나 부정적인 감정으로 대응하지 않고 연민의 마음을 일으키고 변화를 끝까지 기다려 주는 것은 어떨까요?

잔인함과 폭력성을 무력화하는 연민

연민은 생명을 소중하고 귀하게, 측은히 여기는 마음을 말합니다. 『법구경Dhammapada』에서는 "살아 있는 생명은 폭력에 떨고 죽음을 두려워한다. 내가 두려워하듯 남도 그러하니 그 누구도 괴롭히지 말라. 모든 존재는 폭력을 두려워하고 생명을 소중히 여긴다. 내가 소중히 여기듯 남도 그러하니 누구도 해치지 말라."라고 노래합니다. 이 말은 단지 폭력을 행사하지 않는 것을 넘어섭니다. 폭력과 죽음에 대한 두려움을 경험한 이들의 고통에 공감하며, 함께 아파하는 마음을 일으키는 것입니다. 그리고 모든 존재를 소중하게 여기라는 말씀입니다. 이것은 자기 자신에 대해서도 마찬가지입니다.

연민은 고통에 빠진 하나밖에 없는 자녀가 그 고통에서 벗어나기를 바라는 어머니 마음입니다. 연민은 우리가 억울한 일을 당했을 때 앙갚음하고 싶은 마음을 키우지 않는 것입니다. 붓다는 당신의 아들이자 제자인 라훌라에게 네 가지 고결한 마음을 닦는 수행의 이익을 가르쳐 주셨습니다. 그러면서 연민 수행을 하면 어떤 잔인함도 다 제거될 것이라고 자상하게 일러 주셨습니다.

잔인함은 인정이 없고, 모진 인간의 폭력성과 잔학성을 말합니다. 또한 잔인함은 폭력성을 먹고 자랍니다. 우리가 자신과 타인에게 연민을 일으키지 못하는 것은 우리 안의 잔인함과 폭력적인 습관 때문입니다. 잔인함과 폭력은 타인을 무시하거나 자신이 잘났다고 생각하는 자만이 원인이고 시작입니다.

16세기 영국의 철학자 홉스Hobbes, 1588~1679는 폭력의 동기와 논리에 대해 세 가지로 정리해 놓았습니다. 첫째는 자신의 이득을 위해 경쟁competition하고, 침입하고, 무엇인가를 획득하기 위해 폭력을 씁니다. 둘째는 그 획득한 것을 안전하게 지키기 위해 폭력을 쓰는데 이를 불신diffidence으로 보았습니다. 셋째는 자신의 평판에 가해진 사소한 멸시 등의 해를 입지 않고 자신의 영광glory을 지키기 위해 폭력을 사용한다고 보았습니다.

여러분은 어떤가요? 자신의 평판이나 명예를 위해 타인에게 해를 가한 적은 없는가요? 경쟁에서 이기기 위해 스스로를 몰아가고, 인정 없거나 모질고 잔인하게 대한 적은 없었는지요? 또는 무언가를 얻거나 지키기 위해 폭력을 행사한 적은 없는지 살펴볼 일입니다. 내 것이라고 생각하는 것을 지키기 위해, 누군가 나의 지식이나 정보, 재물과 같은 내가 가진 것을 빼앗아 가서 손해를 볼까 봐 두려워한 적은 없었는가요? 혹은 누군가 나를 깎아 내리려고 하거나 안 좋게 평가하고 비판했을 때, 원한을

품고 보복이나 해악을 가한 적은 없었나요? 우리는 생각과 말과 행동으로 알게 모르게 폭력성을 당연하게 여기고, 잔인함이 조금씩 자라도록 내버려 두고 있는지도 모릅니다. 또한 때때로 손해 볼까 봐, 불이익을 당할까 봐 미리 겁먹고 나와 타인의 불성佛性을 신뢰하지 않고 살았을지도 모릅니다.

그러면 폭력과 잔인함을 극복하기 위해서 우리는 어떻게 연민 수행을 해야 할까요? 고통에서 벗어나기를 바라는 마음은 연민이지만 고통을 싫어하는 마음은 연민이 아니라 지혜롭지 못한 분별심입니다. 또 고통에서 벗어나거나 맞서기 위해 분노를 일으키는 것도 지혜롭지 못한 방법입니다. 진정한 연민은 '나'라는 기준에 맞춰, 좋고 싫음을 분별하는 이분법적인 습관의 힘에서 자유로운 것입니다. 좋아하거나 싫어하는 사람 누구나 상관없이 고통 받는 이들이 고통에서 자유롭기를 바라는 마음입니다. 이런 지혜로운 연민이야말로 폭력성과 잔인함을 무력화할 수 있습니다.

고통에서 벗어나기를 바라는 연민의 마음은 고통을 싫어하거나, 고통에 대해 화를 내거나 미워하는 마음 없이 고통을 그저 손님으로 바라보면서 고통에 빠진 사람을 측은하게 여기는 것입니다. 연민 수행은 순수한 동기로 타인의 고통을 바라보면서 그 사람이 고통에서 벗어나기를 바라는 훈련을 하는 것입니다.

잔인함을 춤추라

 부끄럽게도, 저는 출가 후에도 경쟁심을 극복하거나 줄이지 못하고 '수행자라면 이 정도는 해야 하지 않을까?' 하는 잣대로 제 스스로를 몰아간 적이 많았습니다. 하루 24시간을 잘게 쪼개서 15분, 30분, 한 시간 단위로 살아가는 수준의 생활을 했습니다. 일이 잘 풀리고 수행으로 고양이 될 때는 몸도 가볍고 마음이 맑았지만, 일이 잘 풀리지 않거나 스트레스를 받을 때는 몸과 마음이 지치고 힘들어 앓을 때도 있었습니다. 그러다 바쁘게 애쓰며 살고 있는 것 자체가 제 자신에게 잔인하게 폭력을 가하는 것은 아닌지 돌아보게 되었습니다.

 저의 삶은 거의 일 중독 수준입니다. 수행자의 고요함은 짧게 자주 가지는 명상 시간으로 대체하고, 한가함은 공양 후에 가지는 짧은 산책 시간과, 오가는 자동차 안에서 자연을 바라보는 것이 전부였습니다. 절대적으로 부족한 시간 덕분에 오가는 차 안에서 전화 통화로 일을 처리하거나, 도반이나 스승님들의 안부를 묻기도 합니다. 제일 많이 희생하는 것이 밤잠이지만 어느 때는 끼니를 제때 해결하지 못할 정도로 일을 헤쳐 가는 것이 쉽지 않았던 적도 있었습니다. 그런 와중에도 누가 새로운 일을 또 부탁하면 그 일을 거절하는 것이 무척 힘이 들었습니다.

일 중독인 제 자신에게 가하는 잔인한 폭력을 어떻게 내려놓을 수 있을까요? 여기서도 4S 치유 순환 방식이 필요합니다. 이 고통의 상황에서 제게 가장 필요한 것은 잠시 멈추는 것stop입니다. 그리고 제가 무엇을 왜 하려고 하는지에 대한 의도를 알아차리기 위해 머물러 보는 것stay입니다. 숨을 고르고, 제가 그렇게 애쓰고 살려는 동기가 무엇인지 깊이 살펴보는 것이 필요합니다. 그러면서 저를 소중하게 여기는 방법이 무엇인지 연민의 눈으로 저를 바라봅니다see. 그러면 좀 덜해도 되고, 욕심을 줄이고 내려놓아도 된다고 지혜sophia가 속삭여 줍니다. 4S를 바탕으로 자신을 비춰보다 보면 잘해서 인정받으려는 욕심과 제가 더 나은 사람이라고 여기는 오만함과 분수를 모르는 어리석음이 저와 제가 하는 일을 오염시키고 있음을 받아들이게 됩니다. 그리고 제 자신에게 가한 해와 폭력을 참회합니다. 여기서의 참회는 우선 몸으로 돌아가 제 자신을 돌보는 것입니다. 제 자신에게 잔인하게 대했던 모든 시간을 보상하고 근육들을 이완시켜 주는 움직임입니다. 바로 연민과 참회의 춤이지요.

～～～～～～～～～～～～～～～～～～～～～

　편안한 공간을 찾아 두 발로 바닥을 딛고 섭니다. 이때 두 발 사이는 자신의 한 발이 들어갈 만큼의 공간을 둡니다. 그리고 숨을 깊이 들이쉬고 내쉬면서 양 발바닥에서 감각을 알아차립니다. 일과 바깥을 향해 힘을 주었던 눈과 눈동자에 힘을 풀고 부드러운 어둠을 초대하며 가만히 눈을 감습니다. 어딘가를 향해 방향을 찾으면서 두리번거렸던 머리를 천천히 지구 어머니에게로 향합니다. 중력의 무게를 그대로 받아들이면서 머리를 아래로 숙여 보기 시작합니다. 어깨와 두 팔과 상체도 힘을 풀고 머리를 아래로 당기는 중력의 무게에 저항하지 않고 대롱대롱 매달리도록 허용합니다. 아래로 내려간 팔과 두 손이 바닥에 닿을 때 즈음에는 무릎과 종아리에도 힘을 풀고 엉덩이와 골반을 바닥에 내려놓으면서 천천히 바닥에 몸을 누입니다. 몸 전체를 바닥에 편안하게 눕히고 바닥과 접촉한 부위들의 감각을 느끼면서 깊이 호흡을 합니다.

　그리고 가슴에 손을 얹고 제 심장을 비롯한 내장 기관들의, 혈관과 림프액 등 순환기 계통의 여러 흐름들의 고통스런 아우성에 귀를 기울입니다. 특히 12경락의 기氣들과 뇌 척수액이 만나는 엉덩이의 넓적뼈인 천골의 혼돈과 고통에 연민의 마음을 보냅니다. 저의 천골은 제가 너무 잘하고 싶다는 무리한 욕심을 내면서 제 자신을 몰아갈 때면 어김없이 통증으로 신호를 보내는 곳입니다. 몸 구석구석, 분주함으로 쪼그라든 근육과 세포에게 호흡을 통해 친절하고 따뜻한 연민을 보냅니다. 여유가 없는 마음과 뇌 세포에도, 신경 세포들에게도 숨을 불어 넣으면서 공간을 넓혀 줍니다. 그러면서 적어도 100일 안에는 새로운 일을 맡지 않고, 스스로에게 폭력을 더하지 않겠다는 결심을 합니다. 무엇보다 자신을 귀하게 여기고 보듬어 주며, 쉴 수 있는 공간을 자주 허용하리라고 다시 새깁니다.

부끄러워도 자기 연민 수행의 한 방법을 공개하는 것은 지치고 예민한 몸 상태에서는 작은 불쾌감에도 감정적 반응이 올라오는 것을 경험했기 때문입니다. 성냄의 독소로 스스로에게 폭력을 가하는 고통의 패턴을 반복하는 습관의 윤회에서 해탈하기를 바라는 마음으로 써 봅니다. 혹시 저와 같은 분이 계시면 위와 같은 연민으로 쉬는 방법을 해보시라고 말입니다. 타인을 얕잡아 보거나 무시하고 경멸하는 자신의 잔인함을 발견하는 순간에 우리는 어떻게 연민 수행을 할 수 있을까요? 우선 내가 싫어하거나 무시하는 것은 무엇인지 진솔하게 써 보는 것을 권합니다. 나아가 경멸하는 것에는 무엇이 있는지도 써 봅니다. 다른 사람의 어떤 성품이나 행동에 화와 분노가 일어나는지도 알아차려 봅니다. 그 사람에 대해 쓰는 것이 아니라, 그 사람의 어떤 성품에 반응하는 자신의 상태를 기록하는 것입니다. 그것을 화와 분노로 강하게 밖으로 표현하는지, 또는 자신 안으로 끌어들여 자신을 괴롭히는지 말입니다. 다음 빈 곳을 채워 문장으로 완성해 보시기 바랍니다.

내가 싫어하는 것은
_____ 이다.

내가 경멸하거나 무시하는 것은
_____ 이다.

내가 화가 나거나 분노가 일어나는 성품이나 상황은

_____ 이다.

위 상황이나 성품을 만날 때 내 몸과 마음에서 일어나는 반응은
_____ 이다.

내가 화나 분노가 일어날 때 주로 하는 행동은
_____ 이다.

기록을 하면서 자신에 대해 좀 더 알게 된 것은
_____ 이다.

기록을 통해 알게 된 것은 어떤 것들인가요? 화와 분노를 어떻게 표현하는지를 잘 들여다보면 나의 폭력성이 어떻게 발휘되는지 알 수 있을 것입니다. 폭력성과 잔인함을 연민과 참회의 춤으로 지구 어머니 품에다 내려놓으면 어떨까요?

행복은 남을 생각하는 데서 온다

자신과 주변에 가하는 해와 폭력을 성찰할 수 있었다면, 이제는 세상에 가해지는 폭력과 전쟁, 잔인함을 떠올려 봅니다. 우리는 언뜻 잔인함이나 폭력과는 무관한 삶을 살고 있다고 믿고 있을지도 모릅니다. 그런데 우리가 사는 통상적인 삶은 지구가 붕괴되는 결과를 가져왔습니다. 인간의 편의와 욕망 때문입니다. 이상 기후가 늘어나면서 홍수로 집을 잃고, 장기 가뭄으로 농사를 포기하거나 물이 오염되어 못 마시거나 일자리나 재산을 잃고 파국을 맞은 이들이 늘어나고 있습니다. 우리들 삶의 방식이 지구와 그 안의 다른 생물들에게 가하는 영향력은 폭력이나 잔인함과 관련이 없을까요?

　우리가 흔히 일상에서 사용하는 종이컵이나 화장지가 만들어지기 위해서 운동장만 한 밀림의 나무들이 잘려 나갑니다. 숲은 이산화탄소를 흡수해 기후를 유지하는 역할을 하지만 삼림이 벌채되면서 공기와 땅이 더워지는 온난화가 계속됩니다. 자동차와 화학 공장의 매연들이 오존층을 파괴하고, 이들은 다시 미세먼지로 우리들에게 돌아옵니다. 우리들은 이제 맑은 공기와 푸른 하늘을 보는 것이 점점 어려워질지도 모른다는 불안감을 안고 살아갑니다.

인간들이 짓는 대량 생산의 농산업은 땅속의 다양한 생물종을 사라지게 하고 생태계의 먹이사슬 순환을 파괴하고 있습니다. 오염으로 서식지가 파괴되고 기후가 변하면서 야생동물의 수는 줄어들고 있습니다. 양서류의 3분의 1, 포유류의 5분의 1, 조류의 8분의 1이 멸종 위기에 처해 있다고 합니다. 또 지구 어머니의 가슴에서 뽑아내는 화석 연료는 이제 거의 고갈되었습니다.

뿐만 아니라 인간들이 버린 쓰레기들은 바닷속 생명들의 삶을 위협합니다. 고래들의 뱃속에 비닐봉지와 찢어진 그물과 밧줄들과 플라스틱 병들이 엉켜 있었다는 소식이 전해지기도 했습니다. 태평양 바다 한가운데는 거대한 플라스틱 섬이 생겨나고, 중국 대륙 깊숙이에는 폐기된 가전제품이 섬을 이루었습니다. 우리나라도 비닐과 일회용품 쓰레기 문제가 심각합니다. 우리나라에서만 1년에 약 250억 개의 종이컵, 190억 장의 비닐봉지가 버려집니다.

지구상에 극빈층의 기아가 존재하는 것, 군비 지출을 줄이고 평화를 위한 정책이 늘어난다는 소식이 드문 것, 경제적인 불평등이 심화되고, 기후 변화의 위협에서 자유롭지 못한 우리의 현실은 다음과 같은 생각들에서 나오는 것은 아닐까요? 경제 성장은 번영을 위해 필수적이라는 가정, 자연은 인간의 목적을 위해 사용되는 상품이라는 사고방식, 소비 촉진은 경제를 위해 좋은 일이고, 출세를 해야 행복해진다는 것 등입니다. 이것들은 인간의 욕망을 극대화하여 더불어 사는 세상에 깊고 어두운 그림자를 남깁니다. 이런 욕망은 다른 누군가에게는 폭력과 잔인함으로 작용해 그들의 삶을 희생하고 억압합니다.

이런 현실에서 연민은 개인적인 마음을 넘어서야 합니다. 달라이 라마 존자님은 연민을 '성숙한 시민의 보편적 책임감'이라는 말로 이야기합니다. 우리는 지금까지 인간이 지구와 다른 생물종에게 행했던 모든 폭력과 잔인함을 참회해야 합니다. 그리고 지금까지 해왔던 통상적이고 개인적인 삶의 방식을 성찰해 보아야 합니다. 네트워킹 세상이 이루어지고 소유보다는 접속의 사회로 나아가고 있는 지금, 끼리끼리 접속하여 타자를 분리하고 소외시키는 공유라는 이름의 협력은 또 다른 잔인한 폭력이 될 수 있습니다.

우리는 잔인함과 폭력성을 어떻게 연민으로 극복할 수 있을까요? 여기에는 보살의 너그럽고 넓은 마음이 필요합니다. 혼자만 행복할 수 없다는 이치를 깊이 인식하는 지혜입니다. 이웃이 아파하며 죽어가고 있는데 마음 편히 잘 먹고 잘 살 수 있는 사람은 없습니다. 너와 내가, 인간과 자연이, 몸과 마음이, 앎과 행동이 분리되어 있는 우리의 습관이 우리를 무디게 만들고 이타심을 자라지 못하게 합니다. 우리는 지혜로운 이타심을 끊임없이 일으켜야 합니다. 그것이 우리가 행복하게 살 수 있는 비결입니다.

　인도의 샨티데바 스님은 '모든 행복은 남을 생각하는 데서 나오고 모든 고통은 나만 생각하는 데서 나온다'는 진리를 남겼습니다. 오늘 하루, 지금 이 순간, 주위를 돌아보며 누군가 아파하고 고통 받는 이는 없는지 눈과 마음을 열어 관심을 가지고 살펴보시기 바랍니다. 그리고 그런 분들을 만났다면 그분들이 고통과 아픔에서 벗어나기를 바라는 염원을 일으켜 보시기 바랍니다. 이런 마음이 더 자주 일어나도록, 더 멀리 퍼져나가도록, 마음의 경계를 허물어 보셨으면 합니다.

03

질투와 따분함에서 벗어나는 기쁨

기쁨은 매일을 어떻게 재미와 축복으로 안내하는가

우리가 행복하다거나 불행하다고 느끼는 것은 매일의 상황과 사건을 어떤 시각으로 바라보는지가 좌우합니다. '오늘 어떤 이와 어떤 상황을 경험하는가'도 마찬가지입니다. "컵에 물이 반이나 있어서 다행이고 고맙다."는 자각은 일상의 우물에서 축복을 길어 올리는 두레박입니다. 잠에서 깨어 오늘 하루도 살아 있음에 감사함을 느끼는 것은 하루를 행복하게 사는 비결입니다. 오늘 하루의 시간이 나에게 당연히 주어진 것이 아니라 행복하기 위한 특별한 기회라는 것을 알아차리는 것이 기쁨을 창조합니다.

어느 시인의 말처럼 '오늘은 어제 죽어간 누군가가 그렇게 맞이하고 싶었던 내일'임을 알아차린다면 하루가 아주 귀하게 다가올 것입니다. 하루를 귀하고 소중하게 맞이할 수 있는 방법은 내가 죽는다는 사실을 자각하는 것입니다. 언제든 내가 죽을 수 있다는 사실은 삶이 당연한 것이 아닌 축복으로, 선물처럼 다가온 새날을 기쁘고 고마운 마음으로 맞아들이게 합니다.

잠에서 깬 첫 순간, 눈으로 공간을 바라볼 수 있고, 코로 숨을 쉬며 냄새 맡을 수 있고, 귀로 들려오는 소리를 감지하고, 온몸에 닿는 공기의 움직임을 감촉할 수 있음을 자각합니다. 또 척추를 일으켜 원하는 대로 움직일 수 있는 팔과 손, 다리와 발 등도 자각해 봅니다. 그리고 인간의 몸으로 살아 있음에 감사하는 마음을 일으킵니다. 따뜻하고 온화한 기쁨이 가슴속에서 차오름을 느낄 수 있을 것입니다.

기쁨과 감사로 자각하는 아침 명상은 유익한 신경 전달 물질을 만들어 냅니다. 세로토닌과 엔드로핀, 도파민 등 행복 호르몬을 만들어 내어 평안하고 안정된 생체 리듬의 활력으로 상쾌한 하루를 열게 합니다. 자신의 호흡과 오감에 집중하는 깨어 있음, 살아 있음으로 인해 경험하는 모든 것들이 축복임을 의식하는 아침을 누리는 시간이 우리를 행복하게 하는 원인과 행복이 됩니다.

팔순의 노인이면서 일곱 가지 이상의 질병을 가지고도 재미있게 존재여행을 하시는 이근후 박사님은 젊은 시절, 정신과 진료실의 좁은 방에서 종일 환자들의 이야기를 들어야 하는 일터의 경험을 '재미있게 견디기'로 선택했다고 합니다. '재미있는 일만 골라 한 것이 아니라 해야 할 일을 재미있는 쪽으로 만들어' 간 것이지요. 박사님은 '아무리 어려운 상황에 처해도 좋은 일, 즐거운 일을 만들어 가겠다는 마음가짐이 재미있게 사는 비결'이라고 했습니다.

이 글을 읽으시는 분들 중에는 지금 불행하다고 여기는 분이 계시리라 생각됩니다. 건강이 나빠 병원에서 입원 치료를 받고 계시면서 희망이 보이지 않아 불행하다고 느끼시나요? 아니면 한때의 잘못으로 사회와 격리되어 소외감과 무력감이 느껴져서 불행하다고 생각하시는가요? 복잡한 시장에서 생명력과 삶의 활력을 파시느라 진이 빠져 행복하지 않다고 여기시나요? 혹은 날마다 자소서를 준비하며 라면에 절망이라는 수프를 넣어 끓여서 불행을 함께 젓가락질 하시지는 않는지요? 아니면 매일의 일상이 다람쥐 쳇바퀴 돌듯이 반복되는 재미없는 인생이라 여기며 툴툴거리지는 않나요? 혼자는 괜찮은데 남들과 비교만 하면 불행하다고 여겨지시는가요? 너무 바빠서, 너무 지루해서, 너무 화가 나서, 세상이 너무 각박해서, 너무 ~해서 기쁨을 누리지 못하신다구요?

　　티베트의 스승 게쉐 톡메Gyalsey Thokme는 '항상 행복하다'고 노래합니다. 건강하면 몸과 말과 마음으로 선행을 위한 정진을 할 수 있어서, 인간 몸을 얻은 의미를 실현하기 때문에 행복하다고 했습니다. 부자라면 있는 재물로 복을 쌓는 공덕의 재료로 쓸 수 있어서 행복하다고 했습니다. 가난하다면 지켜야 할 부富가 없어서, 부에 대한 집착으로 인해 생기는 원한 갈등도 없기 때문에 행복하다고 노래합니다. 병이 난다면 내 것이라고 집착하지만 실은 일시적인 이 몸의 발병으로 과거의 모든 악업이 소멸되기 때문에, 또 마음을 수행하여 번뇌 장애를 소멸할 수 있으므로 행복하다고 노래합니다. 일찍 죽게 된다면 좋은 씨앗을 갖춰 다음 생에도 해탈의 길을 만날 수 있기 때문에 행복하고, 오래 산다면 오랜 수행으로 명상의 힘과 체험을 기를 수 있기 때문에 어떤 일이 있어도 행복하다고 노래합니다.

행복을 누리는 방법 중 '기쁨'은 단연 으뜸입니다. 기쁨은 이 지구별에서 일어나는 우리의 존재여행을 지루하지 않게 하고 따분함에서 벗어나게 합니다. 날마다 새롭게 살아갈 맛을 제공하는 귀한 자원이지요. 기쁨은 아무 목적 없이도 우리를 춤추게 하고, 손뼉을 치고 구르게 합니다. 웃음을 자아내게 하고 박수를 치며 환호하게 합니다. 얼굴의 볼이 붉은 태양처럼 달아오르게 합니다. 우리 안에는 매일 기쁘게 지내는 방법을 창조할 수 있는 능력이 있습니다. 다만 계발하지 않았기 때문에 있는 줄 모를 뿐입니다.

이미 가지고 있는 조건 중에서 기쁘고 재미나게 살 수 있는 방법을 모색해 보시길 권합니다. 간단한 것부터, 지금 여기서 말이지요.

삶에서 따분함과 지루함을 내보내는 기쁨

우리는 기쁨을 대입 수능에서 우수한 성적을 받아 유수한 대학에 진학하거나, 이름을 대면 알 만한 대기업에 취업을 하거나, 생일이나 결혼, 혹은 기념이 될 만한 어떤 큰 성공을 할 때만 느끼는 거라고 생각하고 살고 있진 않을까요? 우리 사회의 지나치게 빠른 흐름과 유행에 적응해서 약속 시간에 조금만 늦어도 기다리는 것이 어렵게 여겨지진 않나요? 잘 사용하던 물건을 두고도 새로운 제품이 나왔다는 광고를 보면 어떻게 구입을 할 수 있을지 고민하지는 않는가요? 현대 소비 사회는 지루함이나 따분함을 느낄 겨를을 주지 않는 것 같습니다.

하지만 고요하게 앉아 그저 존재하는 기쁨을 느낄 때, 어떤 불행이나 고통도 앗아갈 수 없는 진정한 행복이 찾아옵니다. 수행의 열매 중에 하나인 기쁨은 붓다께서 우리에게 주신 최고의 선물입니다. 그런데 수행의 기쁨은 거칠고 커다란 것이 아니라 잔잔하고 고요한 기쁨입니다. 이 기쁨은 우리가 찾고자 하면 어디서나 발견할 수 있는 보물입니다. 수행의 기쁨으로 나아가기 위해 지금 이 순간 일상을 창조적인 방법으로 깨어 있다면 재미있고 환희로운 존재여행이 될 것입니다.

어느 이른 봄, 남도의 꽃향기가 전파를 타고 제가 있는 북쪽까지 전해져 왔습니다. 남도로 내려가 꽃을 볼 수는 없었지만 지인이 보내준 스마트폰 속 사진으로 꽃을 볼 수 있었지요. 저는 사진 속 꽃을 바라본 후 눈을 감고 꽃향기와 바람과 햇살을 상상해 보았습니다. 순간 놀라운 일이 일어났습니다. 마치 제 자신이 그 매화 앞에 서 있는 것처럼, 달콤하고 진한 매화 향기가 제 폐부 깊숙이 들어오는 것이었습니다. 그 향기는 제 가슴을 설레게 하고, 얼굴엔 미소를 짓게 하여, 종일 봄을 누리는 기쁨과 행복을 느끼면서 지낸 기억이 있습니다.

무엇이든 아름다운 것을 보았다면 잠시 눈을 감고 상상으로 그 풍경을 자신의 몸으로 초대해 보세요. 아름다운 풍경에서 행복감을 누릴 수 있으면, 이제 가까운 이부터 알고 있는 이들, 그리고 미워하는 이들까지도 상상으로 그 아름다운 풍경 속으로 초대해 보시길 바랍니다. 마음이 넓어지고 유쾌해지고 더 기뻐질 것입니다.

지구별의 아름다운 풍경을 누리는 것이 집착하는 고통을 낳지 않는다면 존재여행의 목적인 진정한 열반을 향해 가는 길이라 할 수 있을 것입니다. 꽃향내뿐 아니라 일상에서 만나는 것들, 행하는 것들을 조금 다른 방식으로 바라보고, 행동해 보기를 권합니다. 우리의 인식은 어떤 것을 매일 반복하는 익숙한 습관 때문에 지루하고 따분해질 수 있기 때문입니다. 그래서 변화하고 있는 무상한 현실의 새로움을 망각하고 고정되어 있다고 믿기가 쉽지요. 무상無常의 진리를 생활에서 발견하고 깨어 있기 위해 창조적인 생활로 낯선 기쁨을 초대해 보세요.

예를 들면, 매일 가던 길이 아닌 다른 길로 가 보거나 늘 걷는 방식이 아닌 다르게 걸어 보기, 콧노래나 허밍을 하면서 걸어 보시는 것은 어떨까요? 다른 경험으로 마음도 달라지는 것을 느낄 수 있을 것입니다. 외출의 기대와 설렘으로 옷장 문을 열었는데, 늘 보던 옷이라 식상해서 입을 옷이 없다고 판단되나요? 새 옷을 구입하는 대신 과감하게 염색용 물감으로 선 하나를 긋거나, 색실로 곡선 하나라도 수를 놓는다면 재미난, 세상에 하나밖에 없는 색다른 옷이 될 것입니다. '망칠 것'이라는, '해본 적이 없다'는 두려움과 불안을 내려놓고 실행해 본다면 말이지요.

옷만이 아닙니다. 우리가 소유하고 있는 많은 물건들, 가방이나 신발, 냉장고에 남은 음식들도 창조적으로 변형해서 사용하거나 요리할 수 있을 것입니다. 소비와 익숙함에 길들여진 인식을 환경 보존과 생태적으로, 낯설고 창조적인 것으로 바꾸는 것도 작고 기쁜 수행입니다. 이외에 지금까지 습관적으로 살아 왔던 방식의 틀을 깨고, 하고 싶었지만 '할 수 없다'고 생각했던 것 중 하나를 시도해 스스로 변화를 만들어 보세요.

아니라면, 복잡하고 매너리즘에 빠진 생각과 개념을 모두 내려놓아서 텅 빈 내면의 공간에 존재여행을 풍성하게 해주는 또 다른 단초를 발견해 보시는 건 어떨까요? 시 한 편, 한 마디의 말, 노래 한 곡, 흘러가는 구름 한 자락, 무심코 눈에 띤 잡지에 실린 사진이나 단어, 아니면 누군가의 아무 대가 없는 미소 등 아주 작고 사소한 것들이 우리를 새롭게 존재하도록 깨우는 전령사일지도 모릅니다. 이런 뜻밖의 발견은 우리에게 기쁨을 주려는 우주의 사랑 고백이나 선물일지도 모릅니다.

질투를 수희찬탄으로 전환하라

우리는 자신의 작은 성공이나 기쁜 일에도 누군가 축하하고 함께 기뻐해 주기를 바랍니다. 그래서 축하나 인정을 받지 못하면 좌절하거나 비통해 하는 경향까지 있습니다. 그런데 묘하게도 다른 사람의 성공을 보고 함께 기뻐하거나 축하하는 데는 매우 인색한 것 같습니다. 특히 나와 비슷한 조건의 상대일 때 경쟁심으로 인해 진심으로 기뻐하며 축하하지 못하는 경향이 있는 것 같아요.

누군가와 경쟁하는 마음이 있으면 그와 나를 비교하면서 내가 더 낫기를 바랍니다. 그가 성공하는 것을 보면, '그가 나보다 우월하고 나는 열등하다'는 자동화된 사고가 작동합니다. 심하면 그의 성공이 마치 나의 실패로 연결될 것 같은 불안과 두려움이 밀려오기도 합니다. 그리고 나의 명성이나 부에 손해를 끼칠까 봐 미움과 화가 일어나기도 합니다.

차이를 우열로 나누어 차별하는 전도몽상된 습관은 우리를 아만과 아집으로 이끕니다. 그리고 이 모든 것으로 인해 우리는 고통을 경험합니다. 평소 자신에게 질투를 일으키는 대상이 있는지 생각해 보셨으면 합니다.

프랑스의 철학자 롤랑 바르트는 "나는 질투심을 느낄 때 네 번을 괴로워한다. 질투 자체가 괴롭고, 질투하는 자신을 책망하는 것이 괴롭고, 질투심이 상대에게 상처를 줄까 봐 두려워 괴롭고, 그런 시시한 감정에 굴복할 수밖에 없다는 것이 괴롭다."라고 고백합니다. '우리 삶을 뒤흔드는 내밀한 힘'이라고 불리는 질투는 일어나는 동시에 괴로움이자 고통으로 여겨집니다.

질투는 시샘과 부러움, 시기심 등의 감정 군락들과 함께 작동하기 쉽습니다. 그러면 질투의 에너지는 우리 몸에서 어떤 형태로 나타날까요? 성공한 사람을 보면서 자신도 할 수 있는데 못했다는 아쉬움이나 실망감이 들 때는 고개를 숙이고 어깨가 움츠러들고 몸이 앞쪽으로 수축되는 경향이 있습니다. 어쩌면 자신도 하고 싶거나 할 수 있으면 좋겠다는 부러움과 선망, 시샘이 일어날 때는 턱을 약간 치켜들고 기대와 바람으로 눈동자를 크게 반짝일 수 있습니다. 그리고 시기심이나 질투로 발전했을 때는 치아와 턱에 힘이 들어가고 근육이 딱딱해지고, 입을 앙다물기도 합니다. 하지만 이런 몸의 긴장은 쉽게 알아차리기 어려울 수 있습니다.

어떻게 하면 '질투와 부러움'이라는 감정에서 해방되고 치유할 수 있을까요? 그것은 사랑스런 마음과 연민, 지혜가 깃든 칭찬으로 가능합니다. 함께 기뻐하는 수행을 통해서 가능하다는 것이 붓다의 가르침입니다. 샨티데바 스님은 "남의 공덕을 기뻐하면 이생뿐 아니라 내생에서도 큰 행복을 얻지만, 질투하면 이 삶에서도 불만과 괴로움을 느끼고 내생에서는 더 큰 고통을 받는다."고 하셨습니다. 누군가를 볼 때 질투나 시샘으로 고통스럽다는 것을 자각한다면 이를 수행의 기회로 삼을 수 있습니다.

여러분들에게 기분 좋은, 기쁨을 주는 것은 무엇인가요? 질투가 일어날 때 스스로를 고귀한 행동으로 고양시켜 순수한 기쁨과 행복을 누리는 기회로 만들 수 있습니다. 바로 질투를 일으키는 대상의 성공과 행복과 잘되기를 바라는 마음을 일으키는 것입니다. 그래서 진정으로 그의 성공을 함께 기뻐하고 축하의 박수를 보내고 그가 행복한 모습을 보고 또 함께 기뻐하는 것입니다. 이것은 보살의 수희찬탄을 통한 기쁨 수행입니다. 지혜와 자비가 깃든 칭찬은 '나'를 잊고 내려놓는 무아 수행이기도 합니다. 두려움과 불안, 부러움과 질투를 대치하는 수행법이지요.

우리 모두는 행복을 원하고 고통을 싫어합니다. 이런 면에선 모두가 평등하지요. 혹 주변 사람들을 볼 때 장점과 아름다움보다는 단점이 먼저 보이지는 않는지요? 그럴 때 그의 단점보다는 좋은 점을 발견하려 애써 보세요. 그리고 단점이 정말 그와 다른 사람에게 해를 끼치는 것인지 따져 보는 지혜가 필요합니다. 내가 단점으로 보는 것이 다른 누군가가 수희찬탄하는 강점은 아닌지 비추어 보는 것도 지혜입니다. 내가 단점으로 바라보는 그것이 나의 질투와 부러움이 작동해 폄하한 것은 아닌지 다각도로 헤아려 보는 안목이 필요합니다.

　누군가 작은 성공을 했을 때 흔쾌히 축하하는 마음을 일으켜 보시길 초대합니다. 일상에서 다른 사람의 좋은 점이나 작은 성공을 하루에 몇 번 정도 발견하시는지 알아차려 보시기를 권합니다. 그리고 함께 기뻐하는 표현을 어떻게 하시는지 찬찬히 살펴보는 시간을 가져보시기 바랍니다. 그리고 매일 수희찬탄할 거리를 열 가지 이상 찾아보는 수행을 해보시길 권합니다. 가까운 이부터 무관하거나 멀리 있는 분들의 작은 성공이나 선행, 이웃이나 지구를 위한 공덕의 행동들을 발견해 보시길 권합니다. 뉴스나 인터넷 미디어 등을 통해 가능합니다. 발견을 하셨다면 그분들을 향해 함께 기뻐하며 찬탄하는 마음을 일으켜 봅니다. 직접 찬탄하는 말을 할 수 있다면 더 좋겠지요. 바로 수희찬탄 명상입니다. 질투나 아만, 자만을 전환하는 탁월한 수행법입니다. 날마다 그 횟수를 늘려 보시면 더 기쁜 존재여행이 될 것입니다. 자신이 매일 수희찬탄 명상하기를 시작했다면 이런 자신을 먼저 기뻐하시기 바랍니다.

고통과 불행에서 건져 올리는 지혜로운 기쁨

미국의 심리학자 소냐 류보미르스키Sonja Lyubomirsky가 진행한 연구에서 행복의 50퍼센트 정도는 유전자나 기질 같은 불변의 요소가 작용하지만 나머지 50퍼센트는 상황을 긍정적으로 재규정하려는 노력과 감사를 느끼는 능력, 인정과 자선을 선택하는 능력을 통해 행복을 가꿀 수 있다고 전합니다. 신경과학자 리처드 데이비슨의 연구에서도 긍정적인 상태를 유지하려는 노력과 부정적인 상태에서 회복하는 능력과 집중하는 능력, 베풀 수 있는 능력이 행복을 지속적으로 가능하게 하는 요소라고 하였습니다.

인간은 만물 중에 자신이 생각을 하고 있다는 것을 인식하는 유일한 종이라고 합니다. 그리고 생각에 이어 행위를 만들어 냄으로써 감정도 창조할 수 있는 존재입니다. 만약 자신의 좋은 점을 별로 발견할 수 없어 자신을 싫어하고 미워하는 마음이 많았다면 자신을 받아들이기도 힘들 뿐더러 다른 이와의 관계도 불편하고 존재여행이 기쁘지 않았을 것입니다.

여러분은 평소 자신을 어떻게 인식하고 계신가요? 자신의 성품을 잘 받아들이고, 긍정적이고 낙천적인 성향을 갖고 계신가요? 아니면 자신의 부정적이거나 부족한 성품 때문에 괴로워하시나요? 만약, 단점을 발견하는 성향이 강하다면 그것을 자세히 관찰해 보기를 권합니다. 예를 들어 자신의 싫어하는 점이 게으름이라면 게으름이 갖고 있는 유익한 점은 없는지, 그것이 정말 자신에게 해롭기만 한지 말입니다. 게으름은 여유를 가지고 세상을 느긋하게 바라보게 할 수도 있고, 천천히 감으로써 더 많은 것을 발견할 수 있게 하는 장점이 될 수도 있습니다. 이렇게 '상황을 긍정적으로 재규정하려는 노력'을 통해 단점도, 불행도 행복의 조건이 될 수 있습니다.

실제로 강점과 탁월성, 단점이라고 규정되어 있는 것들을 깊이 들여다보면, 강점과 탁월성은 언제나 좋고, 단점은 반드시 나쁜 것으로만 고정되어 있지 않음을 알 수 있습니다. 그럼에도 강점이나 탁월성을 발견하는 이유는 자신에 대한 긍정적인 인식 능력을 키우기 위해서입니다. 긍정적인 인식 능력과 받아들임은 어떠한 상황에서도 기쁨을 발견하게 합니다. 또한 남들이 단점이라고 보는 성품을 자신에게서 발견해도 기뻐할 수 있습니다.

한번은 폐에서 시작된 암세포가 뇌와 척수에 전이되어 항암 치료를 위해 입원하신 분을 만났습니다. 그분은 얼굴이 맑고 건강하게 보였지만, 다리에 힘을 줄 수 없어 네 발 지팡이를 의지해 겨우 걸었습니다. 그리고 말을 하는 것이 힘들어지거나, 팔을 못 쓰게 되는 등의 어떤 일이 언제 불쑥 일어날지 모르는 불행한 상황에 놓여 있었습니다. 그분은 그런 자신을 평온하게 받아들이고 싶지만 마음속에는 분노와 '왜?'라는 질문이 자주 일어난다고 하셨습니다.

하지만 그분에게는 지금 이 시간을 명료하게 자각하고 상황을 판단하는 인식 능력이 있었습니다. 자신의 몸이 허물어져 가는 것을 직접 경험하면서 그것에 대해 어떻게 반응하고 죽음을 준비해야 하는지 배우고 싶어 하셨습니다. 저는 제가 배워 알고 있는 지식을 총동원해서 죽음의 과정을 준비하도록 도와드렸습니다. 그분은 매 순간 허물어져 가는 몸을 주제로 수행할 수 있는 기회가 주어졌다고 긍정적으로 받아들이고 고마워했습니다. 그리고 몸이 내가 아니라는 붓다의 가르침을 받아들이기 시작했습니다. 그래서 지금까지 이 몸이 나라는 생각, 그 생각이 또 내 것이라는 인식들이 몸과 나의 것에 대한 애착과 집착을 가져와 고통을 겪은 일생을 돌아보았습니다.

죽음이 가까운 순간에도 긍정적인 의미를 추구하는 이는 고통이 불행만을 가져다주는 것을 믿지 않습니다. 고통이 주는 선물을 기쁘게 수확하고, 생의 마지막 순간에 가슴을 열고 삶을 더 깊이 있고 값지게 마무리합니다. 또한 삶은 즐거운 행운이며 죽음은 불행과 슬픔이라는 이분법을 넘어서는 고요한 기쁨에 도달합니다. 그리고 마침내 내면의 지혜를 깨워 애착과 혐오를 가만히 내려놓고 평온이라는 더 큰 선물을 창조합니다.

평소에 고통과 불만, 아픔이라고만 여겨 멀리했던 경험들에서 우리 자신을 성장하게 하고 지혜롭게 해준 기쁨은 없었는지 찾아보면, 의외로 우리 주변엔 기쁨이 잔잔하게 함께하고 있었음을 발견할 수 있을 것입니다.

04

집착과 혐오를 내려놓는 평온

집착과 혐오는 어떻게 나를 지배하는가

가장 오래된 붓다의 말씀으로 전승되는 경전에 전해 오는 이야기들이 있습니다. 「데와따 상윳따」에 의하면, 하늘의 신이 붓다를 찾아와 "깊은 숲속에 사는 평화롭고 청정한 수행자는 하루 한 끼만 먹는데도 어떻게 얼굴빛이 그렇게 평온합니까?"라고 질문을 하자 붓다는 "지나간 과거를 슬퍼하지 않고, 오지 않은 미래를 열망하지 않고 현재에 충실하기 때문에 얼굴빛이 그렇게 평온하다네. 오지 않은 미래를 열망하고 지나간 과거를 슬퍼하는 어리석은 사람들은 낫에 잘린 푸른 갈대처럼 그렇게 시든다네."라고 대답을 하셨습니다.

또 다른 「데와뿟따 상윳따」에서는 붓다를 찾아온 하늘아들 까꾸다가 붓다께 기쁜지 슬픈지 질문을 하자 붓다는 당신은 홀로 고요히 앉아 있을 때 불만족이 휩싸이지 않기 때문에 기쁨도 슬픔도 없다고 대답합니다. 또 기쁨은 슬픈 사람에게 따라오고 슬픔은 기쁜 사람에게 따라오지만 수행자는 세상의 집착을 멀리 떠났기 때문에 슬픔과 기쁨이 없다고 전합니다.

불교에서는 우리가 사는 이 세상을 욕계欲界라고 합니다. 욕구와 욕심으로 탄생하는 세계라는 말입니다. 그래서 인간이 주먹을 꼭 쥐고 태어나는지도 모릅니다. 그러고서도 일생동안 무엇인가 자신의 욕망을 쟁취하기 위해 주먹을 자주자주 불끈 쥐면서 살아가고, 몸과 마음을 바쁘게 움직이면서 혹사하며 가만히 머물지 못합니다. 끊임없이 목표를 정해 놓고 앞으로 나가는 것이 잘 사는 삶이라 칭송받습니다.

그런데 붓다는 이 세상을 떠나실 때 제자들에게 당신 손을 펴 보이시면서 당신은 아무것도 숨기지 않고 남김없이 다 주셨다고 하셨습니다. 그리고 35년 동안 제자들에게 평온하고 고요한 상태가 되려면 집착과 증오를 벗어나라고 가르치셨습니다. 평온과 고요를 방해하는 모든 괴로움의 뿌리는, 과거·현재·미래의 욕망과 그 욕망이 채워지지 않으면 생기는 미움과 혐오, 그리고 이런 마음을 일으키는 어리석음이기 때문에 여기에서 벗어나야 한다고 하셨습니다. 불교에서는 욕망, 미움과 혐오, 어리석음을 괴로움의 원인인 세 가지 독이라고 말합니다. 하지만 우리들은 욕망을 실현하지 못하면 불만족하고, 화를 내고, 혐오를 느낍니다. 바로 이 세 가지 독에 물든 삶을 살고 있는 겁니다.

우리가 좋고 행복하다고 통상적으로 느끼는 감각적 쾌락과 무한 욕망의 성취는 우리 몸을 혹사하고, 만족을 모르면서 혐오감을 갖게 합니다. 한 예로 우리는 깨끗함을 욕망해서 내 집과 주변은 깨끗하게 정리해 놓고 집에서 나온 쓰레기들은 모두 모아 눈에 띄지 않는 한 곳에 버립니다. 이것이 사회적으로 용인되고 합의되면 쓰레기를 모아 둔 그곳은 혐오 지역으로, 우리와는 더 이상 상관없다고 여기고 외면합니다. 모든 소외와 왕따는 혐오감을 전제로 합니다. 혐오감은 나의 견해와 가치, 신념에 반대하는 것들을 싫어하고, 미워하면서 의도적으로 피하고 멀리하는, 심하면 타인들에게도 강요하는 감정입니다. 하지만 모든 행위는 과보가 따르므로, 부메랑이 되어 우리들에게 돌아옵니다. 대지와 바다가 우리들이 버린 쓰레기로 몸살을 앓고, 점점 안전한 먹거리를 제공하기 어려워하고 있습니다. 여기에 평온과 평화는 없고 불안과 불만은 점점 더 늘어납니다.

    붓다의 가르침은 우리들이 '원하고 유쾌하고 마음에 드는 일이 늘어나게' 하도록 돕습니다. '무엇을 따르고 연마하면' 원하지 않고, 불쾌하고, 마음에 들지 않는 일이 줄어드는지를 알아야만 즐거운 삶을 살 수 있다는 것입니다. 혹시 날마다 원하지 않는 불쾌하거나 마음에 들지 않는 괴로움의 원인을 심어 놓고, 원하고 유쾌하고 마음에 드는 행복을 찾는 것은 아닌지 반추해 보아야 합니다. 한마디로 지혜가 필요한 것이지요.

    우리 몸과 마음은 긴밀하게 연결되어 움직이고 있기 때문에 정신 작용과 생각은 우리 몸에 영향을 미칩니다. 무엇인가에 집착하며 끊임없이 욕망을 향해 달려갈 때 우리 몸은 근육이 긴장하면서 수축이 일어납니다. 또한 몸의 상태에 비해 힘을 더 많이 낭비하거나 소모해 버려 에너지가 고갈되고 쇠약해질 수 있습니다. 불안과 불만족, 혐오감이 일어날 때 우리 몸은 전체가 조화롭지 못합니다. 몸의 경락이 제대로 순환하지 못해 어딘가 막혀 통증을 느끼거나 몸의 한 부분을 소외시킬 수도 있습니다.

　욕망과 집착, 혐오감을 내려놓은 평온한 상태가 되면 우리 마음은 맑은 호수처럼 고요합니다. 이때 몸 상태도 가벼워지면서 순환과 흐름이 안정됩니다. 지금 이 순간 자신이 고통스럽다면 무엇을 욕망하고 있는지 한 번 살펴보시기 바랍니다. 또한 자신의 삶에서 어떤 것들을 소외시키고 있는지, 혹은 혐오감을 느끼는 것은 무엇이 있는지 한 번 성찰해 보시기 바랍니다. 그것을 소외시키고 혐오하는 일이 자신을 진정 원하는 행복으로 이끄는 것인지를 말입니다.

내려놓고 받아들이며 평온함을 유지하라

지난 부처님오신날에 완화 치료 병동 자원봉사자들과 함께 병원에서 봉축 행사를 했습니다. 자원봉사자들은 1년에 한 번, 이 날 떡과 과일 등을 정성껏 마련해서 불단에 올린 후 암 병동 환자들과 나누는 행사를 합니다.

봉축 법요식을 마치고 각 병실마다 따로 포장한 떡과 과일을 들고 방문을 하는데, 한 병실의 문을 열자마자 온 가족이 눈물을 흘리며 흐느끼고 있었습니다. 침상에 누운 환자는 인공호흡기를 단 남성이었는데 오늘을 넘기기 힘들다는 선고를 받았다고 했습니다. 어떤 기쁜 소식이라도 그분들께는 소용이 없는 것이었지요. 선물을 들고 간 저도 그 가족의 눈물에 전염되어 가슴 한편이 아려 왔습니다. 이별의 아픔을 겪기 시작한 그 가족들의 고통이 고스란히 전해져 왔기 때문입니다.

하지만 대부분의 환자들과 보호자들은 아프고 고통스러운 상황에서도 부처님오신날 선물을 기쁘게 받고 환한 표정을 지었습니다. 연꽃 컵 등燈에 불을 밝혀 들고 갔을 때는 병실의 다른 환자들도 입가에 모두 미소를 지었습니다. 아무리 아프고 고통스러워도 웃을 수 있는 것이 삶이라는 것을 다시 떠올렸습니다.

이렇듯 우리의 존재여행에는 삶과 죽음, 건강과 질병, 슬픔과 기쁨이 동전의 양면처럼 서로 함께 맞물려 있습니다. 붓다께서 이 세상에 오셨을 때 많은 이들이 환호하고 기뻐했지만, 그 행복한 시간은 일주일을 넘기지 못했습니다. 왜냐하면 어머니인 마야께서 생을 마감하셨기 때문입니다. 어머니 대신 이모가 아기를 키웠지만 엄마의 빈자리는 생의 초기부터 죽음에 대한 사색으로 붓다의 심연 깊은 곳에 자리하지 않았을지 상상해 봅니다.

저는 이날 암이 간과 뇌, 뼈와 척추에 전이되어 마약으로 통증을 완화시키고 있는 또 다른 30대 젊은 환자를 만났습니다. 이 환자는 항암 치료로 인해 머리칼이 빠져 텅 빈 머리를 하고, 백혈구 수치가 떨어져 감정적으로도 다운된 상태였습니다. 온몸과 눈동자는 황달로 인해 노란빛이 짙었습니다. 인간의 몸이 조건과 환경에 따라 어떻게 달라질 수 있는지 극명하게 보여 주는 이 분을 보면서 함께 아픈 시간을 보냈습니다.

극심한 통증을 느끼던 그 환자는 제게, "스님, 제가 어떻게 하면 아픔을 좀 덜 느끼고 견딜 수 있을까요?"라고 호소했습니다. 저는 순간 가슴이 먹먹해 옴을 느꼈습니다. 이렇게 심한 통증을 제가 경험한 적이 있었는지, 제가 그동안 수많은 환자들에게 이야기한 말들과 기도, 불법佛法이 이 환자에게 무슨 소용이 있을지, 순간적이지만 아주 길게 느껴지는 침묵을 경험할 수밖에 없었습니다.

단지 제가 할 수 있는 말은 "많이, 견딜 수 없이 아프시죠? 혹시 숨에다 의식을 집중하면서, 통증을 싫어하는 마음을 내쉬는 숨과 함께 내보낼 수 있을까요?"라는 것이었습니다. "통증을 미워하고, 싫어하고 통증에게 화내는 마음을 내쉬는 숨과 함께 내려놓아 보세요."라는 말밖에 할 수 없었습니다. 하지만 날숨과 함께 아무리 내려놓아도 통증은 한순간에 잦아들지 않고 다시 찾아옵니다. "통증을 그냥 있는 그대로 받아들이고 통증에 머물러 보세요."라고 하자 저와 함께 숨을 의식하는 몇 분 동안 환자의 숨은 점점 깊어지고, 통증으로 인한 괴로움이 조금 잦아드는 듯 살짝 잠이 들었습니다.

붓다께서 가르쳐 주신 "집착하거나 싫어하는 마음을 내려놓고 받아들이는" 수행은 짧은 시간 동안 이 환자에게 잠시나마 구원이 되었습니다. 다른 환자들을 방문한 후 다시 돌아와 잠에서 깨어난 그분께 다시 말씀드렸습니다. 통증이 극심할 때마다 이 방법으로 수행해 볼 수 있겠느냐고요. 저의 질문에 그 휑하니 커다란 눈망울에 눈물이 고이면서 그분은 고개를 끄덕였습니다.

우리는 대상이 나타났을 때 좋은 것에 집착하고 싫어하는 것을 혐오하는 일상적인 반응으로 일시적인 행복과 일시적인 고통을 경험합니다. 이런 것에 끌려 다니는 삶은 우리를 기쁨과 슬픔으로 널을 뛰게 합니다. 싫어하거나 혐오하면서 집착하는 마음을 내려놓고 받아들이는 훈련은 우리를 좀 더 평온한 삶으로 이끌어줍니다. 살아가면서 경험하는 우리들의 약함과 슬픔, 고통에 대해서도 마찬가지입니다.

    어떤 부정적인 감정과 현상이 일어나면, 알아차리고 호불호의 판단을 잠시 미뤄 보세요. 그것을 그저 바라보고 받아들일 때 어떤 현상이 피어나는지 실험해 보시길 권합니다.

평온은 어떻게 집착과 혐오를 떠나보낼 수 있게 할까

우리는 흔히 행복감을 굉장한 기쁨이나 희열, 감각적인 환호를 가져오는 어떤 것으로 알고 있습니다. 어쩌면 광고와 미디어, 자극적인 드라마와 영화 등에 노출되어 그렇게 학습되었는지도 모릅니다. 하지만 행복감은 단순하게 현재에 존재하는 것, 지금 하고 싶은 것을 그냥 하는 것, 무엇인가 집중해서 누리며 만족하는 것으로 느낄 수 있습니다. 무엇인가를 제대로 만나거나, 그 순간에 온전하게 집중해 보는 등 단 10분만이라도 '지금 이 순간 여기에 오롯하게 존재하기'를 경험해 본다면 몸과 마음의 고요하고 평온한 공간을 느낄 수 있을 것입니다.

지금 이 순간은 다시는 경험하지 못할 귀한 시간입니다. 그것을 알고 진정으로 제대로 있어 보면 내면의 고요함으로 연결됨을 발견하게 될 것입니다. 지금 이 순간 만나는 것을 외면하지 않고, 다른 것을 찾거나 매달리지 않고 그냥 있어 보면 여유와 평온을 발견할 것입니다. 그리고 그런 시간을 허용할수록, 우리는 고통과 괴로움을 가져오는 나와 내 것에 얽매인 우리들의 습관에서 벗어날 수 있습니다.

붓다께서는 당신 아들인 라훌라에게 바른 지혜가 무엇인지 알려 줍니다.

"라훌라야, 물질이나, 느낌, 인식, 심리 현상, 의식 작용 등 그 어떤 것이든, 그것이 과거의 것이든, 미래의 것이든, 현재의 것이든, 안의 것이든, 밖의 것이든, 거칠든 섬세하든, 저열하든 수승하든, 멀리 있든 가까이 있든, 그 모든 물질에 대해 '이것은 내 것이 아니다, 이것은 내가 아니다, 이것은 나의 자아가 아니다'라고 있는 그대로 바른 통찰지로 보아야 한다."

이 말씀은 무아의 가르침으로 진정한 행복의 조건을 알 수 있게 합니다.

우리가 가던 길을 멈추고, 머물러서 고요히 바라보고 깨어 있는 평온 수행이 익을수록 행복한 '무아'의 삶을 살 수 있습니다. 탐욕으로 인한 경쟁심과 평판에서 자유로워지고, 자신과 타인에 대한 적개심 혹은 혐오감을 내려놓을 수 있습니다. 그때서야 비로소 자신과 타인의 고통을 있는 그대로 바라볼 수 있는 지혜가 발현됩니다. 또한 어리석음으로 자신을 몰아붙이고, 자신과 타인을 믿지 못하는 불안과 두려움에서 벗어나 온갖 평판에서 자유로울 수 있습니다.

평온은 우리들이 이 세상에 하직을 고하고 떠날 때 가장 필요한 것인지 모릅니다. 현재의 순간순간을 평온으로 존재할 수 있다면 죽음을 편안하게 맞이하기 위해 따로 준비할 필요는 없을 것입니다. 하지만 준비가 되지 않은 사람에게 죽음의 공포는 온몸을 떨거나 머리카락이 곤두서거나 식은땀을 흘리거나 창백한 얼굴과 동공의 확대와 위축된 몸 상태를 만들어 옴짝달싹 못하는 상태를 불러 옵니다. 입을 벌리고, 무서움과 공포에 치를 떠는 몸의 모든 현상은 살아 있는 우리들의 예측을 불허합니다.

불교에서는 전통적으로 죽음의 순간이 해탈을 이루기 위한 수행의 중요한 시점이라고 가르칩니다. 우리의 생명이 다할 때는 움직임이 점점 줄어듭니다. 우리가 매일 잠을 자는 것은 죽음을 연습하는 것일지도 모릅니다. 잠은 움직임을 의식하거나 통제하지 못하고 무의식에 빠졌다가, 꿈을 꾸다가 다시 일어나 새로운 하루를 맞이하는 반복입니다. 그러니 매일 잠을 잔다는 것은 죽음이 낯선 것이 아니라는 것을 배우기 위한 수행일지도 모릅니다.

죽음을 준비하는 하나의 방법으로, 매일 잠이 드는 순간을 알아차리는 명상이 있습니다. 잠이 드는 순간에 어딘가로 추락을 하는 것 같은 느낌이 든다는 것을 알아차리는 것은 몸에 있는 흙의 요소가 사라지는 경험을 하는 것입니다. 물에서 떠다니는 것 같은 느낌은 자신 안에 있는 물의 요소가 녹아 없어지는 것을 경험하는 것입니다. 잠이 드는 순간 전기충격을 느낀 것 같은 경험이나, 방전되거나 타는 것 같은 느낌은 불의 요소가 사라지는 것입니다. 공기 중으로 날아다니는 것 같은 느낌은 공기의 요소가 사라지는 경험입니다.

잠이 드는 순간에 이 다섯 가지 요소들이 조금씩 사라진다고 하는데요. 알아차림과 함께 하면서 쉬는 순간입니다. 잠이 들려고 하는 순간은 죽는 순간과 매우 비슷합니다. 그래서 죽는 순간을 짧게 경험하는 것이라고도 합니다. 다만, 죽음의 순간에는 이런 것들이 완전히 사라지는 경험을 오래도록 하는 것이지요. 그 이후에는 알지 못하는 무의식으로 들어가는데, 그 순간이 지나면 꿈에서 다시 깨어나게 됩니다.

　잠에 드는 것을 평온하게 알아차리는 수행으로 지혜가 자라납니다. 지금 이 순간 무엇을 하건 그것에 집중하고 현존하는 것은 몸과 마음을 고요하고 평온하게 합니다. 나와 내 것이라는 개념 없이 고요하고 평온하게 현존하면 지혜와 통찰이 일어납니다.

집착을 내려놓는 춤을 추라

평온하기 위해서는 가장 먼저 애착을 내려놓아야 합니다. 소마로 애착을 내려놓는 연습을 소개합니다. 매일 잠자기 전에 눕는 동작을 알아차리면서 반복적으로 내려놓는 움직임입니다.

먼저 모든 일과를 다 마치고, 씻고 난 다음 잠자리를 펴놓고 그 위에 편안하게 앉습니다. 두 다리는 무릎이 천장을 향하도록 세우면서 발바닥은 바닥에 접지합니다. 그리고 발바닥과 바닥에 닿은 엉덩이의 감각을 알아차려 봅니다. 그리고 두 손바닥을 따뜻하게 비빈 다음 두 눈 위에 천천히 갖다 얹습니다. 두 손바닥의 따뜻한 열기가 눈동자의 피로와 눈 주위에 있는 여섯 개의 괄약근의 긴장을 풀 수 있도록 시간을 충분히 허락합니다. 같은 동작을 두세 번 반복하는 동안 눈동자가 느슨해지는 느낌을 알아차려 봅니다.

두 번째로, 그 상태에서 두 팔을 앞으로 쭉 뻗으면서 꼬리뼈부터 척추를 하나씩 바닥에 누입니다. 이때 누군가 나의 손을 붙잡고 있다가 천천히 놓아 주고 있다는 상상을 해봅니다. 꼬리뼈와 천골, 요추, 흉추, 경추를 하나하나 누이면서 바닥에 닿는 뼈 주위의 감각을 집중하여 알아차려 봅니다. 뼈의 감각이 하나씩 느껴지지 않는다고 걱정하지 마시고, 뼈가 하나씩 바닥에 닿는 것을 상상하며 천천히 내려놓습니다. 척추를 모두 내려놓은 다음에는 호흡을 하면서 편안하게 쉬어 줍니다. 그리고 어깨와 양 날개의 견갑골과 등의 양쪽이 바닥에 골고루 닿아 있는지, 골반과 두 다리에서는 어떤 감각이 알아차려지는지 호흡을 하면서 의식해 봅니다.

세 번째는 두 눈에 의식을 두고, 눈이 가슴과 배꼽, 발가락을 향하도록 머리를 천천히 일으키면서 내려놓았던 척추 뼈들을 경추부터 일으켜 앉는 자세까지 가 봅니다. 이때 몸을 일으키면서 몸 앞쪽 목과 가슴, 배 부위에서 어떤 감각이 알아차려지는지 탐색해 봅니다. 다 일으킨 척추는 머리의 무게감을 따라 계속 앞으로 뻗어 있는 다리로 갈 수 있는 데까지 움직여 줍니다. 가능하다면 두 팔로 발끝을 잡을 수 있는 데까지 가 봅니다. 자신이 할 수 있는 만큼, 아프지 않게, 몸을 앞으로 접은 것 같은 형태를 알아차려 봅니다. 다리와 머리가 아주 가까워진 형태가 되는 것이지요.

네 번째는 그 자세에서 다시 골반을 몸 뒤쪽으로 굴리면서 꼬리뼈부터 천골과 요추를 하나씩 천장, 즉 위쪽으로 세워 봅니다. 흉추와 경추 위에 두개골이 풍선처럼 가볍게 둥실 얹어지고, 정수리에는 하늘 끝에서 내려온 실에 달린 추가 있다고 상상합니다. 누군가 위에서 추를 끌어올리는 것을 상상하면 몸이 좀 더 위로 확장되면서 바르게 정렬되는 것을 알아차릴 수 있습니다. 두 다리는 앞으로 쭉 뻗은 앉은 자세가 됩니다.

    그리고 두 번째부터 네 번째까지의 동작을 다시 반복합니다. 다섯 번째는 꼬리뼈부터 천골을 내려놓으면서 오늘 자신이 했던 일들, 하고 싶었지만 못했던 아쉬운 일들이 있다면 뼈들과 함께 바닥에 내려놓습니다. 오늘 찾아왔던 감정과 느낌, 기분이 있다면 요추를 하나씩 내려놓으면서 그 감정도 함께 내려놓습니다. 흉추를 하나씩 바닥에 내려놓으면서 오늘 하루 좋아서 환영했던 것과 불편해서 밀어버리려 했던 온갖 마음의 움직임도 내려놓습니다. 경추를 하나하나 내려놓으면서 오늘 자신이 밖으로 내뱉었던 말들과 하고 싶었지만 삼켰던 말들도 모두 내려놓습니다. 그리고 자연스럽게 두 팔과 다리를 바닥에 내려놓으면서 오늘 하루의 시간들을 모두 내려놓습니다. 다 내려놓고 호흡을 자각하면서 바닥에서 편안하게 쉽니다. 바닥과 잘 접촉하고 있는 느낌에 주의를 모으면서 몸과 마음에 남아 있는 것 없이 텅 비도록 내쉬는 숨을 통해 마지막까지 내려놓습니다.

여섯 번째로, 충분히 쉬셨다면 천천히 머리를 들면서 시선을 가슴과 배꼽, 발가락 쪽으로 향하면서 경추의 공간이 아까보다 늘어났는지 감각해 봅니다. 양팔로 바닥을 짚으면서 흉추와 요추, 꼬리뼈까지 바닥에서 일으켜지도록 허용하면서 일어납니다. 모든 움직임은 아주 천천히 부드럽게, 통증이나 아픔을 유발하지 않도록 자신의 한계를 넘어서지 않게 하면서 합니다. 몸을 일으키는 동안 아직까지 자신이 집착하고 있는 내려놓기 싫어하는 무엇이 있는지 알아차려 봅니다.

일곱 번째는 다시 호흡을 하면서 꼬리뼈부터 척추를 하나씩 바닥에 내려놓습니다. 그러면서 남아 있는 애착이나 혐오하고 있는 것들의 이름을 부르면서 하나씩 내려놓기를 다시 실험해 봅니다. 내려놓으면서 버려야 할 습관적인 패턴들, 이로 인해 반복하는 슬픔들, 지속적으로 떠올리는 이루지 못한 계획들, 매달리고 애착하는 사람, 소유물, 싫어하고 혐오하면서 잡고 있는 것들을 내려놓는 연습을 해보시기를 권합니다. 아주 천천히, 가능한 한 몇 번을 반복하시면서 이제 곧 찾아올 잠이라는 짧은 죽음을 맞이해 보시기 바랍니다.

그리고 아침에 잠을 깼을 때 살아 있다는 것과 아직 호흡을 가지고 있다는 것을 알아차리면서 새롭게 하루를 디자인 할 수 있음에 감사하는 것은 어떨지요?

숨을 내쉬면서 태양신경총에서 따뜻하고 환한 빛이
뿜어 나와 넓어진 척추 뼈 사이의 공간에 빛과 따뜻함이
스며든다고 상상해 봅니다. 척추가 빛으로 환해지고
따뜻해진 감각을 가능한 알아차려 봅니다. 그리고 그 자세로
잠시 쉬어 줍니다. 쉬는 동안 두 발바닥에서 나무처럼
뿌리가 뻗어나가 땅 속 깊이 뿌리를 내린다고 상상합니다.

관찰의 춤 (캔버스에 수채, 45cm×60cm)

See

깊이 바라보며 예술로 수행하기

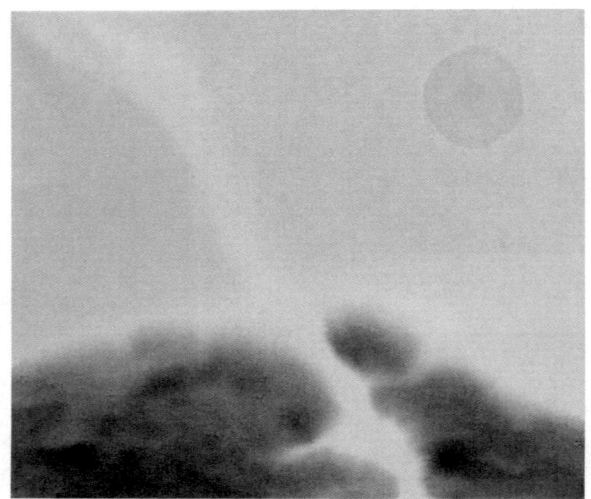

빛과 춤 (캔버스에 수채, 52cm×45cm)

걷는다는 것은 하늘과 땅 사이 공간을
이동하여 세상으로 나아가거나,
어딘가를 향해 발걸음을 옮기는
소마 전체가 동참하는 움직임입니다.
걷기 위해선 감각 신경과 운동 신경이
협응을 해야 하지요.
두 눈은 약간 멀리 지평선을 바라보고,
가슴을 펴고, 두 무릎에 살짝살짝
반동을 느끼면서, 양 엄지발가락에
의식을 두고, 발바닥 전체가 땅과
닿는 접촉면을 알아차리면서 한 걸음,
한 걸음 내딛어 봅니다.

인간을 만물의 영장이라고 하는 것은 자신이 생각한다는 사실을 아는 동물이기 때문입니다. 현대 과학에서는 침팬지나 다른 포유류들도 생각을 하지만 그들 스스로 자신들이 생각한다는 사실을 알아차리지는 못한다는 사실을 발견했습니다. 앞으로 연구가 더 발전하고, 포유류들이 더 진화한다면 이 가정들 역시 변화할 수도 있지만 현재는 인간만의 능력이라 알려져 있습니다. 경험적 자아를 관찰하는 이 기능은 자신뿐 아니라 타인의 감정과 생각들도 추론할 수 있습니다. 저는 이것으로 우리 인간이 바로 이타적인 능력을 키울 수 있는 가능성이 농후하다고 봅니다.

    우리들은 수많은 정보를 접촉하지만 의식이 선별해서 인식하거나, 판단, 해석, 평가 등을 할 수 있는 정보는 너무나 미미한 수준입니다. 그래서 우리가 어느 때 어떤 감정을 느끼는 이유를 알 수 없는 경우도 많습니다. 이것을 무의식의 영향 아래 있다고 보는 것이 현대 분석심리학과 심층심리학의 관점입니다. 절집에서는 유식有識으로 설명하는데, 우리들의 인식과 마음의 기능을 여덟 가지 층 팔식八識으로 설명합니다. 전오식前五識은 눈으로 귀로, 코와 혀로, 피부로 대상과 접촉하는 의식을 말합니다. 육식六識은 이런 전오식에 대한 판단과 분별, 추리, 예측 등의 작용을 합니다. 칠식七識은 말나未那, manas식이라고 해서 무명을 바탕으로 온갖 번뇌를 만들어 내는 자기중심적인 마음 상태를 말합니다. 팔식八識은 아뢰야阿賴耶, Ālaya식, 저장식이라고도 부르는데, 몸과 마음의 경험을 저장하고, 정신과 신체를 유지하는 작용을 한다고 봅니다. 그래서 '제 눈에 안경'이라는 말처럼 자기가 보고 싶은 것만 보거나, 똑같은 강의를 들어도 모두 제각각 인식하는 것 등이 그 이유 때문이라 할 수 있습니다.

지금 내가 화가 난 것은 조건과 원인에 의해 일어난 것인데, 그 조건과 원인이 지금 현재의 것만으로 설명될 수 없는 이유와 가능성을 인정하는 것입니다. 현재 자신이 잘 알지 못하는 느낌과 감정은 저장되었던 어떤 정보와 감정들이 현재의 대상과 접촉하면서 촉발되었다고 볼 수 있습니다.

인간의 모든 정신 활동, 감정과 생각, 상상은 육체의 움직임과 말 등의 상징을 통해 표현됩니다. 우리들이 수집해 무의식_{잠재의식, 아뢰야식}에 저장해 두었던 수많은 정보들이 자신도 모르게 자신을 통제해서 몸과 마음이 무겁거나 우울하거나, 화가 자주 일어나는 등 당혹스럽고 불편한 경험을 하게 합니다. 그런 이들에게 '예술로 수행하기'를 권하고 싶습니다.

먼저 지금 현재 경험하는 것들, 즉 감정이나 생각, 행동 등으로 드러나는 것들을 가능하면 저장하지 않고 완전히 연소하기 위해 예술적인 방법을 사용합니다. 물론 가장 탁월한 방법으로 고요한 장소에서 몸과 마음을 하나로 모아 관찰하는 지관 수행이 있습니다. 하지만 어떤 이유로든지 지관 수행에 바로 들어가기 힘든 분들이 있습니다. 또 움직임에 집중이 더 잘되거나 생각의 속도가 빠르거나 복잡한 분들을 위해서, 그리거나 쓰거나 움직이는 동적인 방법을 명상의 원리에 적용해 보고자 합니다. 전문 용어로는 '예술에 투사하기'입니다.

　　예술 활동은 고도로 훈련받은 전문가들에게만 해당되고, 우리 일반인들과는 거리가 먼 것으로 치부해 버리는 영역일지도 모릅니다. 하지만 어린이들을 위한『보리 국어사전』에서는 예술을 "생각하고 느낀 것을 글, 그림, 소리, 몸짓들로 아름답게 나타내는 일, 문학, 미술, 음악, 춤, 연극, 영화 같은 것이 있다."라고 정의합니다. 여기서 예술로 수행하기는 지금 현재의 감정부터 무의식에 저장되어 있던 의식하지 못했던 감정이나 기억, 이미지 상상들이 표현되어 나옴으로써 자신을 고통에서 해방시키는 방법이 됩니다.

　　이번 장에서는 우리의 생각과 감정을 지배하는 무의식과 현재 경험하는 여러 감정들의 찌꺼기를 남기지 않고 제로로 만드는 방법을 모색해 보려고 합니다. 자기이해나 자기조절을 통한 몸과 마음의 통합, 일치를 위한 좋은 방법이 될 수 있을 것입니다. 자기이해와 자기조절이 가능해지면 마음이 한결 여유로워집니다. 편안하고 자연스럽게 타인과의 관계에도 공간이 생기면서 이해가 깊어지고 수용력이 커집니다. 공감 능력과 이타심을 계발하는 방법으로도 탁월합니다.

　　이번 장을 읽으실 때는 종이와 펜, 크레파스나 음악, 약간의 시간을 준비하시기를 권합니다. 아니면 늘 빈 종이와 색칠 도구나 편안한 복장을 가까운 곳에 두고 자신을 돌보는 것은 어떨까요? 몸을 움직이는 예술 명상의 세계로 여러분을 초대합니다. 경험과 체험이 우리들을 양육하고 성장시키는 교사임을 아는 재미를 느껴 보시기를 바랍니다.

이 몸은 아주 작은 바이러스 하나에도 곧 무력해질 수
있습니다. 의학이 아무리 발전해도 몸이 허물어지는 것을
막을 수는 없지요. 하지만 그때를 '대비한다'는 것은 보험을
들거나 병에 들까 걱정하고 불안해 하는 것이 아닙니다.
지금 이 순간을 친절한 사랑으로 가득하게 하는 것입니다.
연민의 마음으로 고통받는 이들을 기억하고 그들이 고통에서
벗어나기를 바라는 마음을 일으키는 것이지요.

01

자애의 춤

날마다 몸을 체크하라
– 바디스캔

바디스캔은 고요한 곳에서 충분한 시간을 갖고 편안하게 하는 것이 가장 좋습니다. 하지만 하루 일과 중에 아주 잠깐씩 자신이 있는 현장에서 자신의 발바닥의 감각과 발과 바닥의 접촉을 알아차리는 짧은 시간으로도 가능합니다. 발바닥의 감각에서부터 발목과 무릎, 고관절, 척추, 목과 머리 정수리까지 통으로 한 번 쑥 훑어 보면서, 마치 자기공명 영상 장치 MRI가 몸을 한 번 스캔하는 것처럼 하는 겁니다. 그러고는 지금 있는 모습 그대로, 감각적으로 자신을 알아차려 봅니다. 외출 전 거울 앞에서 전신을 살펴보거나, 전철이나 버스를 기다리거나, 화장실 앞에서 줄을 서 있는 짧은 시간 동안도 가능합니다. 그 순간 들숨 날숨과 함께 몸을 인식하고 발바닥이 땅에 그라운딩grounding 하는 감각을 알아차리고 자신이 직립해서 하늘을 향해 머리를 두고 지금 여기에 존재하고 있음을 깨어 알아차리는 것도 바디스캔 명상입니다.

    사무실에서는 어떻게 가능할까요? 의자에 앉아 있는 자신의 몸을 의식해 보는 것입니다. 막 출근을 해서 의자에 앉는 첫 순간, 바쁘게 앉아 바로 업무를 시작하기보다는 의자에 닿는 자신의 신체 부위를 의식해 봅니다. 허벅지가 먼저 닿는지, 엉덩이와 고관절이나 골반이 먼저 닿는지, 힘의 강도는 어떤지를 알아차려 보는 것입니다. 등받이에 깊숙하게 기대는지, 등을 등받이에 대지 않고 허공에 곧게 세우는지, 아니면 컴퓨터 모니터 쪽으로 바로 어깨와 가슴이 향하는지를 알아차려 보는 것입니다. 그러면서 어깨와 팔과 손목, 손가락에 힘이 얼마나 들어가는지 알아차려 봅니다. 두 눈에 얼마나 힘을 주는지도 알아차리면서 너무 힘이 들어가 있다면 눈을 살짝 감았다 떠봅니다. 어깨와 팔과 손목도 살짝 흔들어 주면서 긴장과 힘을 풀어 줍니다. 호흡을 하면서는 등과 가슴을 살짝 펴는 자세로 바꾸어 줍니다. 이런 사소한 알아차림과 움직임이 그날 업무의 질과 내면의 평화를 결정할 수 있습니다.

　일하고 대화하는 사이사이에는 자신이 무엇을 하고 있는지를 인식하는 시간을 가져 봅니다. 그러면 생각에 함몰되는지, 끊임없이 걱정을 하고 있는지, 아니면 문제 해결을 위해 방법을 모색하는지, 멍하게 있는지 등을 알아차릴 수 있습니다.

　잘 작동하고 있는 뇌도 감각적으로 자각해 봅니다. 몸의 신체 부위를 인식하거나, 움직임을 알아차리거나 생각을 인지하는 깨어 있는 알아차림은 뇌와 신경계의 상호 작용으로 우리의 습관 회로를 변화시킵니다. 생각하는 전두피질과 느끼는 변연계의 시냅스들이 활발하게 활동하도록 자극하여 신경 전달 물질을 활성화시키는 것이지요.

　예를 들어, 고마워하면 세로토닌이 방출되어 금방 기분이 좋아집니다. 우리 몸은 미세한 긍정적인 피드백만으로도 변화와 효과를 느낄 수 있는 신경 과학 시스템을 가지고 있습니다. 몸과 움직이는 신체 부위에 의식을 집중해 주는 짧은 시간은 자신을 고요하고 평온하게 이끌어 주는 영적 비타민입니다. 하루 일과를 마무리하고 잠자리에 들기 전에 그날 있었던 일과 감정을 정리하는 것은 숙면과 평온한 삶을 위해 꼭 필요한 과정입니다. 지쳐서 근육이 긴장한 채로, 혹은 술에 취해, 혹은 기분이 언짢거나 우울한 채로 잠자리에 들게 되면 숙면을 취하기가 어렵습니다. 더불어 삶의 질도 떨어지기 시작합니다.

　숙면을 위해 잠자기 전 바디스캔을 해주는 것도 좋습니다. 누워서 두 팔은 위로, 다리는 아래로 쭉 뻗어 기지개를 켭니다. 어깨를 바닥에 더 누이면서 감각을 알아차리고, 오늘 하루 지고 있었던 중압감과 책임감을 날숨과 함께 바닥에 내려놓습니다. 그리고 잘 지탱해 주었던 어깨에게 고마움을 전합니다. 등과 견갑골(양 날개뼈)을 좌우로 움직이며 감각을 느끼면서 바닥에 더 내려놓습니다. 그러면서 누군가를 의지하고 기대했던 것들이 있다면 이것도 날숨과 함께 내보냅니다. 그리고 든든한 등에게도 고마움을 전합니다. 두 팔의 감각은 어떤지 자각해 보고, 들고 있었던 의무감과 해야 할 일들에 대한 걱정과 불안을 날숨과 함께 그대로 흘려보냅니다.

두 팔을 건강하게 사용할 수 있음에 고마움을 다시 느껴 봅니다.

종일 음식을 받아들이고 소화하고 영양분을 공급했던 내장들을 상상하면서 어떤 감각을 느끼는지 귀를 기울여 봅니다. 그리고 모든 내장들이 편안하도록 들숨과 날숨에 의식을 집중해 줍니다. 필요하다면 손바닥으로 몇 번 따뜻하게 배 전체를 어루만지면서 고맙다고 속삭여 주는 것도 좋습니다. 아직 소화되지 않고 남아 있는 음식물과, 소화되지 않은 생각과 말과 느낌들도 날숨과 함께 흘려보냅니다. 상체와 하체의 균형을 잡아 주고, 생식기들을 잘 보듬어 준 골반의 감각도 느껴 봅니다. 골반에 숨을 받아들여 편안하게 하면서 날숨엔 긴장과 무감각을 내보냅니다. 골반에게도 고맙다는 인사를 합니다.

바닥에 닿은 두 좌골의 감각을 알아차리면서 엉덩이를 바닥에 더 내려놓습니다. 척추가 종일 감당했던 무게감들이 좌골을 통해 아래로 바닥으로 다 내려가고, 텅 빈 것 같은 느낌을 가져 봅니다. 몸을 지탱해 준 척추와 상체의 무게를 감당했던 허리와 엉덩이 좌골에 고마움을 전합니다. 그리고 양 허벅지와 대퇴부, 무릎과 정강이 뼈, 종아리 등의 감각을 알아차려 봅니다. 마지막으로 발목과 발바닥, 발등과 발가락의 감각을 알아차리면서 종일 이 몸을 이곳저곳으로 옮겨 주면서 몸무게를 지탱해 온 하지와 발에게 따뜻한 고마움을 전합니다.

이제 올려놓았던 두 팔의 가운데 손가락으로 바닥에 선을 크게 그리면서 양 다리 옆으로 편안하게 내리고 쉽니다. 호흡을 자각하며 지금까지 온몸을 스캔했던 두뇌의 감각도 느껴 봅니다. 주름막으로 둘러싸인 대뇌 피질부터 공간이 있는 중뇌와 신경망이 팔까지 뻗어 가는 뇌 줄기와 척수의 흐름을 상상하며 감각해 봅니다. 뇌의 심층 깊숙이 있는 감정과 행동, 욕망 등의 조절에 관여하는 변연계와 습관과 즐거움, 중독, 통증 등을 자각하는 선조체와 섬엽 등을 상상하며, 지금 자각할 수 있는 감정이 무엇인지 알아차려 봅니다.

또 시간이 된다면 발끝부터 머리끝까지 의식을 집중해서 온몸으로 호흡이 들고 나는 것을 상상합니다. 숨이 들어오면서 생기를 세포에다 주고, 날숨에는 불편하거나 긴장을 내보내는 상상을 하며 내쉽니다. 이렇게 하다 보면 서서히 잠이 올 겁니다. 편안하게 이완된 상태로 잠이 들면 그대로 숙면을 취하게 됩니다.

만약 깨어 있다면, 바디스캔을 통해서 우리 신체 부위에 숨이 들고 날 때 그 공간 속으로 들어가 보면 텅 비어 있음을 알아차릴 수 있습니다. 바로 지혜로 가는 알아차림입니다. 그곳에 내가 있거나 나라고 할 만한 것이 없음을 알아차리는, 자유로움으로 가는 수행입니다. 나에게 갇혀 있거나, 나에게서 벗어나고 싶은 분들을 위해 바디스캔을 추천합니다.

움켜쥐었던 주먹을 펼쳐라
– 수인과 쓰기 명상

우리가 보통 주먹을 쥘 때는 무언가 잡거나, 혹은 어떤 일을 시작하려는 다짐을 하거나, 혹은 힘으로 폭력을 행사하기 위해서입니다. 그런데 무엇인가를 늘 잡고 있으려 주먹을 항상 쥐고 애쓴다면 손의 근육과 관절들은 늘 긴장할 것입니다.

움켜쥐는 것은 첫 번째, 욕망을 구체적으로 실현하는, 혹은 하려는 동작입니다. 주지하다시피 욕망은 채워도 채워도 끝이 없습니다. 교묘하게 목표물을 바꾸어 우리 자신을 괴롭히는 고통의 원인이지요. 두 번째, 목표를 이루기 위해 의지를 다지는 것으로, 결의의 동작입니다. 이는 긍정적일 때가 많지만 때로는 자신을 괴롭힐 가능성이 있으므로 적절하게 조화를 이루어야 합니다. 셋째는 욕망이 채워지지 않을 때, 자신의 의지대로 계획이 진행되지 않을 때, 원하지 않는 결과나 받아들이기 힘든 상황이 올 때 언제든지 주먹을 쥐거나 휘두를 가능성이 있습니다.

이때 들떠 있거나 산만하거나 어지러운 마음을, 주먹을 펴고 손과 손가락을 움직이는 동작으로 알아차림 할 수 있습니다. 두 손바닥을 펴서 조용히 무릎 위에 올려놓거나, 단전 아래 두 손바닥을 겹쳐 올리고 두 엄지손가락은 서로 교차되도록 가지런히 해봅니다. 심한 경우 두 발을 가지런히 모으고 몸을 바르게 세운 다음 두 손바닥을 가슴 앞에 모아 합장해 봅니다. 몸과 마음을 하나로 모아 보는 동작입니다. 손을 통제한다는 것은 산란함을 가라앉혀 마음을 조절하는 것입니다. 합장이나 차수叉手로 손을 모으거나 무릎 위에 올려놓은 상태에서 몸과 마음을 관찰해 보면, 조금 전 자신과 달라진 것을 느낄 수 있을 것입니다.

　이외에도 절집에서는 손동작으로 수행을 합니다. 깨달은 부처님들께서는 여러 모양의 수인을 하고 계시는데요. 절집의 각 전각에 계시는 부처님들마다 손 모양이 다릅니다. 잘 살펴보시면 전각 가운데에 모셔 놓은 부처님이 누구신지, 어떤 의미가 있는지도 알 수 있습니다. 저는 사람들과 만나 소마 사무량심 명상 여행을 안내할 때 참가자들에게 손동작에 대해 안내하기도 합니다. 여기에는 두 가지 경우가 있는데, 첫 번째는 오대 수행을 할 때, 두 번째는 사무량심 수행을 할 때입니다. 오대 수행에서는 엄지손가락이 공空, 비어 있는 상태를 의미합니다. 그리고 검지손가락부터 지·수·화·풍으로 땅, 물, 불, 바람의 요소라고 약속합니다. 그리고 검지와 중지, 약지, 소지 네 손가락과 엄지손가락을 서로 만나게 하는 다양한 동작을 하면서 4대 요소가 텅 비어 있다는 무상과 무아를 기억하게 합니다.

사무량심 명상 수행에서 엄지는 무량함을 의미하고, 검지부터는 자·비·희·사로 약속합니다. 그래서 엄지와 다른 네 손가락들이 만나 형태를 이루는 다양한 동작을 하면서 자·비·희·사를 무량하게 넓히겠다는 의지를 다지고 기억을 하게 합니다. 오대 수행이 존재의 본질적인 공성에 대한 명상이라면 사무량심 수행은 현상계, 존재계라는 있음, 연기의 표현입니다. 이렇게 수인을 작위적으로 다양하게 응용하는 것은 불교 예술을 지금 이 시간 나의 삶과 존재여행에 합류하게 할 수 있습니다.

차수나 합장, 수인 등의 손동작 수행은 번뇌가 덜할 때 사용할 수 있는 방법입니다. 마음이 복잡하고 열이 나 있거나 화 등으로 스스로 감당하기 힘들 때는 펜을 들고 종이에 쓰는 동작을 권합니다. 열이나 화는 에너지가 넘쳐 나는 상황이므로 어떻게든 쏟아 내야 하는데, 화나는 상태부터 이유, 사건 등을 생각나는 대로 써 보는 것입니다. 누구에게 보여 주거나 스스로도 다시 읽을 필요가 없는 낙서나 글입니다. 조리 있게 잘 쓰려는 생각을 내려놓고 지금의 감정 상태나 몸의 상태 등부터 써 보는 것이지요. 이 동작 수행의 목적은 화의 에너지를 안전하게 방출하는 것입니다. 하나 조심해야 할 것은 쓰면서 화의 원인이나 사고를 확장하는 것인데요. 자기중심적으로 화나는 이유와 원인을 강화하는 방법이 될 수 있으므로 주의해야 합니다. 자신을 변호하거나, 억울함을 강화하는 쪽의 글쓰기가 된다면 오히려 분노를 증가시키게 됩니다.

 몸에서 힘이 좀 빠진 후에는 손바닥을 펴고 한 손으로 다른 손의 손가락을 바깥으로 제쳐 주어 안으로 굽었던 손가락을 양 손 모두 펴줍니다. 그리고 손가락과 손바닥 전체를 바깥으로 펴서 손목까지 젖혀 주는 동작을 몇 번씩 양 손 모두 해줍니다. 손가락의 관절과 인대, 근막, 근육들이 펴집니다. 또 우리가 흔히 하는 손가락을 겹쳐 깍지를 끼고 펴 주는 동작도 좋습니다. 어느 동작이든지 쥐었다 펴기 동작을 의식적으로, 그리고 자유자재로 할 수 있으면 언제 욕망을 멈추고 나누어야 할지 몸의 세포들이 기억하고 움직일 것입니다. 또한 분노의 감정과 에너지도 스스로 조절할 수 있을 것입니다.

흔들며 내려놓기

태풍의 영향으로 비가 많이 오던 날, 지방에 갔던 저는 학교로 돌아오면서 고속도로를 피해 국도를 신나게 달리고 있었습니다. 비로자나 부처님 진언mantra을 외우면서 운전을 한 지 약 한 시간이 지날 즈음, 고가 도로에 접어들어 60도 정도의 커브를 돌 때였습니다. 브레이크를 밟는 순간 느낌이 이상했습니다. 발이 브레이크에 분명 올라가 있었지만 브레이크가 말을 듣지 않았습니다. 그때 차가 오른쪽으로 한 바퀴를 돌았습니다. 너무 놀라 브레이크를 더 강하게 밟았지만, 아무 소용이 없었습니다. 차는 한 바퀴를 더 돌고 오른쪽 가드레일에 부딪힌 후 다시 돌아 1차선과 2차선 사이에서 중앙분리대를 향해 45도 각도로 멈추었습니다. 다행히 뒤에 바짝 따라오는 차가 없었던 데다, 차 소리가 들릴 때마다 경적을 울렸더니 차들이 천천히 피해 준 덕분에 접촉 사고는 일어나지 않았습니다. 잠시 후 제 차가 다시 움직이기 시작하자 차를 고가도로에서 조금 떨어진 지점에 세워 두고는 사고 접수를 했습니다.

    그때 저의 목소리는 상기되어 떨렸고, 커졌으며, 동공도 커져 있었습니다.

'아, 지금 죽지는 않았구나. 하지만 언제든 죽을 수 있구나.'

죽음은 갑자기 찾아온다는 강한 메시지를 받았던 순간이었습니다. 견인차를 기다리는 동안 그때서야 비로소 가드레일에 부딪혔을 때 느꼈던 꼬리뼈의 감각과 오른쪽 머리와 뒷목과 갈비뼈 라인 등의 감각이 떠올랐습니다.

얼마 후 견인차가 왔고, 정비업체 직원은 차를 살펴보더니 "차는 멀쩡하네요, 조심해서 올라가세요."라고만 했습니다. 본네트도 열어 확인해 봤지만 아무것도 모르는 제가 보아도 평소와 다름이 없어 보였습니다.

저는 다시 출발을 하면서 온몸이 긴장된 채 운전대를 잡고 있는 저를 발견하고 어깨와 팔, 다리에 힘을 풀었습니다. 숨을 내쉬면서 감사하며 천천히 달렸지만, 차가 달리면서 망가질지도 모른다는 걱정과 불안함이 남아 있음을 알아차렸습니다. 안전함이 언제 어떻게 사라질지 모른다는 것이 삶의 속성임을 되새기는 시간이었습니다. 한 시간 후 목적지에 도착해서 우황청심환을 먹고 나자 놀란 가슴이 진정되었습니다. 그리고 가까운 이들과 사고에 대한 이야기를 나누고, 온몸에 남아 있는 긴장을 풀기 위해 몸을 흔들어 주었습니다.

　소마soma가 어떤 이유로든 충격을 받으면, 근육은 긴장을 넘어서 경직되고 딱딱하게 굳어집니다. 이때 경험했던 부정적인 감정은 근육의 세포 속에 그대로 남아 있습니다. 근육의 긴장은 감정도 묶어 놓기 때문에 타인과의 관계는 부자유스럽고, 원활하지 못합니다. 소마의 긴장과 부정적인 감정을 풀어 주는 한 방법은 몸을 부드럽게 흔들어 주는 것입니다.
　손가락과 손목과 발목 등의 관절들을 부드럽게 흔들기 시작하면 손목과 발목의 진동과 파동을 느낄 수 있습니다. 이때 의도를 가지고 소마가 스스로 움직이도록 내맡기고 허용하면 그 진동에 의해 팔꿈치와 어깨, 무릎, 고관절, 다리, 골반 등이 흔들리는 경험을 하게 될 것입니다. 이때 조금 경쾌한 음악을 틀어 준다면 도움을 받을 수 있을 겁니다. 이렇게 흔들리면서 소마에 남아 있는 감정도 흘러가게 놔두겠다는 의도를 가진다면, 중추신경계와 감각신경계의 활동을 통해 긴장과 감정이 흘러 나갑니다. 이때 욕심과 집착, 성냄과 혐오 같은 감정도 내려놓겠다는 의도를 가진다면 그러한 감정도 흘러가게 둘 수 있습니다.

현대를 살아가는 우리는 어떤 목적을 위해 일을 하면서 수없이 긴장을 하고 살고 있습니다. 적당한 긴장과 스트레스는 필요하지만 늘 긴장과 스트레스에 묶여 있다면 근육이 무장되고 감정이 경직될 것입니다. 지금 이 순간, 스스로 신체 부위 어디에 힘을 주고 있는지를 살펴 알아차려 보세요. 그곳이 긴장을 하는 부위입니다. 긴장된 곳을 알아차릴 때마다 숨과 함께 잡고 있는 힘을 풀어 주면서 이완해 보시길 바랍니다. 살짝 흔들어 주면서요.

매일 잠자기 전, 소마에 남아 있는 긴장을 푸는 셰이킹으로 기도해 보는 건 어떨까요?

날마다 척추에 사랑을 심어라

고대인들은 소마의 '태양신경총'을 빛과 열의 근원으로 보았습니다. 배꼽 위 중완中脘에서 척추 쪽으로 약 4~5센티미터 들어간 자리에 아기 손바닥 모양의 신경망이 있는데, 이곳이 태양신경총입니다. 태양신경총은 우리가 흔히 배짱이라고 부르는 힘의 근원이 나오는 곳이고, 생명의 근원 자리라고 보기도 합니다. 또 척추 사이를 오르내리는 척수의 흐름을 원활하게 하는 역할을 한다고도 알려져 있습니다. 실제로 소화가 잘 안 될 때 "엄마 손은 약손"이라고 하면서 원을 그리듯 쓰다듬어 주면 가벼운 복통은 거의 낫습니다. 저는 이 접촉에서 오는 열감이 태양신경총과 만나 몸이 스스로 회복하는 것이라고 생각합니다.

직립 보행을 하는 우리 인간의 척추 사이의 공간은 시간이 지날수록 점점 좁아지거나, 척추 사이 추간판이 탈출해 신경을 눌러 통증을 유발하기도 합니다. 그래서 척추 사이사이의 공간이 좁아지지 않게 하는 것이 중요합니다. 의자에 앉아서 척추 공간을 늘리는 움직임 명상입니다.

먼저 눈을 감은 후 발바닥 전체 면이 땅이나 바닥에 잘 접지되어 있는지 알아차려 봅니다. 발바닥이나 발뒤꿈치, 발가락 등 어느 곳이 바닥에서 떠 있는지 살펴보신 후 바닥에 잘 내려놓습니다. 그동안 가지고 있었던 온갖 종류의 무거움을 함께 내려놓습니다. 두 발은 이제 바닥과 잘 접촉하고 있습니다. 다음으로 의자에 엉덩이가 편안하게 접촉하고 있는지 자각해 보면서 엉덩이를 의자에 더 내려놓습니다. 이제는 의자 등받이에 기대어 있는 등을 알아차려 봅니다. 편안하게 의지할 수 있는가요? 그리고 코로 숨을 들이쉬고 입술을 살짝 벌려 '후우' 하고 숨을 내뱉습니다. 들숨과 날숨의 길이는 어떤지, 들어오는 숨이 어디쯤에서 날숨으로 변화하는지 알아차려 봅니다.

이제 의자 등받이에서 등을 살짝 떨어지게 하고 앉습니다. 들숨날숨과 함께 턱에 의식을 두고 감각을 느끼면서 턱이 가슴을 만나러 가도록 허용해 봅니다. '천천히, 그런 천천히는 처음 볼 만큼 천천히' 턱이 가슴 가까이 갔을 때 머리가 앞으로 떨어지려는 무게감을 느낄 수 있습니다. 그것이 중력의 끌어당기는 힘인데요. 중력을 그대로 허용하면서 고개가 아래로 떨어지도록 내맡겨 봅니다. 그러면 뒷목 경추의 뼈들 사이가 하나하나 늘어나서 공간이 열리는 것을 알아차릴 수 있습니다.

머리가 아래로 점점 더 떨어지도록 허용하고 내맡겨 두면 경추 일곱 개와 등뼈 열두 개, 허리뼈 다섯 개, 천골 여섯 개와 꼬리뼈 세 개까지, 머리가 바닥으로 떨어지는 만큼 늘어나면서 공간이 넓어집니다. 이때 어깨와 팔, 손 등 다른 신체 부위에 힘이 들어가 있는지 알아차리면서 자신이

할 수 있는 만큼 천천히 움직여 봅니다. 만약 잘 따라하셨다면 고개는 의자 아래에 있는 다리 사이로 들어가 있고, 등은 활처럼 굽어져 있고, 두 팔은 빨래처럼 어깨와 목에 달랑달랑 매달려 있을 것입니다. 이때 배를 등쪽으로 살짝 당겨 주시면 등의 척추가 더 길어지는 것을 감각할 수 있습니다.

이때 숨을 내쉬면서 태양신경총에서 따뜻하고 환한 빛이 뿜어 나와 넓어진 척추 뼈 사이의 공간에 빛과 따뜻함이 스며든다고 상상해 봅니다. 척추가 빛으로 환해지고 따뜻해진 감각을 가능한 알아차려 봅니다. 그리고 그 자세로 잠시 쉬어 줍니다. 쉬는 동안 두 발바닥에서 나무처럼 뿌리가 뻗어나가 땅 속 깊이 뿌리를 내린다고 상상합니다.

이제 그 뿌리에서 나온 수액이 나의 두 발바닥으로 올라와 발목과 종아리, 무릎과 대퇴부를 타고 올라오는 것을 상상해 봅니다. 그리고 다시 꼬리뼈부터 천골 여섯 개, 요추 다섯 개, 흉추 열두 개, 경추 일곱 개를 하나하나 쌓아 올리듯이 일으켜 세워 정수리까지 뻗어 올라가게 허용합니다. 그러면 의자에 반듯하게 앉게 됩니다. 이렇게 하고 나면 키가 자란 것 같은 느낌이 들기도 합니다. 시간이 허락하는 대로 의자에 앉아 머리와 고개를 바닥으로 떨어뜨린 후 쉬었다가 다시 척추를 일으켜 세우는 이 동작을 몇 번 반복합니다. 그리고 마지막엔 두 팔을 하늘로 들어 올려 기지개를 켜고 눈을 뜹니다. 이 움직임은 자신의 척추에 공간을 늘리고 길어지게 하고 편안하게 합니다.

    태양신경총의 빛과 근원적인 생명의 사랑이 흐르는 상상은 우리 자신이 원래 사랑의 존재라는 것을 확인하고 자각하는 방법입니다. 마치 척추에 아침 햇살의 동이 트듯이 말입니다. 척추의 공간에 사랑을 심는 것은 우리 몸과 마음에 사랑을 깊이 뿌리내리게 하고, 우리 삶에 자애를 가득하게 합니다. 생명의 근원인 사랑이 우리를 인도하고 이끌도록 하는 몸짓입니다.

02

연민의 춤

연민으로 스스로를 건져 내라

매일 부드러운 표정과 말과 행동으로 자신을 자애롭고 연민으로 대하는 것은 집중 수행을 하는 중에도 쉽지 않은 일입니다. 평온하고 편안한 순간에는 이런 부드러움을 유지하는 것이 쉽습니다. 그런데 직장 생활이나 공동생활에서는 하루 중 여러 번 경계를 만날 수 있습니다. 누가 나를 지적하거나 나쁘게 평가하거나 오해로 험한 말과 태도를 보일 때 그 사람을 부드럽게 대하기란 쉽지 않은 일입니다. 하지만 그때가 비로소 내가 수행을 하는지 확인할 수 있는 순간입니다. 자신이 정말로 친절하고 부드럽고 고요한지 드러나기 때문입니다.

  저는 지난해 여름방학 직전, 지방 대학의 한 학기 강의 평가에서 일부 학생들에게서 부정적인 평가를 받았습니다. 저의 첫 반응은 창피하고 뜨끔한 마음과 편안하지 않은 행동으로 나타났습니다. 저의 약점과 잘못이 공개적으로 드러났다는 것이 부끄럽고 괴로워 마음의 고요함과 부드러움이 산산조각 났습니다. 이때 비판과 후회를 하면서 지난 학기 동안 저의 살림살이를 통째로 비판하고 다음 학기에 대한 두려움을 일으키기까지 하는 저를 볼 수 있었습니다. 스스로에게 불친절하다 못해 괴롭히고 있는 저를 발견했습니다. 이때 아래와 같은 붓다의 가르침이 저를 내부의 적에게서 구해 주었습니다. 붓다는 누군가로부터 불쾌한 말을 들을 때 어떻게 자신을 단련하고 수련하는지에 대해『맛지마니까야』「까까쭈빠마경」에서 이렇게 말씀하셨습니다.

"그러므로 그대들은 다음과 같이 그대들 자신을 다스려야 한다. 우리의 마음은 [불쾌한 말에] 영향 받지 않을 것이며, 악한 말을 하지 않을 것이다. 우리는 [우리에게 불쾌한 말을 하는] 그의 이익을 위하여 증오심 없이 자애로운 마음으로 자비로움에 머물 것이다. 우리는 자애로 물든 마음으로 그를 가득 채우면서 머물리라. 그 사랑에서부터 시작하여 증오 없이, 악의 없이, 무한하고, 광활하고, 무량한 자애의 마음으로 온 세상을 물들여 가득 채우면서 머물리라."

이 구절은 제게 지금이 친절한 사랑과 연민이 필요한 순간임을 알려 주었습니다. 스스로에게 자애와 연민의 마음을 일으키고 가득 채워 저의 약점과 실수, 한계를 받아들여야 함을 가르쳐 주었습니다. 또 실수와 약점이 자원이 되도록, 성장과 배움으로 가져가야 함을 다시 새기게 했습니다. 지난 학기 저 때문에 무언가 불편했고 힘이 들었던 모든 학생들에게 마음으로 용서를 청했습니다. 학생들의 욕구를 미처 알아차리지 못한 저의 오만함도 내려놓았습니다. 그리고 저와 그 학생들 모두를 위해 자애와 연민의 마음을 일으키고, 자애와 연민을 그들에게 보내는 시간을 자주 가졌습니다.

위와 같은 붓다의 가르침은 분명 도전입니다. 정말 어려운 순간, 우울과 비관이 고집처럼 자리한 마음에 이것을 받아들이기도 힘든데 실천하기는 더더욱 어렵습니다. 우리의 마음을 자애와 연민으로 물들게 한다는 것은 어떻게 가능할까요? 또 그 자애와 연민을 공간에 가득하게 하는 것이란 어떻게 가능할까요? 그러기 위해서는 가장 먼저 우리 자신에게 자애와 연민이 필요하다는 것을 인정하고 받아들입니다. 그리고 그 자애와 연민을 스스로에게 줄 수 있는 방법을 아는 것입니다.

우리는 많은 시간, 많은 이들로부터 습관적으로 사랑과 보살핌을 받아 왔기 때문에 바깥으로부터 사랑을 갈구합니다. 하지만 언제까지나 우리가 원하는 대로, 원하는 만큼 사랑을 받을 수는 없습니다. 대신 자신의 필요와 욕구를 스스로 보살필 수는 있지요. '나에게 필요한 사랑을 스스로 주기', 이것이 자기 자애와 자기 연민입니다. 여기서 자기에게 자애와 연민의 마음을 일으키는 방법을 실험해 보고자 합니다. 진정 자신에게 필요한 것이 무엇인지 찾아, 자기 자비 문구를 만들어 보는 것입니다.

내가 나에게(를) _____ 하기를!

내가 나를(에게) 더 _____ 할 수 있기를!

내가 _____

내가 _____

내가 _____

　이렇게 하나에서 다섯 가지 정도 써 보신 다음 자신에게 여러 번 반복해서 속삭여 줍니다. 마음에 위로가 되고, 새로운 힘이 솟고, 평안하고 따뜻해질 때까지 말입니다. 그렇게 한 후 누군가로부터 조건 없는 사랑과 보살핌을 받았을 때의 감정도 느껴 봅니다. 다시 한 번 "내가 행복하기를, 내가 안전하기를, 내가 건강하기를, 내가 잘되기를, 내가 행복의 원인을 심기를, 내가 고통에서 벗어나기를, 내가 슬픔에서 자유롭기를, 내가 비난에서 자유롭기를." 하고 충분히 편안해질 때까지 반복해서 속삭여 줍니다.

　자애와 연민으로 가득해지면 마음이 유연해지고 이해하고 받아들이는 폭이 넓어집니다. 자연스럽고 열린 태도와 행동은 부드럽고 온화한 시선과 친절한 말투로 드러납니다. 우리는 누구나 약점과 한계를 가지고 있습니다. 그런 자신을 친절한 사랑으로 받아들이고 연민으로 가득하게 하면, 그 사랑과 연민은 자연스럽게 흘러나와 세상을 향합니다. 불편하거나 힘들거나 껄끄러운 대상도 자애와 연민이 적셔 줄 것입니다.

온 우주의 맑은 기운은 저절로 들고 난다

호흡은 몸soma의 생명이 시작되는 때부터 끊어지는 순간까지, 끊임없이 이루어지는 움직임입니다. 우리 몸에 공기가 바람을 통해 들어와서 잠시 머물렀다 다시 나가는 상태를 말하는 호흡은 우리가 존재하며 움직이는 모습을 눈으로 확인할 수 있게 해주는 바람의 요소로 이루어집니다. 이 바람은 고대 산스크리트어로 '프라나prāṇa'라고 하며, 요가 문헌에서는 '진동하는 힘'이라고 정의합니다.

    동양에서는 이것을 '기氣'라고 부르기도 합니다. 기는 생명 활동을 하는 기본적인 힘으로 이것이 충족되어야 에너지의 흐름이 이어집니다. 호흡은 우리 몸과 마음에 생기를 불어 넣습니다. 거의 모든 사람이 특수한 훈련 없이도 먹지 않고 4주일을 견디고, 물 없이는 1주일을 견디지만, 공기 없이는 결코 몇 분을 살 수 없음이 이를 증명해 줍니다.

    호흡은 저절로 이루어집니다. 자연스러운 호흡을 하게 되면 흐르는 공기와 바람, 기운에 내맡기는 상태, 즉 자신을 호흡이 들어왔다 나가도록 그냥 놔두는 존재being가 됩니다. 이러한 호흡은 일정한 리듬을 갖고 반복하는 특징이 있습니다. 건강한 호흡은 마치 파도처럼 온몸을 들고나는 전형적인 패턴의 움직임으로 나타납니다. 이것은 세포 단위에서 일어나는 기본 맥박의 움직임을 반영한 것입니다. 우리 몸은 팽창과 수축의 맥박이 일어나는 커다란 관입니다. 이 커다란 관이 운동 범위를 넓게 하여 유연하게 움직이지 못하면 행동이나 감정 표현에 제약을 받게 됩니다. 또한 사고력과 상상력에도 영향을 미칩니다. 근육이 충분한 혈액과 산소를 공급받지 못하면 우리는 움직일 수가 없습니다. 뇌에 산소가 부족하면 혼수상태가 되거나, 반대로 산소가 과하게 들어가면 불안감을 느끼고 조급하게 행동하게 됩니다.

하지만 어떤 긴박한 사정이 생길 경우 호흡을 내뱉지 못하고 삼키는 경우가 있습니다. 깜짝 놀라거나, 무서운 이야기를 듣거나 무서운 것을 보는 경험을 할 때, 스트레스와 트라우마처럼 감정이 억눌렸을 경우, 자신의 존재를 드러내지 않아야 할 경우 등에서는 숨소리를 죽이고, 호흡의 리듬이 깨집니다. 불안, 두려움, 불확실성, 열등감, 공격성, 외부로부터의 지속적인 명령은 횡격막을 긴장시키고 경직되게 만들어 호흡을 충분하지 못하게 합니다. 이러한 불완전한 호흡은 질식감과 패배감, 무기력함과 공포감을 불러일으키기도 합니다.

이런 감정들은 가슴과 배의 만성적인 근육 긴장과 감정적인 고립 상태를 만드는 원인이 되기도 합니다. 그렇게 되면 호흡이 입과 가슴, 어깨 부분에서만 머무는 흉식 호흡을 지속하게 됩니다. 또한 호흡과 심장 맥박은 하나로 연결되어 있기 때문에 만성적인 흉식 호흡은 교감 신경계를 자극해서 신진대사의 흥분과 혼란을 야기합니다. 교감 신경이 활성화되면 근육이 긴장하고, 혈압과 맥박, 호흡 수가 올라가고, 내분비계는 스트레스 호르몬을 방출하고, 중추신경계는 흥분 상태를 계속 유지합니다. 또한 소화와 면역 기능도 저하되고 집중력도 떨어집니다.

    앞에서 비 오는 날 사고가 있은 후 셰이킹을 하여 몸의 긴장을 풀었다는 이야기를 했습니다. 그런데 사고가 있고 며칠이 지난 뒤 지방 연수가 있어 다시 운전대를 잡을 일이 있었습니다. 그런데 속력을 내기 시작하려고 하니 왼쪽 아랫배와 꼬리뼈에서 뭔가 찌르는 듯한 감각이 알아차려지면서 두려움이 올라왔습니다. 그리고 다시 어깨와 가슴이 긴장이 되면서 '아무 사고 없이 잘 갈 수 있을까' 하는 의심과 불안이 일어났습니다. 동시에 제 몸에 과도한 힘이 들어가 있음을 알아차렸지요.
    이때 저는 호흡을 떠올렸습니다. 의도적으로 천천히 호흡을 상기하고 내쉬는 숨을 길게 하면서, 소리를 "후우우" 하고 내면서 달렸습니다. 이렇게 몇 번을 반복하면서 어깨를 내리고 가슴과 횡격막을 열고 나니 긴장이 조금 풀려, 다시 집중력도 생기고 점점 생기를 찾기 시작했습니다. 그러다가 어깨가 무겁고, 제 숨소리가 들리지 않을 때면 다시 제 몸의 감각과 정서를 호흡을 통해 밖으로 내보내면서 마침내 목적지에 다다랐습니다.

　붓다께서 가르친 호흡 수행은 스스로 숨을 쉬면서 자신의 호흡이 긴지 짧은지, 거친지 부드러운지, 큰지 미세한지 등의 질적인 감각을 알아차리고, 온몸으로 숨 쉬는 것을 꿰뚫어 알아차리라는 것입니다. 그중에 '온몸을 경험하면서 들이쉬고 내쉬는' 수행이 있습니다. 마치 피부나 세포로 호흡을 하는 생물처럼 머리 끝 정수리에서부터 발가락 끝까지, 온몸으로 숨 쉬는 것을 자각하는 것입니다. 이렇게 숨을 깊이 자각하다 보면 우리 몸 전체의 세포들 속으로 생기와 청기淸氣가 들어오고, 탁기濁氣와 사기邪氣들이 빠져나가 건강해짐을 알 수 있습니다.

　온몸에 깃든 불안이나 걱정, 고통이나 통증, 불편함이 있다면 숨과 함께 밖으로 보냅니다. 부정적인 감정의 손님들이 찾아올 때 호흡이라는 선물을 떠올려 보시기 바랍니다. 부정적인 감정은 우리들에게 불편하고 힘든 과제를 주기도 합니다. 하지만 우리와 함께하는 지혜롭고 훌륭한 도반인 호흡 수행으로 이들을 잘 맞이하고 보낼 수 있습니다. 천천히 하는 깊고 긴 호흡은 우리 삶이 자연의 일부임을 알려 주는 스승입니다.

세 상 을 향 해 두 발 로 걸 어 가 라

몇 년 전 붓다와 그 제자들이 걸었던 길을 따라 인도 성지 순례를 다녀온 적이 있습니다. 그때 왕사성王舍城이라는 이름으로 익숙한 '라즈기르Rajrgir, '왕들의 궁'라는 도시로 버스를 타고 이동하면서 새해 첫날을 맞이했습니다. 이 지역에는 붓다께서 『반야심경』을 설한 영축산과 붓다 입멸 후 경과 율이 송출된 칠엽굴, 인도 최초의 불교 대학인 나란다 대학 터가 발굴된 성지聖地가 있습니다. 가는 날이 장날이라고 새해를 시작하는 휴일, 라즈기르로 들어오는 좁은 도로는 차들로 붐벼 마치 주차장을 방불케 했습니다. 그렇게 차들이 움직이지 않자 많은 사람들이 차에서 내려 걷기 시작했습니다.

요즘은 신발을 신은 사람들이 많지만, 전통적으로 인도인들은 맨발로 걸어 다녔습니다. 인도 사람들은 시력이 좋아 안경을 많이 쓰지 않는다고 하는데, 그 이유가 새벽에 맨발로 이슬을 밟아서 그렇답니다. 아침에 일어나 맨발로 대지와 인사하고 어머니 지구의 품을 마음껏 누비며 받는 선물 덕분이라고 여기는 것이겠지요. 맨발로 걷는 행위는 인간과 지구 사이에 어떤 것도 두지 않게 하는 친밀감 외에 경외와 존경을 표하는 것일지도 모릅니다.

불전 문학에서는 붓다의 아름다운 탄생 설화가 전해집니다. 붓다가 될 아기 싯다르타는 태어나자마자 일곱 걸음을 걸었고, 그 발자국마다 연꽃이 피어났다는 이야기입니다. 기원전 800년에서 기원전 200년 사이, 인류의 획기적인 정신 유산이 등장하는 축의 시대를 열었던 성자가 이 지구별에서 내딛은 첫 발자국이 가지는 의미와 그에 대한 비유를 담은 설화지요. 그것은 완전한 깨달음, 즉 지혜와 자비를 구족하리라는 것과, 우리의 본성은 진흙 같은 번뇌 속에서도 물들지 않고 아름다운 꽃을 피워 올린다는 상징과 은유입니다. 지금 우리가 내딛는 발자국들은 어떤 꽃을 피우고 있을까요? 또 어떤 흔적을 남길까요? 여러분은 이 지구별에 어떤 발자국들을 남기고 싶은가요?

성년이 된 싯다르타는 집을 떠나 구도의 길을 떠나는 출가의 걸음을 결행했고, 여러 스승을 찾아다니며 걸음을 이어 갔습니다. 그러다 마침내 스스로 깨달음을 이루고 붓다가 되었습니다. 이후 당신을 따르는 제자들과 함께 수많은 길을 걸었다고 전합니다. 그 길은, 우리가 경험하고 있는 이 세상은 짧고도 유한한 순간적인 행복이 물거품처럼 사라지는 고통의 바다라는 것을 알려 주는 길이었습니다. 또한 우리들의 고통은 욕망에 대한 집착과 갈애에서부터 비롯한 것임을, 하여 그 고통에서 벗어나는 길, 완전한 행복에 이르는 길을 알려 주는 발걸음이었습니다.

불교 성지는 붓다와 제자들이 수행했던 유서 깊은 승원 터와 붓다의 사리를 보존했던 탑과 붓다의 상이 발굴되었던 길 위에 있습니다. 그리고 2천 년이 지난 이 시대의 순례자들 발자국도 품어 안습니다. 시대와 역사를 지나, 일체 모든 존재의 행복을 위해 스스로 깨달음의 길로 나아가며 수행했던 이들의 발원이 서린 상서로운 성지들은 그야말로 고요함과 평온한 침묵이 성스럽게 감돌고 있습니다.

이런 성지를 걷는다는 것은, 인간의 직립 보행 진화사에 있어서도 특별한 의미를 갖습니다. 초기 인류의 걸음은 생존을 위한 터전을 마련하기 위해 대륙을 건너는 긴 걸음의 역사였습니다. 걷는다는 것은 대를 잇고, 종을 번식하는 등의 감정적이고도 사회적인 관계를 형성하는 행위였습니다. 21세기 인류는 이동 수단을 통해 걷는 시간을 단축했지만, 걸음은 여전히 인간을 영적 진화의 세계로 초대합니다. 특히 성지를 걷는다는 것은 인간의 개인적인 욕망을 넘어선 무엇, 나를 넘어서는 아름다운 욕망의 원력을 추구합니다. 이때 우리의 걸음은 해탈과 자유, 지혜와 자비를 향해 나아가고 있음을 새롭게 다지는 행위입니다. 또한 희유한 이 땅의 풍경과 역사와 살았던 모든 이들의 이상과 열망을 우리 몸으로 받아들이는 일치의 경험입니다. 성지 순례는 거룩한 가르침이 우리 존재로 걸어 들어오는 걸음입니다.

걷는다는 것은 하늘과 땅 사이 공간을 이동하여 세상으로 나아가거나, 어딘가를 향해 발걸음을 옮기는 소마 전체가 동참하는 움직임입니다. 걷기 위해선 감각 신경과 운동 신경이 협응協應을 해야 하지요. 잘 걷는 것만으로도 치매를 예방하거나 건강을 지킬 수 있다는 것은 익히 아는 애기입니다.

두 눈은 약간 멀리 지평선을 바라보고, 가슴을 펴고, 두 무릎에 살짝살짝 반동을 느끼면서, 양 엄지발가락에 의식을 두고, 발바닥 전체가 땅과 닿는 접촉면을 알아차리면서 한 걸음, 한 걸음 내딛어 봅니다. 몸의 균형이 어딘가로 쏠려 있지는 않은지, 발바닥에서 감각이 느껴지지 않은 곳은 없는지, 과도하게 힘을 주는 부위는 없는지 알아차리면서 걷습니다. 들숨에 몇 걸음을 내딛고 날숨에 몇 걸음을 내딛는지 알아차리면서 걸어 보시길 바랍니다. 고요한 명상 상태에 들어 평온함과 만족함이 느껴질 것입니다.

틱낫한 스님은 우리의 걸음이 행복과 평화를 창조하는 예술과 명상이 될 수 있음을 그의 시에서 전합니다.

"매 순간 평화를 보듬고 평화 위를 걸어라. / 매 순간 행복을 보듬고 행복 위를 걸어라. / 매 때마다 신선한 산들바람을 안고 걸어라. / 매 때마다 꽃이 만개한 모습을 만들어라. / 너의 발끝으로 대지에 입 맞춰라. / 너의 사랑과 행복을 대지에 건네라. / 대지는 안전할 것이다. 우리가 우리 스스로를 안정적으로 느낄 때."

붓다는 몸과 몸의 움직임을 관찰하는 명상이 도달해야 할 목적지는 무아라고 가르칩니다. '내가 나아간다'는 자의식을 버리고 걷는 것, 단지 물과 바람과 불과 땅의 요소가 조화롭게 작용하는 유기적인 움직임을 관찰하면서 걷는 것은 그 자체로 무아의 체득을 위한 지혜 수행입니다. 자유와 해탈, 기쁨이 온 존재로 스미는 것을 느낄 수 있을 것입니다.

연민의 팔로 껴안고 춤추라

한번은 완화 의료 병동에서 유난히 마음이 아픈 환자를 만났습니다. 30대 초반의 유방암 환자인 그녀는 속이 상해서 울고, 호흡하는 것이 힘이 들어 울고, 아이들이 보고 싶어 울고, 혼자 남을 엄마를 생각하니 눈물이 난다면서 함께했던 30분 내내 울기만 했었습니다. 그녀를 만나고 나오는 복도에서 만난 그녀의 어머니도 눈물을 훔치셨습니다.

어머니는 환자가 6학년 되는 해 남편을 떠나보낸 후 하나뿐인 딸을 키우며 잘 지내왔다고 합니다. 그런데, 이제 그 딸이 결혼해서 아이들을 낳고 잘 사는가 싶었는데, 암에 걸렸다는 것입니다. 치료했는데 재발하고 여기저기에 전이가 되어 다시 병원에 오게 되었다며 우셨습니다. 항암 치료제도 더 이상 듣는 것이 없어서 딸에게 희망적인 이야기를 할 수도 없고, 서서히 딸과 이별해야 할 텐데 어찌해야 할지 모르겠다며 자꾸 눈물을 훔쳤습니다.

저는 병상에 계신 분들 중에 의식이 있는 분들을 만나면 그분들이 고통에서 벗어나기를 발원하며 연민을 일으킵니다. 그리고 병원에서도 공덕을 지어 자량을 쌓으시라고 감히 권합니다. 우리가 저세상으로 가지고

갈 수 있는 선한 의도를 일으키는 수행이지요. 호흡을 통해 일체 존재들을 위한 사무량심을 일으키는 기도를 알려 주며 병상에서도 수행을 할 수 있다고 북돋아 주고, 일체 존재들이 자애와 연민과 기쁨과 평온에 머물기를 바라는 마음을 일으킬 수 있는 기도문을 알려 주는 겁니다. 그러면 환우들은 자신의 고통과 함께 모든 이들이 고통에서 벗어나기를 바라는 염원과 선한 의도를 호흡에 싣습니다. 지금 이 순간의 호흡에 집중하면서 고통을 이겨 내고, 조금이라도 여유를 갖고 머물 수 있는 방법입니다.

그리고 지금 내가 가지고 있거나 누리는 것에 대한 고마움을 표현하라고 알려 줍니다. 그렇게 해보면 숨을 쉴 수 있어서, 혼자 움직일 수 있어서, 미소 지을 수 있어서, 신발을 신을 수 있어서, 간병해 주는 분이 계셔서, 눈으로 볼 수 있어서, 들을 수 있어서, 말할 수 있어서 등 고마운 일이 헤아릴 수 없이 많다는 것을 아시고는 얼굴이 환해집니다. 그리고 지금 곁에 있는 이들부터 시작해 가까운 식구들과 친척, 지인들부터 기억나는 모든 이들과의 관계에서 고마운 것을 찾아 고맙다고 표현합니다.

그러다가 미움과 원망으로 인해 가슴 한쪽을 무겁게 차지한 이들이 떠오른다면 용서하거나 묶었던 원망의 매듭을 풀어 주고 놓아주는 실험을 해보라고 권합니다. 이럴 때는 많은 이들이 눈물을 흘리기도 하는데요. 이 눈물과 함께 그 사건과 상황, 사람들을 놓아 주라고 권합니다. 그러면서 좋아하고 사랑하는 이들에 대한 집착과 미워하고 싫어하는 이들에 대한 원망을 내려놓고 가볍게 다른 세상으로의 여정을 시작할 수 있는 준비를 하라고 권합니다.

지구별에 와서 만났다 헤어진 사람들, 사랑하고 미워했던 이들 중 아직 떠나보내지 못한 분이 있다면 이들을 놓아주는 춤을 춰 보시기를 권합니다. 그분과 함께했던 시간과 공간을 떠올리며, 그분이 좋아했던 음악을 틀어 놓고, 리듬을 자원으로 그분을 떠올리며 고마움과 그리움을 움직임으로 표현해 보시는 것이지요. 여기서도 맞고 틀리다는 분별 의식을 내려놓고 그저 호흡과 맥박의 리듬으로 시작하여 작은 관절부터 몸이 움직여지는 대로 허용하면 그뿐입니다.

다음으로는 미워하고 원망하고, 용서하지 못했던 사람들과 사건, 상황들도 모두 떠나보내는 춤을 춥니다. 이때는 자신이 좋아하거나 힘과 위로를 줄 수 있는 음악을 선택하면 도움이 될 것입니다. 생각으로 '어떻게 움직여야지' 계획하거나 의도하지 않고, 몸soma의 지혜에 자신을 맡겨 보시길 권합니다. 세포와 근육의 감각에 주의를 기울이고, 어떤 움직임이 시작되는지 알아차리면서 남아 있는 기억들을 내려놓으며, 풀어 주는 움직임들로 여행을 떠나 보세요.

한 지점에 고정하여 서거나 앉지 말고 공간을 이동하면서 가슴을 열고 어깨와 팔과 손을 펴서 우주를 향해 몸을 열고 몸속에 간직했던 그리움과 고마움, 아쉬움과 용서하지 못한 후회들을 모두 움직임으로 날려 보냅니다. 그리고 아무것도 남지 않은 두 팔을 가만히 연민의 마음으로 감싸 안아 보세요. 그분들의 사랑이 여러분에게 가만히 속삭이는 소리를 들을 수 있을지도 모릅니다. "이제 그만 놓아 줘도 괜찮아." 하고 말입니다. 이때 느껴지는 자유와 해방감, 뭔가 아쉽지만 후련한 경험을 할지도 모를 일입니다.

03

기쁨의 춤

날마다 움직임 의례로 감각 운동 신경 세포를 깨워라

북쪽에 사는 민족일수록 겨울에 더 많이 밖으로 나가 혹독한 바람을 맞으며 움직인다고 합니다. 북유럽에 살다온 지인의 말에 따르면 한겨울에도 덴마크의 유치원에서는 눈이 쌓인 바깥 운동장 놀이터에서 아이들이 일상적으로 활발하게 뛰노는데, 이것이 겨울을 건강하게 나는 비결이라고 합니다.

미국 북쪽 중서부 지방에서는 새로 이사 온 사람들에게 전통적으로 충고해 주는 말이 있다고 합니다.

"겨울 속으로 뛰어 들어가지 않으면 겨울 때문에 미쳐 버릴 겁니다."

지구의 북반구 가까이에 위치한 나라들의 겨울은 낮보다 밤이 훨씬 길어서 아침 9시가 넘어야 해가 뜨고 오후 3시가 지나면 해가 지고 어두워지기 시작합니다. 그러니 춥고 어두우면서도 긴 겨울을 살아 내기 위해서는 '겨울 속으로 뛰어 들어가야' 한다는 뜻입니다.

추위를 이겨 내려면 추위 속에 머물며 추위를 춤춰야 합니다. 그래야 춥고 어둡고 기압이 낮은 긴 겨울의 우울과 불안을 이길 수 있습니다. 죽음이 가까이 다가온 것 같은 열악한 환경에서 살아남기 위해서도 움직여야만 합니다. 밖으로 나가 움직이는 것이 겨울을 나는 지혜인 것입니다.

이렇게 추운 겨울 이야기를 길게 쓰는 것은 움직임으로 초대를 하기 위해서입니다. 요즘은 다이어트나 건강을 위해 누구나 운동의 중요성을 알고 있습니다. 운동을 하면 근육의 양을 증가시키고 인슐린에 대한 민감도를 개선시키고, 심장과 심혈관계를 건강하게 만듭니다. 그래서 운동은 현존하는 어떤 약도 흉내 낼 수 없는 마법의 약입니다.

세계적인 신경과학자이자 우울증 전문가인 알렉스 코브 Alex Korb는 운동을 예찬하는 한 사람입니다. 그의 연구에 의하면 운동은 뇌를 이롭게 하면서 정신을 예리하게 만들고 계획을 세우거나 결정을 내리는 데 도움을 준다고 합니다. 운동이 몸에 가져다주는 이익으로는 에너지와 활력을 주고, 수면의 질을 높이고 뇌의 회복을 돕는 것입니다. 또한 식욕을 증진해 건강을 개선해 주고, 사회적으로는 세상을 향해 밖으로 나가게 하기도 합니다.

소마는 운동을 통해 스스로 치유하고 회복하는 능력이 있습니다. 하지만 우리는 알아차림 없이 무의식적으로 움직이는 때가 더 많습니다. 스스로 회복하는 능력은 운동 감각을 예민하게 알아차리는 것에서 시작합니다. 운동 감각 신경이 발달할수록 회복 탄력성도 높습니다. 운동 감각 신경은 신경계의 말단 부분과 근육, 힘줄, 인대, 뼈, 관절의 끝에 있는 신경을 말하는데 이는 우리가 움직이는 것을 알아차릴 수 있도록 합니다.

움직임은 소마의 생명력이자 생명 그 자체입니다. 현대 안무가이자 움직임 교육자인 안나 할프린은 우리들이 운동 감각을 강화하고 개발하면 흥분되고 흥미롭고 행복한 삶을 영위할 수 있다고 합니다. 댄서와 배우, 운동선수와 곡예사 등은 이 운동 감각을 계발하기 위해 많은 노력을 하지만 우리들은 컴퓨터와 스마트폰이 일반화되어 예민해진 시각 외에 다른 감각은 둔화되고 있으므로 조화로운 운동 감각을 계발해야 합니다. 안나 할프린은 풍요롭고 행복한 삶을 위해 움직임을 알아차리는 것을 매일 반복하라고 권합니다. 그 방법은 붓다의 몸을 알아차리는 수행과 거의 비슷합니다. 여기서 움직임을 통해 감각 운동 신경 세포를 알아차리고 깨우는 실험을 해보고자 합니다.

먼저 안전한 공간이나 방에서 두 눈을 감고 5~10분 정도를 걸어 다녀 봅니다. 알람을 맞춰 놓고 시작하면 더 좋겠지요. 이때 자신이 움직이면서 무엇을 느끼고 알아차리는지 감각적으로 인식해 봅니다. 마치고 나면 알아차린 감각과 느낌, 기분 등을 빠르게 적어 봅니다. 청각이 더 예민해졌는지, 촉각이나 후각은 활발하게 살아 움직였는지 말입니다. 이 실험으로 평소 어떤 감각에 의지하며 살고 있는지, 운동 감각을 알아차리는 강도는 어느 정도인지 알 수 있습니다. 또한 시각이 닫힐 때 다른 감각을 알아차리는 능력이 계발되는 것도 알 수 있습니다.

운전할 때나 거리를 걸을 때, 악수하거나 인사를 할 때나 계단을 오르내리거나, 문을 열고 닫을 때, 전화기를 쥐고 움직이는 자신의 감각에 집중해 보세요. 움직이는 감각을 자각하게 되면 감각 운동 신경 세포를 깨우게 됩니다. 그리고 감각 운동 신경 세포가 활성화되면 자신에 대해 더 많은 것을 알게 될 것입니다. 미지와 변화에 대해 문을 열어놓는 것이지요. 이때 미지의 자신을 알아가며 더 깊이 만나는 시간이 됩니다.

몸학Somatic은 소마가 움직이는 원리를 활용하여 우리 몸이 스스로 기능을 회복할 수 있도록 이끌어 줍니다. 이것을 실험해 보기 위해 먼저 시간 여유를 갖고 움직임을 할 수 있는 환경을 만듭니다. 서 있거나 앉아 있거나 누워 있거나, 어떤 모습에서 시작해도 무방합니다.

누워 있다면 일어나 앉거나 서는 동작을 아주 천천히 움직이는 부위의 감각을 자각하면서 해봅니다. 머리부터 일으키는지, 팔이나 다리부터 움직이는지, 척추와 허리의 감각은 어디서부터 자각하는지 등을 알아차려 보는 것입니다. 힘은 어디에 얼마만큼 주는지, 어떻게 일어나야 가장 편안한지 등을 실험해 보는데, 이를 통해 습관과 무의식적으로 해왔던 자신의 움직임 방식을 알 수 있습니다. 또한 의식적으로 신체 부위의 한 부분을 움직이기 시작하면 유기적으로 연결된 움직임이 다 일어날 때까지 멈추지 않는다는 것을 알 수 있습니다.

서 있는 자세에서 앉거나 눕는 자세로 움직일 때도 신체 어느 부위가 어떻게 움직이는지 감각을 알아차리면서 움직여 봅니다. 이때 중력에 반해 힘을 주고 서 있던 감각적 느낌에서 중력을 수용하고 중력에 이끌리는 대로 맡긴다면 몸에 힘을 덜 주는 것을 알아차릴 수 있습니다.

같은 방법으로 걸을 때도 신체 부위의 감각을 알아차리면서 자신의 맥박과 호흡의 리듬과 조화롭게 걷는 것을 실험할 수 있습니다. 그러면 피곤하거나 긴장하지 않고 가볍게 깨어나는 운동 감각을 만날 수 있을 것입니다.

그리고 자신이 알고 있는 운동이나 요가나 선무도, 태극권, 국선도나 행공行功 같은 움직임이 있다면 아주 천천히 반복해 보세요. 기의 흐름을 더 선명하게 감지할 수 있습니다. 깨어 있는 알아차림으로 반복하는 움직임은 기도가 되고 의례가 됩니다. 움직임 의례는 우리를 고양시키고 승화시켜 지금 여기의 기쁨을 강화해 고요한 행복감과 지복을 선물할 것입니다.

부정적인 말과 소리를 정화하라
– 만트라를 외우며 하는 소리 수행

소리는 기쁨을 표현할 수 있는 방법 중 하나입니다. 기쁘거나 즐거우면 콧노래를 흥얼거리거나 휘파람을 불어 소리를 냅니다. 흥얼거림은 우리 몸 세포 안으로 들어가 몸을 진동시키고 세포들이 연결된 살과 뼈를 거쳐 존재의 깊은 곳까지 이릅니다. 또 밖으로 표현되지 않는 소리들도 있지요. 생각으로 어떤 말과 이야기들을 노래나 리듬으로 우리 자신에게 자주 속삭이고 있습니다. 내가 표현하는 소리 외에 바깥의 소리들이 우리들을 찾아오기도 합니다. 어린 시절 누군가로부터 들었던 한마디 말이 평생 자신을 따라다니면서 힘과 용기를 주거나, 혹은 어떤 일을 하려고 할 때마다 걸림돌이 되는 경험을 하기도 하지요.

언어는 사람들과 가장 빈번하게 소통하는 도구입니다. 그래서 그런지 언어, 말로 가장 많이 상처를 받기도 합니다. 입으로 전달하여 흔적을 남기기 때문에 이를 구업口業이라고 합니다. 하지만 말이 꼭 상대방에게만 전달되는 건 아닙니다. 누군가에게 말을 할 때 가장 먼저 듣는 사람은 바로 자신입니다. 그 말이 진실하고 유익한 말이든, 비방이나 비판, 판단

등의 거칠고 험한 말이든 제일 먼저 듣는 사람은 자신입니다. 다른 사람에게 화살을 쏘기 전에 자신이 먼저 해를 입는 것이지요. 상처를 남길지 향기를 남길지 스스로 선택할 수 있습니다.

　붓다는 「꽃과 같은 말경」에서 세 가지 유형의 말이 있다고 하셨습니다. 바로 꽃과 같은 말, 꿀과 같은 말, 똥과 같은 말입니다. 꿀과 같은 말은 즐겁고 사랑스럽고 가슴에 와 닿고 예의바르게 하는 말로, 많은 사람들이 좋아하고 마음에 드는 말입니다. 꽃과 같은 말은 자신이 아는 것과 모르는 것을 분명히, 진실하게 하는 말입니다. 똥과 같은 말은 잘 알지 못하면서 아는 척하거나, 진실하지 못하고 자신의 이익과 보호를 위해 거짓말이나 욕설, 비방하는 말 등이라고 하셨습니다.

　우리 신체 가운데 위와 폐는 윤기를 좋아하고 건조함을 싫어하는 성질이 있습니다. 꿀은 폐와 위에 들어가 소화를 돕고 기력을 보하는 귀한 약재로 쓰입니다. 즐겁고 사랑스럽고, 가슴에 와 닿는 예의바른 말을 듣게 되면 우리들의 표정과 마음이 윤기가 흐르고 반짝입니다. 기를 북돋아 줍니다. 꽃은 아름다운 자태와 향기와 열매를 준비합니다. 진실한 말은 바른 견해로 하는 말입니다. 자신의 욕심과 이기심에서 비롯한 말이 아닌 있는 그대로 보고 듣고 제대로 알고 하는 말입니다. 이런 말은 진리의 말씀이라 행복의 열매를 맺을 수 있는 말입니다.

　똥은 냄새나고 더럽지만 거름으로 쓰기도 합니다. 현재 우리가 하는 말 중에 잘 알지 못하는 말은 얼마나 많을까요? 자신의 이익을 위해 교묘하게 다른 사람을 비방, 험담하는 경우는 또 얼마나 될까요? 정의와 진실의 구현이라는 구호 아래 다른 사람을 비판하고 판단하는 이유가 실제로는 자신의 입장을 더 공고히 하기 위한 것은 아닐까요? 자신이 더 잘나 보여야 하는 질투심에서 나온 말들은 아닌지 성찰해 보아야 할 것입니다. 이런 말들이 거름이 되게 하려면, 자신이 평소 어떤 말들을 하는지 잘 살펴보아야 합니다. 자신과 누구를 아프게 하지는 않는지, 특히 대상이 눈앞에서 직접 듣는다는 상상을 해보면 비판의 목소리가 그렇게 높을 수 있을지 말입니다. 뿐만 아니라 우리가 쏟아 냈던 냄새나는 말들이 잘 썩을 수 있도록 견뎌 내는 것입니다. 이는 우리가 타인으로부터 받는 오해와 모략, 비방과 험담 등이 억울하더라도 인욕 수행으로 받아들이는 것입니다. 내가 던졌던 말들이 부메랑으로 돌아온 것으로 여기고 말이지요. 이렇게 대항하지 않고 반복적으로 참는다면 기름진 거름으로 꽃이나 꿀과 같은 말들을 탄생시키게 될 것입니다.

그래서 붓다는 「대화의 주제 경」에서 현자들이 서로 대화하는 법을 게송으로 남기셨습니다. 여기에 핵심 구절을 옮겨 봅니다.

"만약 현자가 이야기를 하고자 하면 시기를 알고, 법에 근거를 두고, 법에 상응하는 성스러운 행위에 대한 것을 이야기한다. 현명한 자는 그런 이야기를 하면서 반감이 없고, 자만이 없고, 마음이 혼란스럽지 않고, 악의가 없고, 폭력적이지 않으며, 질투하지 않고, 바른 지혜로서 바르게 말한다. 금언을 말하는 것을 기뻐하고, 나쁜 말을 하는 것을 비방하지 않고, 비난을 배우지 않고, 작은 말 실수에 대해 꼬투리를 잡지 않고, 진실과 거짓이 섞인 말을 하지 않나니. 선한 자들의 대화는 알기 위함이고 확신하기 위함이다."

꿀과 꽃과 같은 말로 인격적이고 예의바르게 서로 유익하게 대화하는 법입니다. 바로 사무량심으로 하는 대화라 할 수 있습니다. 상대에 대한 반감이나 자만, 악의와 폭력, 질투와 혼란스러움 없이, 비방과 비난을 않고, 꼬투리를 잡지 않는 말은 자애롭고 연민이 가득하고 기쁨과 평온한 마음에서 나오는 말입니다. 현자와 선인은 때와 시기를 알고 진리의 가르침에 근거를 두는 거룩한 행위, 곧 사람들을 이롭게 하는 것에 관한 대화를 합니다. 우리가 행복하기를 원하고 선한 업의 씨앗을 뿌리기로 선택했다면 언어를 정화하고 밝게 해야 합니다.

절집에서는 경을 독송하기 전에 구업을 정화하기 위한 진언을 외웁니다. 바로 정구업진언입니다. 이 진언은 "수리 수리 마하수리 수수리 사바하"로, 이 뜻을 간략하게 풀어 보면 수리는 깨끗하고 청정하다는 뜻을 가지고, 마하는 위대하고 크다는 의미입니다. 수리에 수가 한 번 더 붙은 것은 미묘하다는 뜻이며, 사바하는 그렇게 성취되기를 바라는 염원의 뜻이 있습니다. 정리해 보면 '청정하고 청정해지길, 크고 미묘하게 청정이 성취되기를'이라고 해석할 수 있습니다.

진언은 다라니darani, 만트라mantra, 총지, 또는 주문이라는 신비한 효력을 가진 진리의 말로 전해져 옵니다. 진언 수행을 주력 수행, 다라니 수행, 만트라 수행이라고도 하는데, 소리를 내는 자체를 하나의 수행으로 보는 것입니다. 요즘엔 녹음이나 녹화 등 소리나 동작을 복사하여 재생하는 기술이 발달해 그 시간이 아니라도 듣거나 볼 수 있습니다. 하지만 소리나 동작은 본질적으로 현장의 그 시간이 지나면 사라집니다. 그래서 소리나 동작을 통해 만들어 내는 예술에 대해 시간예술이라는 표현을 씁니다. 불교에서도 소리는 공성을 깨닫기 위한 수행 방법으로 사용합니다. 사물의 본질이 텅 비어 있다는 것을 즉각 느낄 수 있는 것이 소리이기 때문입니다.

다시 진언으로 돌아가서, 진언 수행은 불보살님의 이름을 부르면서 그분들의 성품과 삶을 닮겠다는 의지를 다지고 그분들의 정신을 자신 안으로 초대하는 의미를 담습니다. 가르침의 내용을 다 기억하기엔 너무나 방대하므로, 이번 생에 깨달음을 얻기 위해서 입으로 다라니를 반복해서 외우는 것이지요. 그 소리 수행의 신묘한 작용으로 가피를 입었다는 영험담이 전해져 오기도 합니다.

제가 박사 논문을 쓰던 때, 매일 공양 후 학교 운동장을 산책하면서 산스크리트어로 된 사무량심 만트라를 외웠습니다. '옴 마이뜨리 까루나 무디따 우뻭샤 훔'. 이 말은 '오, 자애와 연민, 기쁨과 평온이여!'라고 번역할 수 있습니다. 반복해서 외우다 보니 멜로디가 떠올랐지요. 이 사무량심 만트라는 제가 진행하는 '소마로 떠나는 사무량심 명상 여행'에서 참가자들과 나누고 있습니다. 사무량심을 기억하고 마음에 가득하게 하는 하나의 방법으로요. 여러분들도 계속 반복하다 보면 내면에서 자신만의 리듬과 멜로디가 나올 수도 있을 것입니다.

생화학과 면역학, 혈액학의 전문가인 미국 캘리포니아의 손드라 배럿Sondra Barrett 교수는 우리들이 반복되는 소리를 듣고 낼 때 뇌파는 느려지고 원기를 회복시키는 수면의 델타파와 비슷해진다고 합니다. 특히 단조로운 톤으로 계속 내는 소리는 명상 상태를 유도하고 깊어지게 만든다고 하는데요. 이는 우리들이 실제 만트라 명상을 하면서 고요해지는 경험으로 증명됩니다. 자신이 원하는 어떤 영적인 상태, 멘토의 이름, 닮고 싶은 성품, 자신에게 힘을 주는 문장이나 단어 등을 천천히 소리 내어 반복한다면 우리 자신을 더 깊은 고요와 기쁨으로 인도할 것입니다.

제가 녹음한 사무량심 만트라가 필요하신 분들을 위해 불광미디어 홈페이지의 '불광출판'-'불광이 펴낸 책'의 책 소개에 파일을 올려놓았습니다. 원하시는 분은 다운 받아 들으면서 함께할 수 있습니다. 우리의 마음과 입이 사무량심으로 정화되고 맑고 밝아질 수 있기를. 이를 통해 우리 존재의 선하고 기쁜 본연의 상태가 지속될 수 있기를 바랍니다.

질투와 지루함을 기쁘게 변형하라
– 척추 트위스트

사무량심 중에서 기쁨이 가득한 마음은 지루함과 질투를 없애는 명약입니다. 지루한 상태의 몸은 가라앉거나 무겁게 느껴지기도 합니다. 심하면 정신이 흐리고 멍청해지는 혼침과 게으름으로 진행되기도 합니다. 혼침은 수행자의 깨달음과 행복을 가로막는 다섯 가지 장애 중에 하나입니다. 그러면 우리들이 지루함을 느낄 때는 언제일까요? 사람마다 다르겠지만 재미가 없거나 새롭게 느껴지는 일이 없을 때, 가치 있는 일이 없고 의미 없는 일상이 반복된다고 느낄 때일 것입니다.

질투를 느낄 때는 나와 경쟁 상태에 있는 이가 나보다 더 잘되거나 다른 사람들에게 인정이나 칭찬을 받을 때 생기기 쉬운 감정입니다. 이때 우리 몸은 교감 신경이 약간 흥분된 상태로 맥박이나 호흡이 얕고 빠르게 진행되기도 합니다. 그런데 이러한 몸의 반응을 자주 반복적으로 경험하면 습관적 근육 긴장을 가져옵니다. 지루함과 따분함으로 몸이 늘어지면 움직이기 싫어지고 점점 근육이 약해집니다.

현대는 매일 새로운 정보들이 쏟아져 나오고, 팟캐스트나 유튜브 등을 통해 누구나 인터넷으로 방송을 할 수 있는 미디어 세상이 열렸습니다. 빠른 통신망으로 지구촌 곳곳의 사건이나 소식이 세상에 알려집니다. 날마다 신제품이 인터넷 시장으로 쏟아져 나와 지루함과 따분함을 느낄 틈이 없을지도 모릅니다. 그리고 이렇게 빠르게 움직이는 세상에 적응하고 살아남기 위해 무한경쟁의 시스템에서 자신을 혹사하기도 합니다. 이기기 위해, 성공하기 위해, 살아남기 위해 자신의 실력을 쌓아야 한다고 생각하고 달립니다. 그러면서 주위에 있는 동료와 친구들에게 질투와 시샘을 일으키기도 합니다. 경쟁에서 이기면 기쁨을 느끼기도 하지만 후배들은 계속 치고 올라옵니다. 그래서 후배들에게도 질투와 부러움을 느끼기도 합니다. 조금이라도 방심하면 실패할 거라는 염려와 걱정과 이겨야 한다는 조바심은 긴장의 연속입니다. 우리 몸과 마음은 자꾸 피로해지고 무거워지고, 점점 짓눌리는 상태까지 갈 수 있습니다.

이때 몸의 긴장을 풀어 주고 의식을 긍정적인 감정으로 전환하겠다는 깨어 있는 마음이 있으면 우리 마음에 왜곡된 질투나 지루함 같은 부정적인 감정도 '변형'할 수 있습니다. 그럼 변형의 춤을 함께 해볼까요? 허리와 어깨의 만성 통증을 변형하기 위한 척추 트위스트 동작으로 우리 마음의 왜곡도 변형할 수 있을지 실험을 해보는 것입니다.

먼저 마음대로 뒹굴 수 있는 공간을 확보하고 바닥에 눕습니다. 호흡을 자각하며 바닥에 닿은 신체 부위를 자각합니다. 그런 다음 아기가 기저귀를 갈 때 하는 자세를 해봅니다. 두 팔은 양 옆으로 벌려 손바닥을 하늘을 향하게 두고, 두 다리는 무릎을 가슴까지 들어 올려 고관절을 여는 자세입니다. 이때 두 무릎 사이를 최대한 벌려 봅니다. 마치 아침 햇살을 초대하기 위해 유리창의 커튼을 열듯이, 또는 나비가 날갯짓을 하듯이 두 무릎 사이 공간을 여는 것입니다. 온몸, 가슴과 두 팔과 두 다리를 모두 벌려 세상과 공간을 환영하고 받아들이는 온 존재를 다 여는 자세입니다. 이때 몸의 어느 부위에 힘이 들어가고 긴장이나 불편한 감각이 있는지 알아차려 봅니다. 불편함이 느껴진다면 그 느낌을 내쉬는 숨과 함께 바닥으로 내보냅니다.

이제 의식을 오른쪽 엄지발가락에 두면서 엄지발가락이 오른쪽 바닥으로 여행을 가도록 허용합니다. 그 발가락에 최소한의 힘을 주면서 바닥으로 여행을 가도록 움직임을 허용하면 오른쪽 엄지발가락이 바닥에 닿기 전에 종아리와 대퇴부를 거쳐 고관절, 좌골까지 이어져 왼쪽 다리가 천천히 따라 움직이기 시작합니다. 오른쪽 엄지발가락이 바닥에 닿으면 무릎을 약 90도 정도 각도로 굽혀 주고, 따라오는 왼쪽 다리를 그 위에 포개 얹습니다. 이때 척추는 굽어진 다리 쪽으로 틀어지는데, 머리와 고개를 반대쪽으로 향하게 하면 척추가 완전히 비틀어지면서 늘어납니다. 이때 몸의 어느 부위가 강하게 당기고 늘어나는지 감각을 알아차려 봅니다.

이제 오른쪽 엄지발가락에 두었던 의식을 왼쪽 가운데손가락으로 가져갑니다. 왼쪽 바깥으로 쭉 뻗은 왼쪽 손가락 끝 중지에 뇌가 달려 있다고 상상을 하고 중지 뇌가 이끄는 대로 그림을 그릴 것입니다. 왼쪽 중지를 바닥에 끌면서 머리 위쪽을 지나 둥글게 동그라미를 그립니다. 왼손 중지가 동그라미를 그리기 시작하면 왼쪽 겨드랑이가 열리고, 비틀어졌던 척추에 공간이 조금씩 넓어지면서 유기적인 움직임이 시작됩니다. 손가락이 정수리 위쪽으로 오면 손바닥을 뒤집으면서 더 크게 동그라미를 그립니다. 그러면 머리와 경추가 몸 앞쪽으로 이끌려 가게 됩니다. 이때 척추 사이사이의 공간이 더 넓어지면서 회전하는 왼팔로 인해 어깨도 완전히 회전하고, 왼손이 바닥에 있는 오른팔 위로 지나고 척추도 계속 따라 움직입니다. 왼손이 오른팔을 지나 아래로 원을 계속 그리면 손가락이 움직이고 손목과 팔꿈치, 팔과 겨드랑이가 유기적으로 따라가면서 몸은 바닥으로 기운 채 자신의 다리와 엉덩이를 지나게 됩니다. 이때 손이 계속 동그라미를 그리면 척추는 다시 비틀어지면서 몸은 바닥으로 반쯤 누운 상태로 되고, 왼손은 한 바퀴를 돌아 360도 원을 그려 원래 있던 자리로 돌아옵니다. 이렇게 세 번 정도 위로 큰 원을 그린 후, 다시 아래로 큰 원을 세 번 정도 그려 줍니다. 그리고 바로 누워 오른쪽과 왼쪽을 비교해 보면서 호흡과 함께 잠시 쉬어 줍니다.

그런 다음 다시 왼쪽 엄지발가락에 주의를 두고 같은 방식으로 움직임 여행을 떠납니다. 역시 큰 동그라미를 위로 세 번, 아래로 세 번 정도 그리면서 몸의 감각과 유기적인 움직임을 알아차립니다. 충분한 시간을 갖고 천천히 부드럽게 알아차림을 하면서 움직이는 것이 관건입니다. 움직임을 하는 도중이나 하고 나서는 허리와 어깨, 겨드랑이와 고관절 등이 당기거나 시원할 것입니다. 평소 통증이 심한 분이었다면 아프지 않게 하는 것이 중요합니다. 자신이 움직일 수 있는 한계를 넘지 않는 것 말입니다.

이 움직임을 반복하면 견비통과 요통이 줄고, 면역력이 증가해 통증에서 자유로워질 수 있습니다. 팔을 위로 뻗으면서 뭉친 어깨를 풀어 주고, 척추를 비틀어서 요통을 줄이고, 림프선이 지나가는 겨드랑이 주변을 열어 주고 활성화시켜 주기 때문에 면역력도 강하게 해줍니다. 움직임을 하면서 자기 감지 능력이 커지게 되면 미세한 감각 능력도 커집니다.

무기력한 근육을 빠른 움직임으로 풀어줄 수도 있지만, 역설적으로 느리고 부드러운 움직임으로 다시 회복하기도 합니다. 긴장했던 근육들이 풀어지면서 점점 부드러워지고 편안해지는 것도 알아차릴 수 있을 겁니다. 그리고 정체되었던 몸을 풀면 마음의 움직임도 달라집니다.

척추를 비틀면서 확장하는 움직임을 해보았다면, 이번에는 아주 천천히 오른쪽이나 왼쪽으로 돌아누우면서 팔과 다리를 오므려 닫는 태아 자세를 해봅니다. 온몸과 마음이 충분히 편안하게 쉴 때까지 시간을 허락합니다. 그러다가 다시 척추 트위스트 동작과 태아 자세를 돌아가면서 반복해 봅니다. 그리고 어떤 이미지와 생각, 감정들이 떠오르는지 자각해 봅니다. 그러다가 속도를 달리 해도 좋고, 만약 몸이 다른 움직임으로 간다면 움직이는 대로 어떠한 동작이 나오든지 허용해 보시기 바랍니다. 자유로운 움직임으로 동작을 변형한 춤이 탄생할 것입니다.

    자유로운 움직임을 허용해서 기쁨을 느껴 보시기 바랍니다. 그리고 움직임으로 감정이 변화되는 것을 느껴 보세요. 시간이, 삶의 질이 달라질 것입니다.

날마다 기쁨의 세포들이 춤추게 하라
- 경배의 춤

오체투지는 두 무릎과 두 팔, 그리고 머리의 다섯 군데가 땅에 닿게 하는 불교식 절하는 법입니다. 자기 자신을 최대한 낮추고 상대를 최대한 높여 존경과 경배를 올리는 방법이지요. 종교 예법이지만 종교 전통이나 수행과는 거리가 먼 분이더라도, 우리를 길러 주는 어머니 대지 품에 자신을 내려놓는 오체투지는 그 자체로 우리를 신성한 기쁨으로 초대할 것입니다.

여기서는 몸과 말과 뜻을 다해 공경하는 이에게 나의 온 존재를 바쳐 경배하는 자세를 탐색해 보고자 합니다. 편안한 복장으로 0.2평 정도만 공간을 확보할 수 있으시다면 가능한 움직임입니다. 절을 올리면 굉장히 힘들 것 같지만, 저항 없이 머리를 아래로 숙이거나 중력의 끌어당김에 그대로 순응하면 의외로 편안함을 느낄 수 있습니다. 물론 자신이 그동안 해왔던 방식이 있다면 그 방식대로 해도 좋습니다. 여기서는 절을 해본 경험이 없거나 몸의 힘을 빼고 중력에 몸을 맡기면서 움직임을 하고 싶은 분들을 위해 간단하게 소개합니다.

우선 편안하게 서 봅니다. 두 발바닥이 바닥을 접촉하는 감각을 알아차리면서 발바닥 위에 발목이 얹혀 있는 것을 느껴 봅니다. 의식을 발목에서 정강이뼈와 종아리를 거쳐 무릎으로 옮기면서 그곳에 감각도 자각해 봅니다. 무릎 위 허벅지와 대퇴부를 거쳐 고관절로 연결된 골반과 꼬리뼈와 천골, 좌골이 몸의 상하를 연결하며 서로 유기적으로 연결되어 있음을 알아차려 봅니다. 이어서 허리뼈와 흉추와 앞의 갈비뼈가 우리 몸이 바로 설 수 있도록 앞뒤로 지탱하고 있음을 자각해 봅니다. 그런 다음 가슴의 빗장뼈와 연결된 쇄골, 견갑골과 연결된 어깨선을 감각해 봅니다. 그리고 그 위에 목뼈, 또 그 위에 두개골이 둥실 떠 있음을 자각합니다. 몸의 뼈들이 땅 위에서부터 차곡차곡 쌓여서 하늘을 향해 바르게 있을 수 있음을 고마워하는 마음으로 호흡합니다.

양 손끝에 의식을 갖다 두고 두 팔을 벌려 천천히 바깥으로 둥글게 하늘을 향해 뻗으면서 머리 정수리를 지나 손을 뻗을 수 있는 끝에서 서로 만나 합장합니다. 이때 횡격막이 올라가고 온몸의 감각이 위로 향하는 것을 자각하며 숨을 들이쉬어 봅니다. 숨을 내쉬면서는 합장한 손이 정수리를 지나, 이마와 입, 목과 가슴 앞으로 내려왔다가 자신의 몸 아래로 천천히 쭉 뻗습니다.

다시 숨을 들이쉬었다가 내쉬면서 뻗은 손과 정수리가 바닥으로 향하게 어깨를 살짝 구부리기 시작합니다. 날숨이 지속된다면 그대로 뻗은 팔, 어깨와 머리가 중력에 저항하지 않고 중력을 수용하도록 몸에 긴장이나 힘을 풀고 그대로 바닥으로 내려가도록 허용합니다. 자신의 자연스러운 숨을 의식하면서 머리와 어깨가 바닥으로 내려가면 무릎을 살짝 구부려 바닥에 닿게 한 후, 엉덩이를 발뒤꿈치에 올리면서 닿는 감각을 느껴 봅니다.

다시 두 팔을 바닥으로 밀어내면서 머리와 가슴도 따라가 이마가 바닥에 닿게 합니다. 이때 두 팔꿈치는 바닥에 대고 두 손은 머리 위로 올려 합장을 합니다. 그리고 정수리부터 천천히 일으켜 얼굴과 가슴 순서로 들면 고양이 자세처럼 됩니다. 이때 꼬리뼈부터 척추가 U자가 된 느낌을 감각해 봅니다. 그리고 두 손과 엉덩이를 발쪽으로 당겨 오면서 발뒤꿈치와 발을 든 후 두 손바닥과 무릎, 발가락으로 몸을 지탱한 후 무릎을 천천히 떼면서 엉덩이를 치켜 듭니다.

이때 두 손끝과 두 발은 바닥을 딛고 있는데, 손을 바닥에서 떼면서 발바닥에서 뿌리가 자라나 땅속에 뿌리가 내려진다고 상상해 봅니다. 땅속에 뿌리 내린 곳에서부터 수액이 올라와 발바닥을 시작으로 발목과 종아리, 무릎과 허벅지와 고관절, 골반을 지나 꼬리뼈부터 척추를 하나씩 일으켜 세우면서 정수리 끝까지 올라간다고 상상하면서 천천히 일어납니다.

올라올 때도 일어서야겠다고 뇌로 생각하고 행동하는 것이 아니라 상상 속의 수액이 올라오는 속도에 맞춰 수액의 흐름과 뼈들의 정렬에 맞추어 천천히 일어납니다. 중력의 저항을 최대한 줄이면서 말입니다. 이렇게 하는 것이 한 번의 공경, 혹은 내려놓음, 혹은 지구 어머니와 한 번의 키스입니다.

　말로 설명하는 것을 그대로 따라하는 것이 어렵게 느껴질 수 있습니다. 그러니 한 번 읽으신 후에 그냥 자신의 몸에 맡겨 보시기 바랍니다. 기억해야 하는 것은 고마움과 공경의 의도로 시작하기, 힘 빼기, 중력에 맡기기, 중력을 허용하기, 천천히 하기, 감각을 자각하면서 하기, 주기적으로 반복하기, 그리고 한 번 할 때마다 횟수보다는 일정 시간 이상 실천하기 등을 기억하시면 좋겠습니다.

　내 생각이 옳다는 것을 끝없이 주장하고 싶을 때, 자신이 싫어지고 미워질 때, 주변과의 관계가 힘들 때, 내가 너무 못난 사람 같다는 생각으로 고통스러울 때, 우울할 때, 내가 너무 잘났다는 생각이 가득할 때, 외로울 때, 그리고 누군가가 자꾸 미워질 때, 이 경배와 공경의 움직임을 해보시기를 권합니다. 최소 21일에서 100일 동안 해보시면 분명히 좀 더 사랑하는 자신을 발견할 수 있습니다. 더불어, 가벼워지고 비워졌지만 잔잔한 기쁨이 몸과 마음을 가득 채워 주는 것을 느낄 수 있을 것입니다. 또 날마다 기쁨의 세포들이 춤을 추며, 주위에 기쁨을 흩뿌리는 사람이 될지도 모를 일입니다.

나를 내려놓고 상대를 존중하는 절 수행

붓다께서 깨달음을 이룬 곳이자 지구의 하트차크라로 불리는 보드가야는 붓다가 깨달음을 이룬 후 7일 동안 일곱 번씩 삼매선정에 들었던 일곱 장소에 탑을 세우고 오랫동안 그분을 공경해 온 곳입니다. 하지만 11세기에 있었던 이슬람 침공 이후 모래와 흙에 덮여 있었던 곳이기도 합니다. 그러다 19세기 말, 아소카 대왕이 세운 석주가 발견되면서 이 유적지도 발굴되어 다시 빛을 보기 시작했습니다.

오래된 보리수 옆 붓다가 완전한 깨달음을 이루셨다는 곳에 대탑이 우뚝 솟아 있는데, 그곳에는 붓다의 현존을 기리는 상像이 조각되어 있습니다. 매일 전 세계에서 순례를 온 참배객들이 이곳의 붓다께 귀의하고 존경의 예를 올리기 위해 줄을 서 있습니다. 그 주변에는 몇 시부터 시작되었는지 알 수 없는 때부터 오체투지를 하거나 경전을 독송하거나 명상을 하며 앉아 있는 이들이 있습니다. 이들 역시 전 세계에서 온 순례자들입니다. 짧으면 하루부터, 3일, 7일, 21일, 49일, 100일, 300일 등 나름의 지향을 가지고 수행 정진하고 있었습니다.

이곳에서 가장 흔하게 볼 수 있는 건 널빤지를 놓고 오체투지를 하는 사람입니다. 널빤지 없이 대탑 주위를 삼보일배 하는 순례자들도 쉽게 볼 수 있습니다. 108배는 기본이고, 하루 1,000배부터, 삼천 배, 만 배에 이르는 오체투지 수행은 온몸으로 올리는 공경과 귀의, 참회의 기도입니다. 또한 자신의 참된 본성을 찾고 깨달아 거기에 돌아가 의지하겠다는 경배의 움직임이기도 합니다. 또 움직임을 통해 몸을 구성하는 땅과 물과 불과 바람, 허공의 요소를 느끼고, 관상하면서 무상을 깨닫는 수행이기도 합니다.

　이곳 사람들은 오체투지를 할 때 두 손을 합장한 후 머리 위와 입, 가슴 세 곳에 갖다 대면서 뜻과 말과 행동으로 귀의하며, 또 지은 허물을 참회하는 표시를 합니다. 다음으로 합장한 손을 바닥으로 내리면서 무릎을 굽히지 않고, 두 손을 바닥에 닿게 한 후 앞쪽으로 밀면서 두 팔을 쭉 뻗어 몸을 바닥에 완전히 밀착시킨 후 다시 두 손을 머리 위에서 합장합니다. 자신을 가장 낮추어 대지와 하나가 되는 자세입니다. 이것은 스스로 아만에 갇힌 '나'를 내려놓고, 어떠한 의도도 갖지 않은 채 모든 것을 받아들이는 자세입니다. 그러고는 다시 두 손을 어깨 옆으로 가져오면서 바닥을 딛고 상체부터 일으키며 몸 전체를 일으켜 세웁니다. 바르고 완전하고 온전하게 본래 깨달은 존재인 본성으로 자신을 세우는 시간입니다.

　우리나라에서는 두 발을 모은 후 두 손을 가슴 앞에 모아 합장한 후에 먼저 허리까지 숙이는 반절을 올린 후 무릎을 구부려 바닥에 꿇는 자세를 합니다. 그리고 상체를 앞으로 기울이면서 양 어깨 넓이로 편 두 손으로 바닥을 짚으면서 상체를 숙여 이마를 바닥에 닿게 합니다. 그런 후 두 손바닥을 양 귀 옆에서 하늘을 보도록 나란히 폅니다. 그러면 이마와 두 팔꿈치, 양 무릎의 다섯 군데가 바닥에 닿아서 오체투지가 됩니다.

　전통적으로 인도의 절은 어른이나 공경하는 대상의 발에 이마를 갖다 대거나 오른손으로 공경하는 대상의 발을 만진 후 그 손을 자신의 이마에 갖다 대는 것입니다. 매일 아침 일어나서 자녀들이 부모님의 두 발에 이마를 갖다 대는 것으로 생명을 주신 것에 대한 감사함을 표현합니다. 학교에 가서 선생님께 경배하는 것은 지식을 배움으로 세상을 향해 새롭게 태어남에 감사함을 표현하는 것입니다.

　고요한 시간과 공간을 마련하여 진심을 다해 지극하게 공경하고 싶은 이를 상상으로 모시거나, 현존을 느끼면서 경배의 움직임을 해보시길 권합니다. 지극하게 공경하는 이를 찾지 못한 분들은 자신이 잘 알지 못하는 우주, 미지의 온전한 자신에게 절을 해보시는 것은 어떨까요?

04

평온의 춤

평온은 죽음의 공포도 이긴다

어제는 병원에서 오랫동안 투병 중이시던 암 환자 한 분의 임종 준비를 함께하고 돌아왔습니다. 다른 환자를 만나는 동안 일반 병실에서 임종실로 옮긴 그분의 표정은 평안해 보였습니다. 그분은 간까지 암이 전이된 후 살고자 하는 욕구 대신에 병상에 누워 일체 존재가 고통에서 자유로워지기를 발원하기 시작했습니다. 사랑의 눈으로 세상을 바라보기 시작하면서 평온하게 이별을 준비한 것이지요.

가족들은 지금 보내드리는 것은 무척 슬프고 가슴 아프지만 이번 생에 인연되었던 것에 감사하고 잘 보내드리고 싶다고 했습니다. 그러면서 가족들에 대한 집착은 모두 내려놓고 평안히 가시라고 환자에게 인사했습니다. 말할 기운과 의식이 없는 채로 호흡이 점점 느려지는 환자를 보면서 "한 순간씩만" 살고 있는 그분이 "내내 고마운 것만, 사랑한 것만" 떠올리면서 불보살님들의 영접을 받을 수 있기를 바라며 합장했습니다.

그분의 의식이 극락정토의 아미타 부처님을 그리며 맞이할 수 있도록 나무아미타불 염불을 계속 들려 드리라고 일러 드리고 임종실을 나왔습니다. 다시 웃으면서 인사를 나누지 못했지만, 그분은 제게 이승의 여행을 마치니 이제 편안하다고, 그리고 마지막까지 기도로 함께해 달라고 하는 것 같았습니다.

건강한 우리들은 지금, 무엇이든 할 수 있다고 자신 있게 살고 있습니다. 하지만 이 몸은 아주 작은 바이러스 하나에도 곧 무력해질 수 있습니다. 의학이 아무리 발전해도 몸이 허물어지는 것을 막을 수는 없지요. 하지만 그때를 '대비한다'는 것은 보험을 들거나 병에 들까 걱정하고 불안해 하는 것이 아닙니다. 지금 이 순간을 친절한 사랑으로 가득하게 하는 것입니다. 연민의 마음으로 고통받는 이들을 기억하고 그들이 고통에서 벗어나기를 바라는 마음을 일으키는 것이지요.

가장 중요한 것은 누구도 죽음에서 자유로울 수 없다는 진리를 받아들이는 것, 언젠가 우리 모두는 죽는다는 사실을 늘 상기하는 것입니다. 그리고 지금 내가 할 수 있는 것이 무엇인지 헤아려 보고, 내가 갖고 있는 것 중에서 나눌 수 있는 것을 나눕니다. 우선 사랑의 마음이 온몸에 가득하도록 훈련하는 것이지요. 모든 존재들이 잘되기를 바라고 행복하기를 바라는 원願, wish을 일으키는 것입니다. 우리가 아무것도 할 수 없다고 느낄 때도 의식이 있는 한 우리는 우리의 생각과 감정, 감각과 의식 속에 친절한 사랑이 스미게 할 수는 있습니다. 두 번째로는 고통의 세상을 인식하고 세상을 향해 열린 가슴, 마음으로 그들을 바라보는 것입니다. 세 번째는 우리의 존재가 삶과 죽음이라는 단어에 갇히는 것이 아니라 지구별에 여행을 왔다는 것, 그래서 재미나게 신나게 살아야 한다는 것을 인식하는 것입니다. 이승의 행복을 누리고 내생의 행복을 위해 지혜롭고 정직하게 사는 것입니다. 마지막으로는 내가 집착하고 있는 것들, 애착하는 물건이나 사람들이 있는지 살펴봅니다. 혹은 싫어하고 혐오하고 원망하고 용서하지 못하는 사람들이 있는지, 있다면 그들과 어떻게 화해하고 풀어야 할지 방법을 강구하는 것입니다.

암 투병 중이신 국민시인 이해인 수녀님은 「어떤 결심」이라는 시에서 "많이 아플 때는 꼭 하루씩만 살기로 하고, 몸이 아플 때는 한 순간씩만 살기로 하면서 고마운 것만 기억하고 사랑한 일만 떠올리며 어떤 경우에도 남의 탓을 안 하기로 했다."고 합니다. 그리고 "고요히 나 자신을 들여다보기"를 선택하고 자신에게 "주어진 하루만이 전 생애라고 생각하니 저만치서 행복이 웃으며 걸어왔다."고 고백합니다.

오늘 하루 동안만 사무량심으로 여행하는 느낌으로 존재하면서 무엇을 하고 싶은지 탐색해 보시면 어떨까요? 친절한 사랑과 연민으로 자신과 타인을 대하면서 기쁘고 평온한 느낌을 만나는 경험을 해보시기 바랍니다. 나에게 주어진 시간이 오늘 하루, 지금 이 순간 밖에 없는 진실을 충만하게 살아보시는 건 어떨까요? 오늘만 살아가는 절실하고 소중한 여러분의 아름다운 존재여행으로 죽음의 공포를 극복할 수 있기를 기원합니다.

내 마음속 아이를 위해 기지개 춤을 추라

몇십 년 전 이 지구에 갓 태어난 우리는 숨 쉬는 것을 시작으로, 배고픔과 배설의 욕구를 울음이나 작은 움직임으로 표현하기 시작했습니다. 이때 가장 많이 했던 자세는 누워서 잠을 자거나 양육자의 품에 안겨 젖을 먹거나 기저귀를 가는 것이었습니다. 배가 고프다는 것을 느낄 즈음, 때에 맞춰 엄마의 젖을 배불리 먹을 수 있었고, 배설을 했을 때 적절하게 정리가 되었던 아기는 이후 세상을 편안하고 믿을 만한 곳으로 인식하고 마음껏 놀기 시작합니다. 하지만 배가 고파 아무리 울어도 젖이 들어오지 않거나, 배설을 해도 제때에 정리가 되지 않았으면 아기는 세상을 편안하게 느끼지 않았을 것이고, 점점 불만과 좌절을 경험했을 것입니다.

그런데 너무 규칙적으로 때에 맞춰 배불리 먹이거나 배설한 것을 바로바로 정리해도 문제는 있습니다. 배고픔이나 불쾌함을 경험해 보지 못했기 때문에 이후 삶에서 실패를 맞이할 때 참을성과 끈기를 발휘하지 못할 수도 있습니다. 또한 배설을 했을 때 누군가 금방 치워 버리는 경험을 했던 갓난아기는 자기가 창조한 것을 가져가 버리니 누군가 자기 것을 가져가 버릴지도 모른다는 불안을 갖기 쉽습니다.

엄마 젖꼭지를 물고, 옹알이를 하며, 방귀 소리를 내고 배설물을 뭉개는 것이 아기의 첫 번째 놀이며 삶이고 예술입니다. 아기가 뒤집기를 성공하고 앉는 것을 해냈을 때 양육자와 가까운 이들의 환호성과 축하, 칭찬의 소리들은 아기가 살아가는 데 커다란 자원이 됩니다. 무엇인가를 할 수 있다는 믿음, 자신이 하는 것이 다른 이들에게 기쁨이 될 수 있다는 무의식적 자신감이 자랍니다. 아기들의 손가락 움직임 하나, 눈동자 굴리는 것 하나, 몸을 뒤집고 기어 나가고 만지는 등의 놀이를 통해 여러 근육과 세포들과 뼈들이 발달하면서 자랍니다. 여러분은 그때 어떠셨나요? 잘 기억나지 않는다고요? 저도 마찬가지입니다.

　만약 그때 양육자의 보살핌이 어떠했든, 그 갓난아기의 욕구가 잘 채워지지 않았다면 세상을 잘 믿지 못하고 불안감을 자주 겪는 성격이 되었을 가능성이 큽니다. 타인과의 관계에서도 의심이 많거나 불만을 자주 터트리는 성격이 될 수도 있습니다. 잘 웃지도 않고 행복감이나 충만함이 무엇인지 모르면서 결핍감으로 끊임없이 채우려 애를 쓰는 성격으로 발전했을 가능성이 큽니다.

　이번에는 어린 시절의 채워지지 않았던 욕구와 함께, 살아오면서 세상과 타인과의 경험에서 채워지지 않았던 좌절된 욕구들을 보살펴 주는 내면 아이를 위한 움직임을 소개합니다.

　첫 번째로 바닥에 편안히 눕습니다. 그동안 중력의 무게를 반하느라 애썼던 뼈와 근육, 인대들을 모두 바닥에 내려놓습니다. 그러면서 내가 쥐고 있었던 의욕, 집착, 결핍감, 책임감 등도 함께 바닥에 내려놓습니다. 오만가지 생각을 하느라 무거웠던 뇌도 편안히 쉬게 해줍니다. 호흡과 몸의 감각에 집중하면서 몸의 어느 부분이 바닥에 닿지 않고 떠 있다면 그곳으로 숨을 내쉬면서 바닥에 다시 내려놓습니다.

만약 이때 호흡으로 잘 내려놓아지지 않는다면 두 번째 방법을 권합니다. 두 팔을 바닥에 붙인 채 머리 위로 크게 원을 그려 올리며 확장시켜 보는 겁니다. 두 다리도 바닥에 붙인 채 아래로 길게 늘어뜨려 봅니다. 그리고 두 팔은 위로, 다리는 아래로 길게 늘여 한없이 크게 확장시키면서 기지개를 켜 봅니다. 이때 신체의 어느 부위에 어떤 감각이 느껴지는지 알아차려 봅니다. 그리고 바닥에 몸을 밀착시켰다가 공간을 주어 떨어뜨리기를 반복하면서 뒹굴뒹굴해 봅니다.

이때 편안하게 기지개를 켤 수 있는가요? 바닥을, 대지를 믿고 나를 내려놓을 수 있는가요? 혹시 잠시도 쉬지 못하고 기지개를 켤 수 없을 만큼 여유와 시간이 부족한가요? 바닥에 누워 대지를 의지해서 기지개를 켜는 것은 내가 세상을 믿고, 나를 맡길 수도, 내려놓고 의지할 수도 있다는 것을 알려 주는 실험입니다. 기지개를 켜고 뒹굴뒹굴 빈둥거릴 때 어떤 정서를 느끼는지 알아차려 봅니다.

세 번째로 기지개를 몇 번 켜고 뒹굴뒹굴한 다음엔 움직임을 멈추고 쉬어 줍니다. 그리고 충분히 쉬어 편안해졌으면 '척추 트위스트'에서 소개한 아기 기저귀 가는 자세를 해봅니다. 기지개 자세가 세상에 대한 신뢰의 자세라면, 아기 기저귀 가는 자세는 자신을 맡기고 여는 자세입니다. 어떤 감정이나 정서가 느껴진다면 알아차리시고, 떠오르는 이미지나 상상, 생각이 있다면 이것도 알아차립니다. 아기 기저귀 가는 자세를 자유롭게 변형해서 스스로 기분 좋은 움직임을 찾아보는 것도 좋습니다. 저는 이런 움직임을 '기지개 춤'이라 부릅니다.

무엇보다 중요한 것은 이 모든 동작을 할 때 미소를 짓고 하는 것입니다. 결핍감으로 자신을 괴롭혀 왔다면 이 시간만이라도 여유를 허용하시고 만족하면서 입 꼬리를 올려 봅니다. 부족하고 불만스러웠던 과거는 모두 흘러갔습니다. 지금 이 순간 대지에 의지해서 평온하게 충분한 행복감을 느낄지 어떨지는 스스로 선택할 수 있습니다. 그 선택의 표현이 입 꼬리를 올리며 하는 '미소 짓기'입니다.

가능하다면 하루를 마감하는 때 좋아하는 조용한 음악을 틀어 놓고 적어도 15분 이상 기지개 춤을 춰 보시길 권합니다. 그리고 마지막엔 스스로 잘했다고 마치 어린 시절 결핍이나 과잉을 경험했던 내면 아이의 팔다리와 온몸을 어루만지듯 쓰다듬어 주세요. 위로와 보살핌을 담은 터치는 그 자체로 스스로를 돌보는 명상입니다. 충만하고 따뜻한 회복의 춤이 될 것입니다.

집착과 혐오를 도화지에 쏟으라

며칠 있으면 죽는다는 상상을 해보면서 도저히 두고 가기 힘든 것이 무엇인지 찾아보고 목록을 만들어 봅니다. 마찬가지로 아직까지 받아들이지 못하고 혐오하거나 싫어하는 것들이 있는지 찾아보고 적어 봅니다. 마치 '위시 리스트wish list'를 적듯이 말입니다. 평소에 애착하거나 싫어하는 물건이 있다면 그것도 적어 봅니다. 이렇게 목록을 만들 때는 의식이 방해하지 못하도록 아침에 일어나서 바로 적는 '모닝 페이지morning page'를 추천합니다.

줄리아 카메론은 자신을 방해하는 여러 적들에게서 벗어나 자유로운 창조성을 계발하기 위해서는 머릿속에 들어 있는 생각의 쓰레기들을 걷어 내야 한다고 합니다. 그리고 이를 위해 아침에 깨자마자 떠오르는 대로 세 페이지 정도를 적는 모닝 페이지를 추천합니다. 잠에서 깨자마자, 혹은 잠들기 직전 우리의 뇌파가 알파파와 세타파 중간 정도의 상태일 때, 즉 의식과 무의식의 경계 정도에서 적는 것입니다. 이때 무조건 떠오르는 대로 적는 것은 창조성이 활발하게 드러날 수 있도록, 일상의 잡다한 방해꾼들을 없애는 작업입니다. 적다 보면 표면에 있는 생각의 거품은 걷히고 진정으로 자신이 원하는 것이 무엇인지, 혹은 필요한 것이 무엇인지, 자신이 어떤 존재인지를 탐구하는 영적인 작업으로 나아가게 됩니다. 그래서 글은 마음에 새기는 영혼의 노래일지 모릅니다. 이 쓰기 명상을 하면서 무엇을 경험하든 해로운 것은 없다는 것을 인지하기 바랍니다.

우리의 현재 의식은 언제나 여기저기를 떠다니며 욕망과 성냄 사이를 표류하고 있습니다. 긍정적으로는 우리 안의 수십조 개의 세포 안식처에 수많은 삶의 교훈들이 자리하게 합니다. 쓰기 명상은 그 교훈들이 오늘 나의 삶의 경험과 만나 새로운 해답이나 질문을 불러 일으켜 새로운 길을 제시할 수 있다는 것입니다. 또 고통의 밤바다에서 풍랑을 만나 어디로 나아가야 할지 막막할 때, 별빛이나 등대, 혹은 커다란 구조선처럼 우리의 고통과 마음을 담아내고 인도해 주는 역할을 할 것입니다. 혹은 고요한 항구에 정박하도록 닻을 내리게도 합니다.

정신의학자 칼 구스타프 융 Carl Gustav Jung, 1875~1961은 우리들의 무의식 속에는 개인적인 것뿐만 아니라 고대 인류의 생물학적 과거로부터 내려오는 이미지와 신화를 지닌 집단 무의식이 자리하고 있다고 말합니다. 그는 심리적으로 어려움을 겪는 사람들과 만나 경청하면서 개인의 어려움은 결코 개인의 것만이 아니라는 것을 발견했습니다. 또한 스스로 혼란과 혼동을 겪을 때마다 무의식이나 꿈에서 길어 올린 이미지들을 종이에 형상화하는 작업을 하기도 하고, 내담자들에게 권하기도 했습니다. 내담자들과 그의 의식이 표현된 작품에는 개인적인 것과 집단 무의식적인 요소들이 혼재해 있음을 잘 알 수 있는데요. 융은 자신과 내담자들의 이런 표현 작업이 건강과 온전함을 회복하는 주요한 도구라고 보았습니다.

우리도 빈 원 안에 색과 선으로 이미지들을 표현하는 방식으로 예술 명상을 해보았으면 합니다. 종이에 그리지 않더라도 몸의 에너지의 흐름을 느끼면서 내적인 충동에 의해 일어나는 움직임을 허용하는 동작도 허공에 흔적을 남기지 않는 적극적이고도 즉흥적인 그리기 작업입니다. 융은 이런 작업을 할 때 인류 공통의 정신 유산이 상징으로 표현될 수도 있다고 했습니다. 바로 지구 생명체 속에 새겨진 고대의 지혜와 우주의 신비가 우리 정신에서 발현될 수 있다는 말입니다. 이런 작업은 우리의 직관을 깨우고 자신의 한계를 넘어설 수 있는 가능성을 열어 줍니다.

앞에서 종이에 언어로 쓰기를 했다면 이제는 보다 큰 종이에 크레파스나 사인펜, 파스텔 등의 색칠 도구를 준비해 놓고 자신의 감정을 체크해 봅니다. 특히 집착이나 애착, 미움이나 혐오로 평화가 깨졌을 때 그 대상이나 대상에 반응하는 자신의 이미지를 표현해 보는 겁니다. 우선 먼저 어떤 대상으로 인해 고통스럽다면 대상을 대변할 수 있는 색을 하나 선택하신 후 머리와 뇌는 손과 근육으로 보내고 따라 갑니다. 평소에 사용하지 않는 낯선 손과 근육의 지혜에 맡겨 보는 것도 좋습니다. 그림이나 색, 형체에 대해 배워 알던 것, 들었던 것, 경험했던 모든 것들을 내려놓습니다.

손이 가는 대로, 근육이 그리는 대로 허용하면서 눈과 마음으로 알 수 없는 미지의 세계와 하나가 되어 봅니다. 감정의 크기와 에너지 수준에 따라 선의 질감과 형태와 색의 종류들이 다르게 나타날 것입니다. 어떤 판단이나 평가나 해석도 하지 말고 에너지를 종이에 다 쏟아 낼 때까지 계속해 봅니다. 에너지가 모두 흘러 나간 뒤 몸과 마음의 흐름이 고요해진 다음, 종이에 쏟아 낸 미지의 형상이나 선들을 자세히 바라봅니다. 그러다 문득 어떤 이미지나 상상이 떠오른다면 의식의 수준에서 자신이 그만하면 되겠다는 생각이 들거나 만족스러울 때까지 이미지를 완성해 보는 것을 권합니다. 하지만 미완성이라도 괜찮습니다. 작품이 하나 탄생했습니다.

이때 주의할 것은 '자신의 기대와 눈높이에 맞지 않는 작품'일 수도 있다는 것입니다. 유치원이나 초등학생 수준의 작품이라는, 스스로의 평가를 자신과 동일시하지 않기를 바랍니다. 다만 종이에 나타난 작품, 그림이나 선이나 형태 중에 자신의 주의를 끄는 것이 있는지 잘 살펴봅니다. 그리고 그것이 자신에게 무슨 말을 하는지 귀를 기울여 봅니다. 단어나 문장일 수도 있고, 의성어나 의태어 등으로 말을 걸어 올 수도 있습니다. 거기에 어떤 은유나 비유, 혹은 의미가 담긴 나에게 필요한 메시지가 있을 수 있습니다. 표현한 작품 뒤나 종이에 이것을 적어 봅니다.

종이에 그림이 하는 말을 적은 후 지금까지의 과정에서 어떤 경험을 했는지도 간략하게 적어 봅니다. 자신에게 어떤 일이 일어났는지, 혹은 어떤 경험, 변형이 있었는지, 어떤 통찰이나 새로운 앎이 생겼는지 수확해 봅니다. 어떤 기대를 갖고 시작했는데 그에 못 미쳤다는 등 자신의 반응을 써 보는 것도 좋습니다. 그런 후 원망이나 화, 애착이나 집착의 괴로운 에너지들이 몸과 마음에 남아 있는지 확인해 봅니다. 남은 에너지를 호흡과 털기로 다시 내보내시고 휴식을 합니다.

자신의 상태가 격정적인 감정이 아니라도, 일상에서 어떤 이슈나 해결해야 할 질문이 있을 때 종이에 원을 그리고 그 안에 손이 가는 대로 선이나 형태로 채워 보세요. 삼라만상의 원리와 우주의 흐름을 상징하는 문양, 만다라mandala를 그려 보는 겁니다. 미술치료에서도 종종 사용되는 방법이지요. 원형의 그림을 자신이 내키는 대로 표현하여 만다라를 완성하는 작업을 통해 자신의 본질적 물음이나 이슈에 내면의 지혜가 이미지를 통해 해답을 줄 수 있습니다. 자신에 대해 잘 모르고 혼란스러울 때도 진정한 자신을 만나는 방법이 될 것입니다.

움직임으로 자기를 탐구하라

여기에서는 예술로 수행하는 또 다른 방법인 '진정한 동작authentic movement'에 대해 살펴보려고 합니다. 진정한 동작은 내가 이미 알고 있는 기지既知의 소마가 아닌 미지未知의 소마를 만나는 적극적인 명상법입니다. 이 적극적 명상법을 통해 내가 누구인지, 내가 가지고 있는 간절한 바람은 무엇인지, 나는 어떻게 살고 싶은지 등의 주제를 탐구할 수 있습니다.

진정한 동작은 삶의 주제들을 움직이면서 몸으로 사유하는 지혜를 구하는 방법입니다. 또한 부정적인 감정을 털어 내고 고요함에 이르고 싶을 때 소마를 움직이도록 허용해 내가 원하는 평정에 이를 수 있는 방법입니다. 그리고 소마가 주변 대상과 어떤 관계를 원하는지, 어떻게 해야 편안하게 관계를 맺는지 몸으로 탐색하고 실험할 수 있는 도구이기도 합니다. 어떤 질문이든 품고 움직임이 일어나도록 허용하면 내면의 지혜에 귀를 기울이면서 길을 찾아갈 수 있습니다.

아무도 방해하지 않는 시간과 공간을 선택하셔서 자신의 간절한 열망을 찾아보고자 하는 의도를 갖습니다. 또 무언가 의문 나는 것이나 주제가 있다면 자신의 소마에게, 세포 수준으로 질문하면서 움직임을 기다려 보시기 바랍니다. 소마에 있는 세포 수준의 움직임을 자각할 수 있을 만큼 지극히 미세한 감수성으로 자신의 움직임에 마음을 열어 보시기를 초대합니다.

 내가 간절히 바라는 것이 무엇인지 사유할 때 호흡은 어떻게 변화하는지, 어떤 신체 감각이 알아차려지는지 살펴봅니다. 그리고 어떤 감정이 있는지, 그 감정은 어떤 에너지로 흐르는지 그 흐름을 따라가 보세요. 그리고 눈을 감고 움직임의 충동이 생길 때까지 기다려 봅니다. 그러면 어떤 미세한 움직임이 일어나는 것을 느끼거나 알아차릴 수 있을 것입니다. 이때 중요한 것은 소마 안에서 일어나는 움직임의 충동을 자각하고 움직일 수 있도록, 마음이나 생각으로 제동을 걸거나 멈칫하거나 간섭하지 않는 것입니다. 그냥 움직임이 드러날 수 있도록 소마의 충동에 따라 흐름을 타는 것입니다. 이때 어떤 이미지나 내적인 경험들과 연결된 움직임이 드러나도록 합니다. 기다리는 시간 동안 내적인 긴장을 느낄 수도 있습니다. 이 긴장을 견딜 수 있는 능력은 이후 움직임을 하는 추동력이 될 수도 있을 것입니다.

　동작 치료사인 메리 화이트하우스Mary Whitehouse, 1910~2001는 진정한 동작이 일어나고 있는 순간에는 '움직여지고 있다는 감각과 움직이고 있다는 두 감각을 자각'할 수 있다고 했습니다. 이때 자신의 움직임을 온전하게 목격해 줄 수 있는 도반이 있다면 더 안전하게 내적인 추동에 따라갈 수 있습니다. 만약 목격하고 지지해 줄 수 있는 분이 없다면 자신의 내면, 관찰적 자아가 목격하고 있음을 알아차리면서 움직여도 좋겠습니다.

　이 진정한 동작은 동양의 행공 수행과도 비슷합니다. 행공 수행은 내면의 진정한 근원을 찾으려는 의도를 갖고 근원에서 비롯한 에너지의 흐름을 느끼고 그 흐름이 움직임이 되어 나오도록 기다리고 허용하는 움직임 명상입니다. 이 역시 생각이 움직임을 방해하지 않도록 내려놓고 흘려보내는 것이 시작입니다. 몸 깊숙한 근원적인 에너지 흐름이 움직임을 리드하도록 허용합니다.

　이때도 소마의 감각에 내맡기고 어떤 미세한 움직임을 알아차리고, 그 움직임이 계속 일어나도록 허용합니다. 어쩌면 이때 간절한 열망, 염원이나 혹은 처리되지 않은 부정적인 감정 등이 움직임을 이끌 수도 있습니다. 무엇이 일어나든지 그냥 그것을 허용하면서 움직임을 따라가 보세요. 이 움직임이 그동안 여러분이 한 번도 가 보지 않은 미지의 세계로 인도할지 모릅니다. 그럴 때 소마를 믿고 따라가 머물면서 일어나는 것들에 마음의 공간을 활짝 열어 어떤 경험을 하게 될지 기대를 품고 탐험해 보시기를 바랍니다.

    동작이 기도가 되고 명상이 되는 방법 중 하나는 어떤 동작이 의미가 있고 자꾸 반복되어 나온다면 충분히 그 동작에 머무는 것입니다. 수피들이 종교 의식에서 빙글빙글 돌며 추는 춤, 세마sema도 단순한 동작의 반복 움직임을 통해 황홀경에 들어갑니다. 무술이나 요가 자세에도 다양한 움직임이 있지만 모두 반복한다는 원리가 있습니다. 다만 집착하지 않으면서 그 움직임을 반복하여 깊이 머물 때 자신에 대한 더 미세한 관찰과 통찰의 지혜가 일어날지도 모릅니다. 이 움직임이 우리 존재에 대한 새로운 앎으로 가는 길이 되어 줄 것입니다.

보다 (캔버스에 수채, 45cm×52cm)

웃음을 좋아하는 폐가 바다의 웃음인 하얀 소금처럼
행복하고 평안하고 안락한 모습을 상상합니다.
몸의 독소를 해독하고 정화하는 간이 푸르고 울창한
숲처럼 싱싱하게 넘실거리는 것도 그려 봅니다.
그리고 콩팥과 신장은 깊은 연못의 검푸른 고요함으로
잔잔하게, 건강하고 활발하게 살아 움직이는 모습을
상상해 봅니다.

Sophia

지혜롭게 수행하는 사무량심

이 세상 어디에선가는 우리의 고통을 들이마시며
그들의 지복과 자유를 우리에게 보내는 이들이 있습니다.
아무런 이유 없이 자신의 마음이 무겁거나 어두워질 때는
누군가의 고통을 함께 느끼는 것이라 여겨 보시길 권합니다.

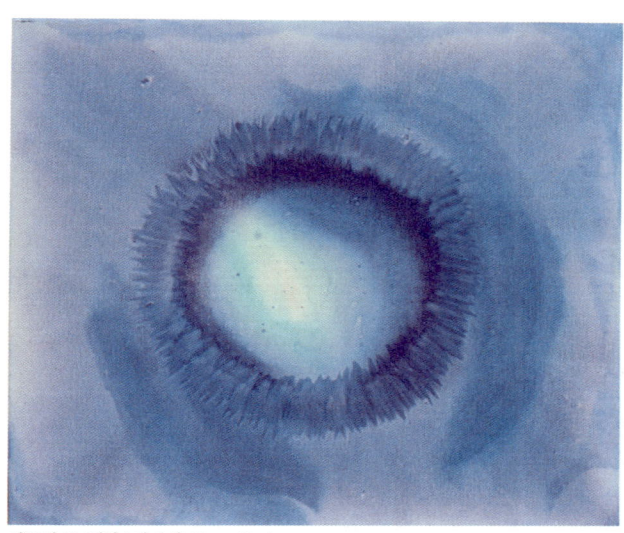

비춤의 춤 (캔버스에 수채, 45㎝×52㎝)

지혜sophia는 멈추고stop 머물러stay, 바라보는see 치유 순환 방식에서 탄생합니다. 평온하고 고요한 상태에서 도달하는 열매이지요. 그런데 지혜는 우리들이 수행이나 명상을 할 때 고요하고 평온한 상태를 탐닉하는 욕망을 내려놓게 하기도 합니다. 마찬가지로 자애와 연민, 기쁨과 평온이라는 네 가지 무량한 마음을 자신만의 안위와 행복을 위해 일으킨다면 이 또한 어리석음이 작동한 것입니다. 이때 나와 내 것이라는 '아我'와 '아상我想'의 번뇌를 자를 수 있는 것이 바로 지혜의 칼입니다.

사무량심은 긍정적인 천상의 마음 상태로, 사람을 살리는 너무나 아름답고 고결한 마음이지만 이 또한 고정되거나 실체가 없음을 아는 것이 지혜입니다. 사무량심은 어느 날 저절로 생기는 것이 아니라 조건과 원인을 짓고 계속 의도를 일으키고 만들어 익숙해져야 가능하다는 것을 인식하는 것도 지혜입니다. 그래서 정진이 필요하고 방일하지 않고 지속적으로 자신을 제어해야 하는 것을 아는 것도 지혜입니다. 지혜로운 자애와 연민과 기쁨과 평온이어야 붓다가 말씀하신 사무량심이 됩니다.

붓다 당시 믿음으로 출가한 이들 중에 제일이라고 붓다께 칭찬을 받은 랏타빨라 존자라는 분이 있습니다. 존자는 부처님께서 설한 법문을 듣고, 재가에 살면서는 지극히 청정한 소라고둥처럼 빛나는 삶을 실천하기 어렵다는 것을 깨닫고 붓다께 출가를 허락해 달라고 요청합니다. 외아들인 그는 우여곡절 끝에 친구들의 도움을 받아 부모님의 허락을 받고 출가를 합니다. 존자가 출가할 무렵, 부모님은 그가 출가 후 반드시 집으로 당신들을 보러 와야 한다는 조건을 걸었습니다. 랏타빨라 존자가 출가 후 얼마 지나 부모님을 뵈러 가자 부모님은 온갖 장신구와 먹고 마실 것 등 세상 사람들이 추구하는 것들을 준비하고 기다리고 있었습니다. 하지만 랏타빨라 존자는 "이 세상은 불안정하여 휩쓸려 가버린다. 이 세상은 의지처도 없고 보호자도 없다. 이 세상은 내 것이라고 할 것이 아무것도 없다, 이 세상은 불완전하고 만족이 없으며 갈애의 노예 삶이다."「랏타빨라경」이렇게 노래하고 발우에 필요한 만큼의 공양물만 받아 떠납니다.

우리는 안정을 구하고 의지처와 보호자와 내 것을 갖기 위해 평생을 노력하지만 결코 그러한 삶을 살 수 없습니다. 왜냐하면 갈애의 노예로 살기 때문입니다. 우리들이 추구하는 감각적 욕망은 목마를 때 바닷물을 마시는 것과 같이 만족이 없습니다. 그래서 랏타빨라 존자를 위시한 위대한 종교적 인물들은 욕망의 뿌리인 갈애를 이생에서 뿌리 뽑기 위해서 몸과 마음을 단속합니다. 그리고 더 근원적인 진정한 행복을 위해, 감각적 욕망의 굴레를 잘라 버리기 위해 출가를 합니다. 하지만 집을 떠나 삭발하고 먹물 옷을 입는 것은 상징적인 겉모습입니다. 진정한 출가는 무상을 알고, 갈애를 따라 여기저기 헤매는 현실의 습관을 뛰어 넘는 노력을 매일, 매 순간 실천하는 것입니다. 이것이 완전한 열반을 향해 가는 출가의 길입니다.

불교에서 말하는 완전한 행복 니르바나nirvāna은 탐욕貪慾과 성냄瞋
과 어리석음癡이 소멸한 상태를 말합니다. 제가 이해한 완전한 소멸과
행복은 수많은 마음 먹기와 시도, 실험과 꾸준한 노력을 조건으로 어느
날 빛처럼 환희롭게 펼쳐진다고 봅니다. 탐·진·치에서 벗어나는 불교 수
행은 자칫 엄숙하고 무겁고 힘들다는 인상을 줄 수 있습니다. 물론 각고
의 노력과 치열한 구도의 집중 수행 시간은 꼭 필요합니다. 하지만 그 시
작을 '좀 가볍고 재미나게 할' 방법은 없을까 사유해 봅니다. 어쩌면 무상
과 무아를 계속 인지하는 지혜로 가능하지 않을까 생각합니다. 존재여행
은 무상해서 무엇이든 가능성이 있고, 무아이기 때문에 변화할 수 있어
생활과 삶에 지혜를 적용하여 누구나 수행의 길을 갈 수 있지 않을까 꿈
꾸어 봅니다.

최상의 행복인 니르바나를 향해 가는 구도의 길에서 가장 중요한 것
은 '일체 존재의 행복을 위하고 바라는 마음에서 깨달음을 이루겠다는 각
오를 일으키고 실천하는 것'이라고 봅니다. 이를 각각 보리심菩提心과 보
리행菩提行이라고 합니다. 보리심에는 절대적인 보리심과 상대적인 보리
심이 있습니다. 절대적인 보리심은 공성을 깨닫고 일체 중생을 구제하겠
다는 상想 없이 일으키는 마음입니다. 개념이 사라진 이 마음은 모든 불
보살님들의 마음이라 그 경지에 들어가 보지 못한 범부들은 상상조차 어
려운 마음입니다. 이를 무분별지에서, 하되 함이 없는 길이라고 합니다.

이것이 개념적으로 어렵다면 좀 더 쉬운 붓다의 말씀을 들어보겠습니다.

「마하순냐따경」에서는 공성의 지혜를 발견하기 위한 방법을 붓다께서 가르쳐 주십니다. 어느 날 제자들이 가사를 만들기 위해 사꺄족의 처소에 모여 서로 즐기고, 기뻐하는 모습을 보시고 붓다는 이렇게 말씀하십니다. "비구가 동료들과 모임을 즐기고 모임의 즐거움에 몰두하고 무리에서 즐기고 무리에서 기쁨을 구한다면, 벗어남의 더없는 기쁨과 떠남의 더없는 기쁨, 평화의 더없는 기쁨과 깨달음의 더없는 기쁨을 곤란이나 어려움 없이 뜻대로 얻는다는 것은 불가능하다."고 말입니다. 그리고 "여기 여래에 의해 발견된 머묾이 있다. 보이는 모든 것에 주의를 기울이지 않음으로써 안으로 비어 있음에 머무는 것을 발견했다. 만일 안으로 비어 있는 마음에 머물기를 원한다면 마음을 차분히 안정시켜야 한다. 그리고 고요히 하고 골똘히 한 가지에 집중해야 한다."고 설하십니다. 바로 선정과 지혜의 관계를 보여 주시는 겁니다.

붓다께서 이 경전에서 말씀하신 열반은 '벗어남과 떠남, 평화, 깨달음의 더없는 기쁨'입니다. 이는 사람들이 추구하는 감각적 오욕락을 넘어서는 것이지요. 이런 기쁨과 평화를 얻기 위해서는 고요하게 마음을 차분히 가라앉히는 선정을 닦고 집중해서 공성에 대한 지혜를 발견하라는 말씀입니다. 샨티데바 스님은 이것을 '분석 과정에서 일어나는 수행자들의 양식'이라고 표현했습니다. 하지만 누구나 여기에 단번에 이를 수는 없기에, 대승불교에서는 보살의 길을 제시합니다.

　　공성을 완전히 깨치지 못해도 일체 존재들을 고통에서 벗어나 기쁘고 행복하게 하겠다는 마음이 상대적인 보리심이고 이런 마음으로 하는 모든 행위가 분별지로 실천하는 삶입니다. 바로 깨달음의 원인이 되는 선업을 쌓는 공덕을 계속 지어 가는 이들이 일으키고 실행하는 보리심 수행이지요. 무상과 무아의 지혜가 섬광처럼 우리 마음을 잠시 스쳐 지나갈 때 자유를 느끼고 고요함에 이를 수 있습니다. 또한 애착과 집착의 습관에서 벗어나게 됩니다. 이때 나와 내 것에 대한 습관적 집착이 아닌 순수한 동기를 바탕으로 나눔과 윤리적인 삶을 살 수 있습니다. 선업을 쌓는 공덕을 지속하는 정진과 부정적인 마음을 인욕할 수 있는 용기가 생깁니다. 이때 바른 선정과 지혜로 나아갈 수 있을 것입니다. 삶이 가져다주는 일시적인 행복과 괴로움의 바다에서 허우적거리지 않고 지혜의 배에 오를 수 있으면 좋겠습니다. 일체 존재를 위한 네 가지 무량한 마음을 기르는 것은 지혜의 배에 오르는 탑승권입니다. 지혜로운 사무량심을 기르기 위해 고요하고 한적한 시간을 가져보면 어떨까요? 외로움을 느끼는 시간이 아닌 스스로 선택한 고독의 시간, 홀로 비추어 보는 시간 말입니다. 고독에서 선정으로, 선정에서 지혜로, 지혜에서 열반으로 가는 길을 만들어 보시기를 기원합니다.

01

나와 너를 위한 조건 없는 사랑

생명은 조건 없는 사랑으로 피어난다

예전에 인큐베이터 속에서 죽음 직전에 있던 아기가 쌍둥이 형이 감싸 안아줘서 살아나는 영상을 본 적이 있습니다. 쌍둥이 중 동생은 심장 질환으로 죽어가고 있었는데, 건강한 형이 동생을 감싸 안아준 것이지요. 그러자 동생의 심장이 천천히 안정되기 시작해 마침내 건강하게 살아났습니다. 동생의 생명에 다시 불을 지핀 것은 쌍둥이 형의 조건 없는, 자연스런 사랑이었습니다. 이처럼 돌봄care은 친절한 사랑loving-kindness으로 생명이 시작한 순간부터 필요할 때마다 자연스럽게 일어납니다.

미국의 손드라 배럿Sondra Barrett 박사는 지구에서 생명이 처음 시작된 것은 분자들이 떠돌다 서로 만나 이루어진 것이라고 보았습니다. 분자들이 소금물에 달라붙어 빙빙 돌며 떠돌아 다니다 다른 분자를 만나 서로 포옹으로 합쳐져 생명의 그릇이 만들어졌다고 말이지요. 가톨릭 사제이자 지구 고생물학자인 테야르 드 샤르댕Teilhard de Chardin도 우리 인간들이 하는 포옹이라는 행동은 이 분자들의 포옹하는 본성과 능력에서 나왔다고 말합니다. 저는 이 두 분의 견해에 동의합니다.

동양의학에서 심장은 순환계의 중심 근육이며 정신의 집이라고 알려져 있습니다. 현대의학에서도 심장은 뇌와 함께 기억하고 판단하는 기능과 스트레스와 면역 시스템, 그리고 정서를 조절한다고 말합니다. 미국 하와이대학교의 폴 피어설Paul Pearsall 박사도 심장이 가지고 있는 세 가지 습관에 대해 말합니다. 모든 세포의 기억을 연결하고, 양육하며, 통합하는 과정으로 우리가 누구인지, 무엇을 필요로 하는지, 우리가 주어야 할 것은 무엇인지를 만들어 낸다고 말입니다. 지혜와 자비를 향해 나아가고 있 심장은 감사, 용서 등의 감정과 함께 돌봄과 사랑을 주고받고 있다고 느끼면 안정적으로 작동합니다. 이때는 웃음과 빛나는 눈동자와 활기찬 걸음으로 온몸이 원활한 흐름을 유지하고 의욕이 충만합니다. 하지만 지나친 사랑과 돌봄은 우려overcare가 되고, 기대에 못 미치거나 걱정이 많으면 스트레스를 받습니다. 스트레스로 인해 불안해지고 긴장을 느끼면 심장의 박동이 불규칙해지거나 안정감이 무너지기 시작합니다. 여기에 미움이나 원망의 감정으로 화를 자주 낼 경우 심장 박동은 엉망이 되어 결국은 심장이 다치게 됩니다. 가까이 있는 이들에게 좋지 않은 영향을 미칠 뿐만 아니라 자신의 건강도 해치게 되는 것입니다.

심장에서 발생되는 전자기파는 뇌의 5천 배나 되어 심장과 몸에서 느끼는 감정은 반경 3미터 안에 있는 상대방에게 전해진다고 합니다. 우리의 감정이 고스란히 가까이 있는 사람에게 전달되는 것이지요. 캘리포니아 통합 학문 연구소 전임교원이면서 소마 학습의 창시자인 리사 카파로 Risa F. Kaparo는 그의 글 「기도 The Invocation」에서 이렇게 노래합니다. "성취하려고 긴장할 필요는 없어요. / 삶을 변화시키려고도 하지 마세요. / 그대 깊은 곳. 사랑이 무엇을 원하는지 느껴 보세요. / 그러면 희망하는 일들이 그대에게 다가옵니다. / 갈망하는 마음을 멈추세요. / 시간은 무한하답니다."게 힘을 주는 부위는 없는지 알아차리면서 걷습니다. 들숨에 몇 걸우리 존재의 가장 깊은 근원이 원하는 것은 무엇일까요? 떠다니던 분자들이 소용돌이치는 물속에서 뒤섞이고, 세포들의 포옹이 생명을 탄생시켰음을 알고 있는 우리의 심장을 건강하게 뛸 수 있게 하는 것은 진정한 사랑일 것입니다. 생명을 담을 수 있는 안식처인 조건 없는 사랑, 그리고 이완, 있는 그대로의 현존입니다. 그러려면 멈추고 머물고 바라보는 존재 방식을 선택해야 합니다. 이를 '존재의 기도'라 할 수도 있을 것입니다. 만개한 모습을 만들어라. / 너의 발끝으로 대지에 입 맞춰라. / 너의 사하루 일을 마친 후 잠자리에 들기 전 생명에 대한 조건 없는 사랑을 탐구하는 시간을 가져 보시길 초대합니다.

첫 번째로, 고요히 앉아 자신의 감정이 어떤지 살펴보면서 두 손을 가슴에 대고 심장 박동을 느껴 보시길 권합니다. 그리고 지금의 내가 존재하기까지 생명의 시작부터 받아 왔던 사랑과 돌봄의 손길들을 기억하며 고마움을 느껴 봅니다. 그 다음으로, 오늘 어떤 고마운 일들이 있었는지 헤아려 보며 그것들에 대해 감사함을 느낍니다. 마지막으로 심장 위에 얹혀 있는 따뜻한 두 손으로 심장에서부터 온몸으로 하루를 잘 살아 낸 스스로에게 조건 없는 사랑을 보냅니다. 그리고 가만히 손을 자연스럽게 내려놓습니다.

두 번째는, 누군가에게 실망하거나 불만족스러웠거나 미워하고 원망한 것이 있었다면 용서하기를 선택해 보시길 권합니다. 먼저, 그 사람도 나와 같이 행복을 원하고 고통을 싫어하는 평등한 사람임을 알아차립니다. 그리고 그도 나와 같이 존재여행에서 배우는 과정에 있는 사람임을 인정합니다. 그도 나와 같이 실수와 잘못을 할 수 있는 사람임을 되새겨 봅니다. 다음으로 몸과 마음을 묶고 있었던 불편한 감정들을 내려놓으며 그 사람도 생명의 본성인 사랑에 연결되기를 기원합니다. 모든 감정을 조건 없는 생명의 사랑에 가만히 놓아두고, 잠에 듭니다.

세 번째는 새날을 맞은 아침에 가장 먼저 보는 가족부터, 새롭게 만나는 친구나 도반, 연인이 있다면 먼저 다가가 안아 주며 생명의 사랑을 나누어 보시길 권합니다. 언젠가 사람들이 붐비는 곳에서 프리 허그를 하면서 조건 없는 사랑을 실천하는 유행이 있었습니다. 행복을 위한 나눔을 깨우는 운동이었다고 봅니다. 현대인들이 서로 섬처럼 살아가는 현실에서 낯설고 모르는 이들을 향해 생명의 온기를 전하는 행위는 그 자체로 사랑의 실천 수행입니다.

모르는 사람들에게도 실천 가능한 안아 주는 수행이 좋은 습관이 되도록 하려면 적어도 21일간 이상 지속해야 합니다. 뇌가 새로운 습관을 형성하기까지는 생각이 대뇌피질에서 뇌간까지 내려가는 최소한의 시간이 21일이기 때문입니다. '뇌지도'에 행복으로 가는 길을 하나 더 추가하는 것이지요. 뇌간은 체온과 혈압 같은 생명 유지 장치를 관장하는 곳으로, 다른 뇌 부위가 손상될 경우에는 장애를 입지만 뇌간의 손상은 죽음과 직결된다고 합니다. 심장이 뛰어 온몸에 피를 공급하는 것처럼 하나의 생각이 뇌간에 이르러야 자연스러운 습관이 되어 몸에 밴다고 합니다. 좋은 생각, 좋은 의도를 최소 21일은 반복적으로 실천해야 뇌가 비로소 길을 내준다는 것이지요.

    우리가 사랑으로 호흡한다는 것을 기억하도록 심장의 박동을 나누는 안아 주기가 좋은 습관이 되려면 역시 반복해서 훈련해야 합니다. 누군가 자신에게 사랑을 주기만 기다리기보다 적극적으로 사랑을 나누는 실천을 해보시기를 권합니다. 활기찬 신경 전달 물질과 에너지로 온몸과 마음이 더 건강해질 것입니다.

나를 친밀하게 느끼고 사랑하게 상으로의 여정을 시작할 수 있는 준비를 하라고 권합니다.

지구별에 와서 만났다 헤어진 사람들, 사랑하고 미워했던 이들 중 아붓다 당시, 화환을 만드는 이의 딸이자 예쁜 외모를 가진 말리까가 빠세나디 왕과 결혼을 한 후 붓다께 세상에서 가장 소중하고 아름다운 것이 무엇인지 물었습니다. 그러자 붓다께서는 세상 사람들이 가장 사랑하는 것은 '자기 자신'이라고 말씀하셨습니다. 그리고 "마음으로 사방을 찾아보건만 자신보다 사랑스러운 자 볼 수가 없네. 이처럼 누구에게나 자신이 사랑스러운 법 그러므로 자기를 사랑하는 자, 남을 해치지 마세."라는 게송을 읊는 장면이 『상윳따니까야』에 나옵니다. 못했던 사람들과 사건, 상황들이 내용은 우리 모두 이 세상에서 자신을 가장 소중하게 여기고 사랑한다는 뜻입니다. 이 사실은 우리가 다른 이들로부터도 사랑을 원하고 따뜻한 친절을 받을 때 행복해지며, 누군가로부터 무시를 당하거나 관심을 받지 못할 때 위축되는 경험을 통해서도 알 수 있습니다. 그래서 누구나 가까운 사람들로부터 관심과 친절한 사랑을 원하고 기대하며 삶의 에너지를 온통 그쪽으로 사용하고 있는지 모릅니다.

하지만 우리가 원하는 대상에게 우리가 원하는 만큼 원하는 때에 사랑을 받는 행운을 누리는 것은 쉽지 않은 일입니다. 우리가 어린아이였을 때 충분한 애착 관계를 통해 안정적인 세계관을 가질 수 있었던 것은 행운일 수 있습니다. 특히 우리가 살고 있는 사회는 가족 구성원 모두 바빠, 서로에게 따뜻한 관심을 기울이지 못하는 기이한 곳으로 변해 가고 있습니다. 이런 곳에서 어떻게 충분히 사랑받을 수 있을까요?' 하고 말입니다. 이때 우선 다른 이에게 사랑을 받으려는 마음을 내려놓고, 자신을 사랑으로 양육하는 방법을 선택했으면 합니다. 여기서는 스스로를 친절하게 사랑하는 탁월한 방법을 소개합니다. 『숫타니파타』의 「자애경」에서는 "살아 있는 모든 것은 다 행복하고 평안하고 안락하기를 바라는" 마음을 가지라고 합니다. 또 "약하거나 강하고 굳세거나, 그리고 긴 것이건 짧은 것이건 중간이건 굵은 것이건 가는 것이건, 또는 작은 것이건 큰 것이건, 눈에 보이는 것이나 보이지 않는 것이나 멀리 살고 있는 것이나 가까이 살고 있는 것이나, 이미 태어난 것이나 앞으로 태어날 것이나 살아 있는 모든 것은 다 행복하기를 바라는" 마음을 일으키는 것입니다.

이 경전 구절을 우리 몸속에 살았거나, 살고 있거나, 미래에 살 수많은 세포와 미토콘드리아 같은 미생물에 해당시켜도 좋을 것입니다. 매일 하루 중 언제라도, 자신을 친절하게 돌보고 사랑하기 위한 시간을 마련하기를 초대합니다. 우선 모든 세포 속의 살아 있는 생명이 행복하고 평안하고 안락하기를 바라는 마음으로 머리끝에서부터 발끝까지 스캔을 해 봅니다.

다음으로 몸속에 있는 장기들을 하나씩 떠올려 보며 스스로 줄 수 있는 사랑을 선물해 봅니다. 웃음을 좋아하는 폐가 바다의 웃음인 하얀 소금처럼 행복하고 평안하고 안락한 모습을 상상합니다. 몸의 독소를 해독하고 정화하는 간이 푸르고 울창한 숲처럼 싱싱하게 넘실거리면서 혈액 속으로 생기 있고 평안하게 흘러 들어가는 것도 그려 봅니다. 비장과 위, 소장, 대장 등 소화 기관들이 해바라기 가득한 황금 들판처럼 환하고 따뜻하게 빛나고 있음을 상상합니다. 그리고 콩팥과 신장은 깊은 연못의 검푸른 고요함으로 잔잔하게, 건강하고 활발하게 살아 움직이는 모습을 상상해 봅니다.

이제는 우리 몸을 구성하고 지탱하고 있는 뼈들에게 고마움과 사랑의 에너지를 보냅니다. 통으로 빛나는 기둥처럼 우뚝한 꼬리뼈부터 경추, 그 사이로 신경 다발과 척수가 계곡처럼 맑고 활기차게 흐른다고 상상하면서 이들에게 고마움을 전합니다. 고관절과 골반강의 뼈로부터 대퇴부를 지나 무릎과 정강이와 발목과 발과 발가락을 이어 주는 다리와 발의 뼈 속에 무기물과 영양분이 가득하게 있다는 상상을 하며 사랑과 고마움을 전합니다. 척추에 연결되어 있으면서 몸속의 장기들을 보호하는 갈비뼈와 쇄골, 어깨로 연결되는 견갑골과 팔에서 손과 손가락에 이르는 뼈들 역시 우리 존재의 토대를 이루고 있음을 고마워하면서 사랑의 에너지를 보내 봅니다.

맥박은 순환계와 면역계, 신경계와 심혈관계 등 모든 흐름을 원활하게 하고 감정이나 스트레스로 인한 사유와 움직임의 변화를 자각하도록 하는 중요한 매개체입니다. 우리 몸의 형태를 이루고 있는 공간 모양의 관인 구강, 흉강, 복강, 골반강들이 형성되어 여러 층을 이루고 있음을 상상해 봅니다. 여러 겹으로 된 주머니 형태의 관들에서 맥박이 건강하고 활기차게 수축과 팽창을 반복하며 뛰는 것을 상상해 봅니다. 이렇게 뛰는 맥박은 중추신경계와 근육과 뼈들, 내부 장기들, 신경 호르몬들을 펌프질하여 스트레칭과 압박, 압축, 리듬으로 반응하여 우리 인체를 형성하는 데 기여하고 있음에 고마움을 표현하고 사랑의 에너지를 보냅니다.

맥박은 두개골과 흉부, 복부, 골반 내부 공간에 액체가 모이고 흐르는 자궁과 방광, 신장의 생명 기능에 지대한 영향을 미치고 신진대사의 균형을 이루어 줍니다. 건강한 맥박은 온몸에 공기와 혈액, 호르몬 등을 실어 나르고 수축과 팽창을 통해 존재의 정체성을 통합하고 균형을 유지하려는 수고와 활동을 합니다. 그렇지 못한 맥박도 우리 몸과 마음의 정합성을 회복하려는 움직임입니다. 어떤 맥박을 느끼고 관찰할 수 있든 자신의 맥박에 고마움과 사랑의 에너지를 보냅니다.

온몸을 관통해 흐르는 맥박에 고마움과 사랑을 충분히 보냈다면 두 손과 팔을 펼쳐 온 세상을 향해 맥박의 움직임으로 사랑과 돌봄을 실천해 봅니다. 자신에게 충분한 사랑을 줄 수 있고, 조건 없이 사랑의 존재로 현존할 수 있다면 그 현존과 사랑은 자신의 경계를 넘어 다른 이들에게도 흐르게 될 것입니다. 자신을 귀하게 여기는 사람은 타인도 귀하다는 것을 소홀히 하지 않고 건강한 관계를 유지할 수 있습니다. 인슐린에 대한 민감도를 개선시키고, 심장과 심혈관계를 건강하게 만듭니다. 그래서 운동은 현존하는 어떤 약도 흉내 낼 수 없는 마법의 약입니다.

세계적인 신경과학자이자 우울증 전문가인 알렉스 코브Alex Korb는 운동을 예찬하는 한 사람입니다. 그의 연구에 의하면 운동은 뇌를 이롭게 하면서 정신을 예리하게 만들고 계획을 세우거나 결정을 내리는 데 도움을 준다고 합니다. 운동이 몸에 가져다주는 이익으로는 에너지와 활력을 주고, 수면의 질을 높이고 뇌의 회복을 돕는 것입니다. 또한 식욕을 증진해 건강을 개선해 주고, 사회적으로는 세상을 향해 밖으로 나가게 하기도 합니다.

소마는 운동을 통해 스스로 치유하고 회복하는 능력이 있습니다. 하지만 우리는 알아차림 없이 무의식적으로 움직이는 때가 더 많습니다. 스스로 회복하는 능력은 운동 감각을 예민하게 알아차리는 것에서 시작합니다. 운동 감각 신경이 발달할수록 회복 탄력성도 높습니다. 운동 감각 신경은 신경계의 말단 부분과 근육, 힘줄, 인대, 뼈, 관절의 끝에 있는 신경을 말하는데 이는 우리가 움직이는 것을 알아차릴 수 있도록 합니다.

자애 에너지로 의식 공간을 가득 채워라입니다. 현대 안무가이자 움직임 교육자인 안나 할프린은 우리들이 운동 감각을 강화하고 개발하면 흥분되고 흥미롭고 행복한 삶을 영위할 수 있다고 합니다. 댄서와 배우, 운동선수와 곡예사 등은 이 운동 감각을 개발하기 위해 많은 노력을

붓다께서 크샤트리야들이 많이 모여 사는 깔라마에 가셨을 때 깔라마인들이 붓다께 질문을 합니다. 세상에 많은 스승들과 가르침이 있는데, 어떤 스승들로부터 어떤 가르침을 들어야 하는지 알려 달라고 청합니다. 그때 붓다께서 깔라마인들의 배우고자 하는 의지를 칭찬하시면서 그 유명한 가르침을 설합니다. '소문이나 전승이나 성전聖典에 전해 오거나 추론해 보니 이유가 적절하거나 사색한 견해와 일치하거나 스승인 당신이 가르쳐 준 것이라 하더라도, 실행해 본 후 자신에게 손해를 끼치거나 유익함이 없으면 버리라'는 가르침입니다. 그리고 행복에 장애가 되고 괴로움의 원인이 되는 것은 탐·진·치라는 것을 그들 스스로 깨닫게 문답으로 가르치십니다. 동서고금을 막론하고 자신의 가르침이라도 유익하지 않으면 버리라고 한 지도자는 붓다뿐입니다. 저는 그것이 붓다의 위대함이며, 존경받아 마땅하고, 배움에 대한 명쾌한 답이라고 생각합니다.

더불어서 붓다는 "자애가 함께한 마음으로 한 방향을 가득 채우면서 머물고, 그처럼 두 번째 방향을, 그처럼 세 번째 방향을, 그처럼 네 번째 방향을, 이와 같이 위로 아래로 주위로, 모든 곳에서 모두를 자신처럼

01 나와 너를 위한 조건 없는 사랑

여기고, 모든 세상을 풍만하고, 광대하고, 무량하고, 원한 없고, 악의 없는 자애가 함께한 마음으로 가득 채우고 머물라."「깔라마경」고 가르칩니다.

이 경전 구절의 핵심은 '모든 곳에서 모두를 자신처럼 여기고 자애로 가득 채우라'는 말씀이라고 봅니다. 또한 붓다께서는 인간이 세상에서 그 누구보다, 그 무엇보다 자신을 더 사랑한다는 것을 아시고, 그 사랑을 모든 사람에게 확장하는 것이 완전한 행복의 비결이라고 알려 주셨습니다. 한정된 시공간을 넘어서 모든 곳에서 모든 시간에 자애의 마음이 가능하도록 수행을 하라고요.

그리고 네 가지 무량한 마음으로 '악의가 없고 마음이 오염되지 않고 깨끗하면 이번 생에 위안과 도움, 보호, 지지의 네 가지를 얻는다'고 하셨습니다. 이 네 가지는 죽은 후 천상 세계에 태어나게 하고, 자기 업의 결과로 행복하게 살고, 악업에 대한 과보가 없어 괴롭지 않을 것이며, 타인의 해코지로부터 보호를 받을 수 있다고 설명하십니다.

그래서 이번에는 자신을 사랑하고 양육한 데서부터 점점 바깥으로 확장하는 실험을 하고자 합니다. 우리의 생각이나 에너지가 힘을 갖고 이동이 가능하다는 것은 현대 과학에서도 밝혀낸 사실입니다. 가까운 곳에 있는 이들끼리 심장의 감정과 에너지를 서로 감지할 수 있고, 뇌는 테니스 선수가 자신이 공을 보낼 수 있는 반경만큼 자신의 경계로 여긴다고 합니다. 거울 신경은 타인이 느끼는 감정을 반추하여 공감 능력을 발휘하게 합니다. 만약 우리 생각의 힘을 이보다 더 넓게 확장할 수 있다면, 아마도 무경계가 우리의 의식에서 실현되어 붓다의 말씀이 증명될지도 모릅니다.

매일 시간을 마련해 가까운 이들과 자주 함께하는 이들에게 태양의 사랑과 같은 에너지를 보내 봅니다. 따스하게 비추고 양육해 주는 태양과 같은 돌봄의 에너지를 타인들이 있는 그 공간에 방사해 봅니다. 물과 같은 정화와 회복의 에너지를 점점 더 넓은 곳으로 흘러가게 해봅니다. 빛처럼 환하게 비추면서 사랑의 에너지가 필요한 곳곳에 물처럼 스며들도록 시간을 내어 보시길 초대합니다. 같은 공간에 거주하는 이들, 동료나 부하 직원, 혹은 상사들과 그들과 연결된 이들은 어떤 필요와 도움을 원하고 있을까요? 모든 사람들은 행복을 원하고 고통에서 벗어나기를 바랍니다. 그 모든 공간에 자애의 에너지를 보내 우리 자신이 무한하게 넓어지는 경험을 해보시길 초대합니다.

하지만 처음부터 이 수행이 잘되지 않을 수도 있습니다. 나와 내 것이라는, 존재 깊숙이 자리한 이기심이라는 적을 극복할 때만 가능합니다. 하지만 시작이 반이라고 우리가 의도를 일으켜 10분씩만이라도 매일 지속적으로 반복하여 실천한다면 우리들은 어느새 태양과 같은 사랑이 늘 우리를 감싸고 있음을 느낄 수 있을 것입니다. 타인을 향해 조건 없는 사랑을 보내는 데 가장 먼저 수혜를 입는 것은 자신입니다. 그 이유는 분리되어 있지 않고 서로 연결되어 있기 때문입니다.
 그러면 사랑이 가득한 존재의 특징인 부드러운 눈매와 미소를 자연스럽게 띠게 되지요. 또한 목소리 톤이 부드럽고 매끄러우며 말투가 분명하지만 딱딱하지 않습니다. 누구에게나 차별 없는 온화하고 부드러운 태도를 취할 수 있을 것입니다.
소리는 기쁨을 표현할 수 있는 방법 중 하나입니다. 기쁘거나 즐거우면 콧노래를 흥얼거리거나 휘파람을 불어 소리를 냅니다. 흥얼거림은 우리 몸 세포 안으로 들어가 몸을 진동시키고 세포들이 연결된 살과 뼈를 거쳐 존재의 깊은 곳까지 이릅니다. 또 밖으로 표현되지 않는 소리들도 있지요. 생각으로 어떤 말과 이야기들을 노래나 리듬으로 우리 자신에게 자주 속삭이고 있습니다. 내가 표현하는 소리 외에 바깥의 소리들이 우리들을 찾아오기도 합니다. 어린 시절 누군가로부터 들었던 한마디 말이 평생 자신을 따라다니면서 힘과 용기를 주거나, 혹은 어떤 일을 하려고 할 때마다 걸림돌이 되는 경험을 하기도 하지요.

언어는 사람들과 가장 빈번하게 소통하는 도구입니다. 그래서 그런지 언어, 말로 가장 많이 상처를 받기도 합니다. 입으로 전달하여 흔적을 남기기 때문에 이를 구업口業이라고 합니다. 하지만 말이 꼭 상대방에게만 전달되는 건 아닙니다. 누군가에게 말을 할 때 가장 먼저 듣는 사람은 바로 자신입니다. 그 말이 진실하고 유익한 말이든, 비방이나 비판, 판단

온몸을 관통해 흐르는 맥박에
고마움과 사랑을 충분히
보냈다면 두 손과 팔을 펼쳐
온 세상을 향해 맥박의
움직임으로 사랑과 돌봄을
실천해 봅니다. 자신에게
충분한 사랑을 줄 수 있고,
조건 없이 사랑의 존재로
현존할 수 있다면 그 현존과
사랑은 자신의 경계를 넘어
다른 이들에게도 흐르게 될
것입니다.

02

온 세상 사람에게 펼치는 공감

연민은 마음의 창을 열어 통하게 한다

호흡을 따라가다 보면 다양한 경험을 하게 됩니다. 보통 숲이나 산에서 숨을 들이쉬면 신선함을 느낍니다. 하지만 숨을 들이쉬었는데, 갑자기 마음이 무거워지거나 어두워지는 경험을 할 수도 있습니다. 또는 잠을 자고 일어났을 때, 원인 모르게 몸과 기분이 무겁거나 좋지 않은 상태를 경험하신 적도 있을 겁니다. 저기압의 영향일 수도 있지만 우리가 살고 있는 이 공간, 지구가 아프기 때문일 수 있습니다. 또 그 무거움은 지구촌 어딘가에서 어떤 존재가 힘들어 하면서 도움을 요청하는 에너지라고 상상해 볼 수도 있습니다.

티베트불교 전통 중에 '통렌tonglen' 수행이 있습니다. 티베트어로 통은 '내보내기, 내려놓기'라는 뜻이 있고, 렌은 '받아들이기, 허용하기'라는 뜻이 있습니다. 행복이나 즐거움 등 좋게 느껴지는 것은 무엇이든 날숨을 통해 세상으로 내보내고, 들숨에는 원망과 고통 등 나쁘게 느껴지는 것은 무엇이든 받아들입니다. 이렇게 세상의 괴로움을 마시고 변치 않는 평화를 내쉬는 수행법이지요. 이 수행법은 타인의 악행이 나의 고통으로 무르익게 하고, 나의 선행은 타인의 행복으로 열매 맺기 바라는 마음을 자라게 합니다.

    달라이 라마의 영어 통역관이었던 앨런 월리스B. Alen Wallace는 이 수행법이 "집착을 자애심으로, 혐오는 자비심으로, 무관심은 따뜻한 평등심으로 변형되게 하고, 다른 사람들의 열망, 공격성, 현혹을 스스로 떠맡고 해방과 정화를 시켜 준다."고 했습니다. 또한 통렌 수행을 하면 점점 자신이 줄 수 있는 선하고 좋은 것이 많다는 것을 발견하게 된다고 합니다. 아마도 세상과 타인에게 좋은 것을 주면 줄수록 기쁨이 커지면서 더 풍요롭고 행복해지기 때문일 것입니다.

    티베트의 스승들은 이 수행으로 선악善惡과 좋고 싫음, 이익과 손해 등의 이분법적인 개념을 완전히 제거할 수 있다고 봅니다. 또한 들숨과 날숨으로 행복을 내보내고 존재들의 고통을 받아들이는 것을 통해 상호 의존적이면서도 아무것도 소유하지 않는 것이 이 수행의 핵심이라고 합니다. 이 수행을 통해 다른 존재를 먼저 배려하고, 마침내는 자신과 타인을 바꾸는 데 익숙해지도록 합니다. 결국 자신도 타인도 구분 짓지 않고, 그저 따뜻하게 변화하는 하나의 에너지만 있을 뿐임을 알게 합니다.

    이 세상 어디에선가는 우리의 고통을 들이마시며 그들의 지복과 자유를 우리에게 보내는 이들이 있습니다. 아무런 이유 없이 자신의 마음이 무겁거나 어두워질 때는 누군가의 고통을 함께 느끼는 것이라 여겨 보시길 권합니다. 또 행복감은 느끼는 순간 자신의 내면의 자유와 행복감을 누군가의 고통과 교환할 용기를 내볼 수 있으신지요? 이러한 마음을 내려면 커다란 연민이 있어야 가능할 것입니다. 그렇다면 대비심 大悲心 을 위한 춤을 함께 춰 보시면 어떨까요?

　누군가에게 기쁨과 내가 가진 좋은 것을 주고 싶을 때 가슴은 따뜻하고 뜨거워집니다. 이때 앉아서 열 개의 손가락과 두 손바닥으로 가슴에 있는 따뜻하고 사랑스러운 것을 꺼내어, 내 앞에 있는 누군가를 향해 어깨와 두 팔을 앞으로 뻗고 손바닥을 펴서 보내는 동작을 합니다. 그리고 펴서 주었던 손바닥에 세상의 아픔을 받아 두 팔로 자신의 심장을 향해 거두어 안습니다. 자신의 두 팔과 손으로 심장에 받았던 아픔을 복부와 고관절과 다리를 통과해서 발바닥을 지나 대지의 여신, 땅에게 내려놓고 두 손을 폅니다. 이때 느린 속도와 리듬으로 천천히 이 움직임을 두 번 정도 더 반복해 봅니다.

　이제 감정이 좀 더 고조되면 천천히 일어나서 오른쪽에 있는 누군가를 향해 두 팔을 뻗어 자신의 기쁨과 행복, 좋은 것을 내어 줍니다. 그리고 누군가의 아픔과 고통을 받아 나의 가슴 쪽으로 받아 안는 움직임을 한 후 무릎과 척추를 구부리면서 발아래 땅에 내려놓습니다. 이런 방식으로 왼쪽과 위아래, 앞뒤의 여섯 방향으로 주고받는 움직임을 해봅니다. 각 방향으로 몇 번을 반복한 후에는 머리로 움직임을 통제하지 말고 몸에게 스스로 움직이도록 맡겨 보세요. 어떤 움직임이 나타나든 그대로 허용하면서 말입니다. 이때 가슴이 뜨거워지고 사랑이 솟아나는 음악의 도움을 받을 수 있다면 더 좋겠지요. 이것이 온 세상을 향한 '연민의 춤'의 시작입니다.

몸으로 타인의 고통을 받아 안아 자신의 맥박과 호흡을 통해 정화한 후 다시 세상을 향해 기쁨과 행복을 내보내는 훈련은 우리 마음을 이기심으로부터 해방되게 하고 이타심을 자라게 합니다. 나와 내 것이라는 어리석음에서 상호 의존된 연기의 지혜를 체득하게 할 것입니다. 그리고 이런 이타심이 가득한 사람들의 숨결로 넘쳐 나는 연민의 대열에 합류한다는 기쁨이 가득해서 더 행복해짐을 알 수 있을 것입니다.

지혜로운 연민은 불성의 발현

저는 3박 4일 동안 모든 일정을 내려놓고 저와 커뮤니티 안에서 자신을 비추어 보는 시간을 가지는 행운을 누렸습니다. 미국 CCR^{Center for Courage & Renewal}의 전 센터장인 테리와 마음 비추기 진행자 동료들과 함께 고요한 산 속에서 한 피정避靜 시간이었습니다. 여기 '피정'이라는 단어는 특정 종교와는 상관없이 '세상을 떠나 고요하게 관찰하고 머문다'는 뜻입니다.

CCR은 미국에서 교사들의 교사, 교육 개혁가 및 사상가로 불리는 파커 J. 파머^{Paker J. Palmer}가 일과 삶의 조화를 위한 프로그램을 보급하는 허브입니다. "누구에게나 내면의 교사^{inner-teacher}가 있다."는 신념을 실천에 옮기는 구조로, 자신의 온전한 삶을 회복하려는 이들을 돕는 프로그램을 운영합니다. 사계절의 비유를 통해 우리 삶도 순환하는 과정임을, 그리고 삶의 역설과 양극성을 깊이 만나게 합니다.

제가 속해 있는 단체 '교육센터 마음의 씨앗'은 이 프로그램을 한국 사정에 맞춘 계절 피정과 교사들을 위한 신뢰 서클을 보급하고 있는데요. CCR 센터장이었던 테리를 초청해서 진행자들을 위한 집중 피정을 진행했습니다. 거기서 저는 제 자신이 누구이며, 왜 이 일을 하려고 하는지, 제가 하려는 일들을 공동체와 동료들과 어떻게 함께 할 수 있는지, 그리고 세상에 기여할 수 있는 것이 무엇인지 탐색하고 탐험하는 시간을 가졌습니다. 그런데 이 시간 동안 생명의 활동은 너무도 신비롭다는 것을 체험했습니다.

많은 일정을 소화하느라 애쓰고 힘들었던 저를 그저 가만히 놔두고 지켜봐 주면, 생명은 스스로 회복하는 능력을 발휘한다는 고마운 경험이었습니다. 피정 장소에 들어가는 순간부터 세상을 향했던 시선, 잘하고자 하는 마음과 타인에게 칭찬과 인정을 받으려는 마음을 내려놓았습니다. 그리고 동료들을 깊이 신뢰하며 자신을 있는 그대로 존재하도록 허용하고, 애쓰지 않았습니다. 그러자 항진되었던 호흡과 맥박은 느려지기 시작하고 깊이 작동하기 시작하였습니다. 불편함 없이 소화가 이루어지고, 가슴을 더 활짝 열어 생생한 호흡 모드로 돌아왔습니다. 눈치 보기와 맞추려 애썼던 마음도, 분주함과 염려와 가벼운 불안으로부터 서서히 벗어나기 시작했지요. 시간이 흐를수록 고요한 기쁨과 평온함이 존재에 가득 차오름을 알 수 있었습니다.

내면의 교사는 불교에서 우리 모두에게 내재한다고 말하는 불성佛性과 닿아 있습니다. 내면의 교사의 가르침에 귀를 기울이는 것은 불성의 지혜와 자비가 드러나는 또 하나의 방법입니다. 우리 자신의 진정한 모습을 찾는 것은 동서고금을 막론하고 인간의 깊은 내면을 탐구하고 싶은 기본적인 욕구입니다. 칼 구스타프 융은 이것을 개성화個性化 과정이라고 불렀습니다. 인간은 인생의 어느 한 시점에서 진정한 자신의 길을 찾기 위해 의식과 무의식이 서로 만나 인지하고 존중하고 적응하기 시작한다는 것으로 보았습니다. 그 길의 끝에 가면 집단 무의식이나 진정한 자신인 '자기Self'를 발견한다고 보았습니다.

한 인간이 진정한 자신을 발견하는 개성화 과정에서, 자기나 내면의 교사가 드러나기 위해서는 우리 자신에게 내면의 교사나 불성이 있다는 것을 먼저 받아들여야 합니다. 그렇다면 우리의 불성은 언제 잘 드러날 수 있을까요? 혼자 있을 때는 일상을 멈추고stop, 고요히 머물러stay 관찰하는see 시간을 가질 때 지혜sophia와 빛이 드러날 수 있다고 봅니다. 지금 이 순간 여기에 현존하면서 깨어 있을 때, 바로 마음챙김이 성성할 때 말입니다. 그리고 우리의 내면 작업은 타인과 공동체에서 경계를 만날 때 수행이 잘 되고 있는지 확인할 수 있습니다.

그렇다면 관계를 맺고 살면서 서로의 불성과 내면의 교사를 신뢰하고 받아들이는 방법은 어떤 것들이 있을까요?

누구에게나 불성이 있고 내면의 교사가 있으므로 가장 먼저 언제 어디서나 상대방을 인정하고 존중하는 공손한 태도로 대하는 것입니다. 파머는 이것을 '존재에 대한 환대'라고 표현합니다. 또 어떤 것도 상대에게 요구하거나 강요하지 않고, 상대방의 주체적인 선택과 결정을 존중하는 초대의 방식으로 관계를 맺습니다. 친한 이와 낯선 이를 가리지 않고 모두에게 공간을 열어 두고 그 사람들의 진실을 경청합니다. 또한 어떤 어려움을 겪고 있을 때도 규정하거나 고치려거나 구하려고 애쓰지 않는 대신 가능성을 신뢰하고 진실하고 열린 질문을 통해 상대방이 직접 내면의 지혜로 고통에서 벗어날 수 있도록 비추어 줍니다. 이런 마음은 연민 수행으로 이어집니다.

연민 수행은 이 세상에서 몸을 가진 인간들이 수행하는 동안 경험하는 고통에 대한 인식에서 출발합니다. 이 세상의 모든 존재들이 고통에서 벗어나기를 바라는 마음으로 고통 속에 있는 존재들을 향해 연민의 마음을 보내고 보내도 존재들은 고통을 벗어나지 못하는 것을 봅니다. 그때는 각자의 업業과 업의 원인들 때문이라는 지혜가 있어야 합니다. 이 지혜가 있어야 낙담하거나 중단하지 않고 연민 수행을 지속할 수 있습니다. 그리고 지혜 수행을 통해서는 이 업과 고통의 본성이 환영과 같고, 물거품과 같이 공空한 것을 알게 되기 때문에 『금강경』이나 『반야심경』에서 말씀하시듯이 결국은 연민을 하는 자도, 받는 자도, 수행도 없다는 진제眞諦의 완성에 이르게 된다고 봅니다.

그런데 지혜의 가르침은 역설적이게도 더 자유롭게 자비 수행을 드러나게 해줍니다. 인간이 고통에서 벗어나 열반에 이르는 탁월한 길을 제시한 대승불교는 홀로 아리랑을 넘어서 더불어 큰 배로 함께 노를 저어 저 언덕으로 가자는 운동입니다.

　붓다께서 사무량심 수행을 말씀하신 이유도 마찬가지입니다. 제자들이 통찰 수행을 통해 무상·고·무아의 본질을 깨닫는 과정에서도 현상적으로는 대중들과 관계를 계속하며, 함께 생활을 해야 합니다. 이때 자애와 연민과 기쁨, 평온 등의 긍정적인 마음이 발현되어야 화합하는 공동체를 형성할 수 있기 때문입니다. 더 나아가서 사무량심이 자신을 가득 채우고 넘쳐서 위로 아래로 사방팔방으로 퍼져나가 모든 존재들을 위한 평화의 세상을 구현하고자 한 것이지요.

　파머도 『온전한 삶으로의 여행』에서 내면의 교사가 드러나게 하려면 고독과 커뮤니티를 함께 필요로 한다고 말합니다. 붓다고사 스님이 엮은 『청정도론』에서는 붓다가 깨달은 지혜의 눈으로 바라보셨을 때 모든 인간들 가운데 전생에 자신의 어머니가 아니었던 이가 없다고 하셨다는 내용이 나옵니다. 우리나라에서 한 어떤 실험에서는 나와 무관한 듯이 보이는 사람도 여섯 명을 거치면 모두가 아는 사람이라는 것이 드러났습니다.

　『입보살행론』을 지으신 샨티데바 스님도 타인의 고통이 우리와 무관하지 않음을 아는 것은 지혜에서 생겨난다고 하셨습니다. 그렇기 때문에 지혜가 발현될수록 나와 타인의 경계를 분명하게 하기가 어려우며, 타인의 입장과 자신의 입장을 바꿔보는 수행을 하면 지혜가 계발된다고 합니다. 나를 미워하고 험담이나 욕설을 하는 사람도 나에게 인욕 수행을 할 기회를 주는 고마운 분이며, 나는 그분으로 인해 인욕 수행을 해서 즐겁고 행복한 과보를 받는데, 그분은 욕과 험담의 원인으로 인해 고통과 괴로움의 과보를 받을 것을 생각하면 연민의 마음이 쉽게 일어날 수 있다고 합니다.

　우리의 삶은 얼마나 많은 이들의 도움과 활동, 헌신으로 이루어지는 것일까요? 돈이나 다른 대가를 지불하고 구한 것이라고 해도 그것이 헌신과 기여의 값이 될 수는 없습니다. 또 우리가 느끼는 연민이나 의도적으로 보내는 연민 수행은 서로 연결되어 있는 타인이 있기에 공덕이 될 수 있습니다. 연민의 대상이 있다는 것이 고마운 일입니다. 평소 타인이라고 알고 있던 이들이 나와 어떤 관계를 맺는지, 어떤 고마운 인연인지 깊이 숙고해 보면 어떨까요?

물처럼 흐르며 스며들고 씻어내고 자라게 하라

물은 인류를 비롯한 모든 생물을 양육하는 물질 중에서 가장 중요한 것이며, 생체生體를 이루는 주요한 성분입니다. 인체의 약 70퍼센트, 어류는 약 80퍼센트, 그 밖에 물속의 미생물은 약 95퍼센트가 물로 구성되어 있지요. 물은 우리 인체의 생명뿐 아니라 지구를 존재하게 하는 자연물 가운데 하나이기도 합니다. 지구상의 기후를 좌우하며, 모든 식물이 뿌리를 내리는 토양을 만드는 힘이 되고, 증기나 수력 발전으로 전기가 되어 근대 산업의 근원인 기계를 움직이게 하는 동력이기도 합니다.

현대 문학가 이태준은 그의 수필집 『무서록無序錄』에서 '물은 아름답다. 남의 더러움을 씻어 주는 어진 덕을 갖고 있다. 물을 보는 일은 즐겁다. 고이면 고인 대로 흐르면 흐르는 대로 자연에 맡기는 삶이 주는 여유가 있고 편안하다. 물은 그 안에서 사는 생명을 기르고 땅을 기름지고 윤택하게 하기 때문에 성스럽다'고 합니다. 노자의 『도덕경道德經』 제8 상선上善에는 무위無爲 사상의 핵심이 잘 드러나 있습니다. 바로 자아에 집착하지 않는 사람을 물에서 찾는 상선약수上善若水에 비유하고 있기 때문입니다. 『노자의소老子義疏』를 지은 당나라 때의 이론가 성현영成玄英

626~649은 선善을 불교적 개념인 '이롭게 하는kusala'으로 풀이해 '가장 이로운', '최고의 덕'을 얻는 수행은 집착하지 않는 물 같은 것이라 해석합니다.

이렇게 동양에서는 가장 이상적인 삶을 물의 모습에서 찾습니다. 마치 물이 하늘에서는 안개와 이슬이 되고 땅에서는 수원이 되어 널리 윤택하게 하여 만물을 이롭게 하지만 그 상想에 집착하지 않는 것처럼 말입니다. 또한 물은 성질이 부드럽고 조화를 지향하여 다른 것들과 다투지 않습니다. 자기 방식이 옳다고 고집하거나 다투지 않는다는 것은 마치 담는 그릇에 따라 다양한 모양 그대로 맞추는 물의 적응성과 유연성을 나타냅니다. 생각이나 관념이 고정되어 있지 않고 상대방을 거스르는 일 없이 상대방에 따라 수순하고 변화하는 것이 물의 성품입니다. 또한 물의 높은 곳에서 아래로 흘러가 낮은 곳에 이르는 겸손한 성품을 꼽기도 합니다. 위만 보고 달려가는 우리들에게 낮고 소외된 이들 속에 스며들어 생명을 키워 내는 물은 스승입니다.

물의 또 다른 성품은 홍수와 쓰나미 같은 모습으로 세상을 집어 삼키고 쓸어가 버리면서 정화를 한다는 것입니다. 어느 시인은 비 오는 소리를 "산만하게 산 인생을 가지런히 빗어 주는 빗질"로 비유하기도 했습니다.

여기에서는 지구별 존재여행에서 여름의 장맛비와 함께 흘려보내고 씻어 보내야 할 것들이 무엇인지 헤아려 보는 시간을 갖고 싶습니다. 나의 의견을 버리고 상대방에게 맞추는 물과 같은 성품이 자신에게 얼마나 발현되는지 비추는 시간을 가져 보시면 어떨까요? 돌봄이 필요한 낮은 곳으로 흘러가는 물과 같은 연민을 얼마나 실천하고 사는지 돌아보는 시간 말입니다.

물은 낮은 곳으로 가서 깊이 땅속으로, 땅속으로 스며듭니다. 자신의 존재를 드러내지 않습니다. 또한 어떤 물질과 물질을 서로 융화시켜 새로운 성질이 드러나도록 이어 주면서도 자신을 드러내지 않습니다. 우리는 살면서 나를 드러내지 않고 무엇인가를 완성하도록 협력하는 시간을 얼마나 허락할까요? 또 나의 존재를 드러내지 않고 깊이 스며들어 다른 존재의 거름이 되는 경우는 얼마나 있었을까요? 흔적을 남기지 않고 아낌

없이 주는 물은 마치 대지처럼 생명을 양육하고 돌봅니다.

　흐르는 물에서는, 같은 물에 두 번 발을 담그지 못합니다. 이 경험은 무상한 우리들의 삶을 여실히 보여 줍니다. 아무리 붙잡으려 노력하고, 노력해도 우리들의 경험은 찰나이고 순간이고 지나가는 것입니다. 그래서 지금 최선을 다해 행복하고 기뻐하지 않는다면, 다음은 없습니다. 마찬가지로 지금 연민하고 나누지 않고 다음에 하겠다는 말은 거짓말입니다. 지금 여기가 아닌, 다른 데에서 자애롭고 연민하고, 기뻐하고 평온할 수 있을 것이라는 기대는 관념과 개념의 허구입니다. 흐르는 물의 지혜에서 배울 수 있습니다.

　그동안 내일과 미래를 위해 미루었던 것이 있다면 지금 당장 해보기를 권합니다. 내일을 위해 저당했던 소중한 누림과 선행을 지금 당장 실현해 보기를 초대합니다.

열 개의 손가락과
두 손바닥으로
가슴에 있는 따뜻하고
사랑스러운 것을 꺼내어,
내 앞에 있는 누군가를 향해
두 팔을 뻗고
손바닥을 펴서 보냅니다.
그리고 세상의 아픔을 받아
두 팔로 자신의 심장을 향해
거두어 안습니다.

03

존재여행을 기쁘게

기쁜 존재여행을 위한 무의식 가꾸기

우리의 내면 상태를 안다는 것은 그리 쉬운 일이 아닌 것 같습니다. 실제로 매 순간 지금 현재의 감정이 왜 일어났는지 자신을 진정으로 알고 이해한다는 것은 매우 어려운 일입니다. 실제로 많은 정신분석가와 심리학자들은 우리가 깨어 있는 삶에서 행하는 수많은 행위들은 무의식에 의해서 지배된다고 말합니다.

이를 뒷받침하는 것으로 버지니아 대학교 티모시 윌슨 박사의 연구가 있습니다. 윌슨 박사는 감각 기관에서 우리의 뇌로 흘러 들어가는 정보는 매초 11,100,000개 정도라고 합니다. 매초 눈에서 천만 개, 피부에서 백만 개, 귀에서 십만 개의 정보를 받아들인다고요. 하지만 뇌가 의식적으로 처리할 수 있는 정보는 매초 40개 정도로 우리가 받아들인 정보의 28만 분의 1이라고 합니다. 받아들였지만 의식하지 못한 11,099,960개의 정보는 기억 저편 무의식에 저장되는 것이지요.

매 순간 나를 움직이는 생각과 판단, 감정과 행동은 의식보다는 무의식적인 것으로 이루어져 있다고 해도 과언이 아닙니다. 하지만 이것이 나의 행동이나 감정을 내가 책임지지 않아도 된다는 말은 아닙니다. 우리가 자극을 받고 행하는 반응이 무의식에서 건져 올린 뇌의 본능적 결정이라고 하더라도 말입니다. 그렇다고 해서 우리는 잘 알지 못하는 무의식의 지배를 계속 받으면서 살 수밖에 없는 걸까요?

이에 대해 윌슨 박사는 무의식을 가꾸라고 말합니다. 그는 우리가 모르는 자신에 대해 계속 생각하기보다는 자신이 되고 싶은 사람의 행동을 모방하여 흉내를 내라고 합니다. 이는 아리스토텔레스의 "사람은 먼저 미덕을 행동으로 옮기면서 미덕을 익히고, 공정한 행위를 실천함으로써 공명정대한 존재가 되고, 자제를 실천함으로써 자제심을 발휘하는 존재가 되고, 용기 있는 행동을 수행함으로써 용기 있는 사람이 된다."는 가르침과 일맥상통합니다.

저는 모든 붓다의 가르침, 칠불통게七佛通偈도 무의식을 가꾸는 탁월한 방법이라고 생각합니다. '제악막작諸惡莫作 중선봉행衆善奉行 자정기의自淨其意 시제불교是諸佛教'는 '모든 악을 그치고 모든 선을 받들어 행하여, 스스로 마음을 맑히는 것이 모든 붓다의 가르침'이라는 뜻입니다. 이것으로 정진精進, viriya을 어떻게 해야 하는지도 알 수 있습니다.

정진은 아직 일어나지 않은 선善은 일어나게 하고, 일어난 선은 자라게 하고, 아직 일어나지 않은 악惡은 일어나지 않게 하고, 이미 일어난 악은 더 자라지 않게 하는 것입니다. 여기서 선은 꾸살라kusala의 번역어로 나와 남을 유익하게 하는 모든 생각과 말, 행위를 말합니다. 나와 남을 유익하게 하는 것에 익숙해지는 반복적인 수행이 불교에서 말하는 정진입니다.

그러면 우리가 알지 못하는 사이에 나의 마음을 지배하고 있는 무의식, 그것을 가꾸는 방법으로는 어떤 것들이 있을까요? 아기들은 자라면서 부모와 가까운 이들을 흉내 내면서 삶을 배웁니다. 여러분은 어떤 사람들을 본받으면서 살아왔는가요? 지금 여러분은 어떤 사람의 흉내를 가장 많이 내면서 사는가요? 어쩌면 삶, 존재여행은 내가 되고 싶은 누군가를 흉내 내면서 계속 닮아 가는 것은 아닐까요?

유전적으로 받은 나의 기질 중에 강점과 탁월한 성품으로는 어떤 것들이 있는지 살펴보는 것도 무의식을 가꾸는 하나의 방법입니다. 자신 속에 있지만 아직 발견되지 않았거나 발현되지 못한 자신의 강점과 탁월성을 찾아내어 발현시키는 것은 알지 못한 자신의 무의식을 의식화하는 것입니다. 또한 내가 닮고 싶은 이들의 꾸살라를 발견하여 따라 하는 것도 무의식을 가꾸는 일입니다. 이로써 우리는 우리가 바라는 대로 현명하고 유능한 성자들의 성향을 자신에게서 꽃피울 수 있습니다. 물론 성자들과 똑같은 향기와 형태를 지닌 '복제' 꽃과 열매가 아닌 자신의 존재에서 피어나는 독특하고 창조적인 꽃과 열매로 탄생하는 것이지요.

나와 타인을 유익하게 하는 성품은 어떤 것들인지, 긍정적인 성품을 기르고 자라게 해주는 행동은 또 어떤 것들인지 시간을 가지고 탐색해 보시기 바랍니다. 어쩌면 내가 부정적으로 바라보고 단점이라고 싫어하며 밀쳐놓았던 성품도 성장과 변화를 가능하게 하는 거름과 자원일 수 있습니다. 한쪽 면만 단정적으로 바라보지 않고, 다양한 면으로 깊게, 다층적으로 살펴보고 사유한다면 가능하다고 봅니다.

나에게 해를 끼쳤다고 생각했던 성품들이 나를 변형하는 도구로 자양분이 되었다는 것을 발견할 때 '모든 것이 화엄華嚴'이라는 존재의 기쁨을 발견할 수 있을 것입니다. 설렘과 기대를 갖고 단점을 새롭게 조망해 보시길 권합니다.

기쁘고 즐거운 존재여행을 위한 미소 짓기

기쁨과 행복은 삶의 활력을 가져옵니다. 기쁠 때 가장 기본적으로 나타나는 신체 반응은 미소와 웃음입니다. 또 미소 짓고 웃으면 기뻐할 일이 더 생깁니다. 초기불교 전통에서도 아라한들이 가진 특징 중 하나가 미소입니다. 법당에 모신 부처님 얼굴에서는 늘 은은한 미소를 볼 수 있습니다. 탐욕과 성냄과 어리석음의 번뇌에서 모두 벗어난 최고의 행복을 가진 모습입니다. 우리가 행복한 감정을 느끼고 미소를 띠면 입꼬리가 올라갑니다. 입꼬리를 올리는 움직임은 부교감 신경계를 활성화시켜 뇌의 주름막을 펴게 하고 행복 호르몬이 나오게 합니다.

실제로 서울대학교 병원에서 발표한 웃음에 관한 연구 보고서에 의하면, 웃음은 면역계·신경호르몬계·심혈관계를 변화시킨다고 합니다. 우선, 면역계에 관련해서는 암세포를 죽이는 NK세포가 웃음에 의해서 강력하게 활성화된다고 합니다. 또한 면역력을 높이는 백혈구와 면역 단백질이 많아지고 면역력을 억제하는 코티솔cortisol과 에피네프린epinephrine은 줄어든다고 합니다.

둘째, 웃음은 뇌에서 행복 호르몬인 엔도르핀endorphin이나 엔케팔린

enkephalin 같은 신경 전달 물질의 분비를 증가시켜 통증을 줄여 준다고 합니다. 행복 물질이라고 알려진 엔도르핀은 고요한 미소나 웃음을 통해 분비되기도 하고, 또 많이 웃으면 스트레스 호르몬으로 알려진 코티솔의 혈액 내 농도를 감소시킵니다.

 셋째, 웃음은 혈관을 이완시켜서 혈압을 떨어뜨리고 호흡 중 산소량을 증가시켜 순환을 촉진시킨다고 합니다. 그 밖에도 알레르기와 당뇨병 증상의 개선, 운동 효과를 보고한 연구들도 많습니다. 이러한 여러 실험 결과, 실제로 병원 현장에서 웃음 치료가 진행되고 있습니다.

 웃음이 우리를 건강하게 하지만 우리가 하루 중 웃는 시간은 얼마 되지 않는 것 같습니다. 그 이유는 삶이 고단하기 때문일 것입니다. 또 매일 힘든 뉴스들을 많이 접하면서 위기의식을 갖거나 슬픔과 맞닿는 연민의 시간이 생기기 때문일지도 모릅니다. 혹은 웃음을 경박하게 바라보는 문화적 시선이 한몫했을 수도 있습니다. 그런데 삶이 고단하면 정말 웃을 일이 없을까요? 웃는 것에 익숙하지 않은 습관 때문은 아닐까요?

 한 도반 스님이 '하루 108번은 웃어야 한다'고 법문을 했습니다. 처음엔 어떻게 하루 108번을 웃을 수 있을까 의구심이 일어났지만 모든 순간을 받아들인다면 가능하겠다는 상상이 들어 실험을 해보았습니다. 세다가 그만두었지만 이전보다 훨씬 많이 웃을 수 있어 경쾌하고 유쾌한 시간이 늘어난 것을 알 수 있었습니다. 아침에 일어나 맨 처음 미소를 지을 수 있다면, 오늘 하루 존재여행은 기쁘고 행복하게 지속할 수 있을 것입니다. 또 잠자리에 들기 전 미소로 하루를 마감할 수 있다면 평온한 잠자리로 인해 기쁘고 행복하게 새로운 하루를 맞이할 수 있을 것입니다.

웃음을 수행으로 삼아 보는 것을 권합니다. 웃음은 재미나고 즐거운 일에서만이 아니라 보람차고 뜻 깊은 일을 통해서도 피어납니다. 즐거움이나 재미난 일이 고정되어 있거나 실체를 가지고 있는 것이 아니라, 어떤 상황에서건 즐거움을 찾고 누릴 수 있는 능력이 우리의 삶을 더 기쁘게 합니다. 그리고 웃을 수 있는 능력이 존재여행을 더 빛나게 해줍니다.

그런데 감정 노동을 주로 하는 직업군에서는 미소 짓기와 웃음을 의무적으로 하게 합니다. 이럴 때 웃음과 미소는 노동이 됩니다. 노동을 신성하고 거룩한 생산 행위이자, 삶의 질을 향상시키는 동력이라고 보면 감정 노동을 하시는 분들은 어떤 면에서는 탁월한 조건에 있다고 볼 수 있습니다. 단, 마음에서 이를 거짓이나 위선으로 단정 지어 스스로 불편하고 불행하다는 인식을 하지 않을 때 말입니다.

아기들이 미소 지을 때는 아무것도 바라는 바 없이 웃습니다. 세상과 대상을 향한 존재의 반응이지요. 편안하고 안전하고 불만이 없고 신뢰할 수 있을 때 나타나는 얼굴 모습입니다. 성인이 된 우리는 스스로 편안하고 안전하며 만족스럽고 신뢰감을 느끼는 횟수가 아기들보다는 현저하게 줄었을 수 있습니다. 하지만 미소 짓기와 웃음 수행을 통해 존재의 본성인 기쁨을 누리는 시간을 가질 수 있습니다.

    존재의 정체성, 구름 한 점 없이 맑은 창공 같은, 그 어떤 것으로도 훼손될 수 없는 비어 있는 본성을 신뢰한다면 어떤 순간에도 미소 짓고 웃을 수 있을 것입니다. 구름과 비바람은 지나가는 손님인 것을 아는 지혜가 있기 때문입니다.

고마움으로 존재여행을 기쁘게 만들라

긍정적인 성품을 가진 이는 우리의 존재여행에서 '나와 내 것은 본래 없다'는 진리를 자연스럽게 받아들입니다. 죽음으로 향하는 침상에서도 일체 존재들의 행복을 바라고 고통에서 벗어나기를 바라는 염원으로 보리심을 일으킵니다. 하지만 긍정적인 성품은 한 번에 이루어지지 않습니다. 그렇게 익숙해지도록 습관을 들여야 합니다.

습관習慣이라는 한자어를 살펴보면, 어린 새가 날갯짓 하는 매일매일의 연습이 모여 꿰어지는 것을 뜻합니다. 어린 시절부터 지금까지 특정한 때에 동일한 상황마다 반복하여 익숙해지고 자동화된 행동과 생각이나 말이 습관입니다. 어쩌면 우리는 매일 습관의 힘에 이끌려 산다고 해도 과언이 아닐 것입니다. 그 이유는 습관적이지 않는 새로운 일이나 행동을 하게 되면 뇌가 엄청난 활동을 하게 되는데, 뇌의 부담을 줄이기 위해 많은 생각과 행동을 어떻게 해서든지 습관으로 만들려는 경향이 있기 때문입니다. 습관이 되면 뇌가 활발하게 움직이지 않아도 자동화된 시스템이 무의식적으로 반복하여 뇌가 쉴 수 있습니다. 우리가 삶에서 필요로 하고 원하는 강점도 매일의 반복으로 만들어집니다.

우리가 행복하려는 마음을 일으키는 것도 습관이 되어야 합니다. 이것은 부정적인 것에 먼저 반응하고 끌어당겨 불행해하는 습관을 긍정과 기쁨으로 바꾸는 용맹스런 수행입니다. 이때 우리에게 기쁨을 주는 감각들을 이용하면 되는데요. 손드라 배릿 박사는 오래된 습관을 깨트리고 새로운 습관을 만들 때 감각적 기쁨 세포 sensory delight cells의 도움으로 가능하다고 했습니다. 자신의 기억에 기록된 기분 좋은 향과 냄새, 촉감 등은 세포들이 새로운 경험에 닻을 내리도록 도와준다고 합니다. 즉 세포 수준에서 좋아하게 되면 습관이 되는데, 간절히 원하게 될 때까지 진정으로 몰입하고 훈련하는 과정이 필요하다는 것입니다.

영국에서 우울하기로 유명한 '슬라우Slough'라는 마을에 심리학자들이 모여 행복을 위한 훈련을 실험했습니다. 지원자들은 12주간 행복을 위한 기술을 실천하는 프로그램을 통해 행복감이 33퍼센트 증가하는 결과를 냈습니다. 이들은 실험 1년 후에도 행복하게 살고 있었습니다. 똑같은 실험이 한국에서도 8주간 진행되어 비슷한 결과를 보였습니다.

위의 실험에서 소개된, 행복을 위한 10단계 기술은 '감사와 친절, 선행'이라는 세 가지 범주로 구성할 수 있습니다. 매일 반복하는 것으로는 감사 일기 쓰기와 감사 기사 스크랩하기, 한 번 이상 크게 웃기, 자신에게 한 가지 선물하기, 타인에게 친절한 행동을 하기입니다. 주 1회 활동으로는 대화하지 않던 이웃에게 말 걸어 보기, 고마운 이에게 감사 편지 쓰기와 좋아하는 사람과 한 시간씩 대화하기, 연락이 끊긴 친구에게 연락해 보기, 남몰래 선행하기 등입니다. 물론 이외에도 행복하기 위한 기술은 더 많이 있을 것입니다. 여러분만의 행복의 기술은 어떤 것이 있는지요?

제가 생각한 행복의 기술은 먼저 좋은 습관을 갖겠다는 원願, wish을 일으키는 것입니다. 발원의 구체적인 실천으로는 '스스로 행복하기 위한 계약서'를 쓰고, 충실히 실천한 후 그 보상은 모든 존재들의 행복을 위해 회향을 하는 것입니다. 그리고 매일 해야 할 것과 매주 해야 할 것 등 자신만의 행복 기술 목록을 만들어 100일 동안 실험해 보는 것입니다.

이 중에서도 감사 일기 쓰기는 꼭 실천하기를 권합니다. 감사 일기는 자유롭게 써도 되지만 이런 방법으로 시작해 보시면 어떨까요? 자기 자신에게 고마운 것 세 가지 이상, 주변 이웃과 친구들에게 고마운 것 세 가지 이상, 하루의 경험이나 환경과 조건에서 세 가지 이상 고마운 것들을 찾아 매일 기록하는 것입니다. 사물과 사람에게 고마움을 느끼고 발견하는 순간, 고마운 것들이 더 많이 보이기 시작합니다.

고마움을 표현하는 연습을 시작하면 에너지가 변화하여 긍정적인 성품이 됩니다. 부정적인 것에 집중이 더 잘되었던 자동화된 관점을 변화시켜 좋은 것을 끌어 오기 시작합니다. 이는 결핍이 아니라 이미 있는 풍요에 초점을 맞추어 만족감을 느끼게 합니다. 그러므로 감사 일기 쓰기는 자신의 변화와 성장을 위한 친절한 선물이자 선행이 됩니다. 감사 일기 쓰기가 습관이 되면 마침내 삶의 모든 조건과 원인을 고마움으로 인식하기 시작할 것입니다. 그럴 때 긍정적인 성품도 습관이 되어 모든 이들에게 고마운 일이 더 많이 일어나기를 바라는 이타의 마음으로 더 행복할 것입니다.

즐거움이나 재미난 일이
고정되어 있거나 실체를
가지고 있는 것이 아니라,
어떤 상황에서건 즐거움을 찾고
누릴 수 있는 능력이 우리의
삶을 더 기쁘게 합니다.
그리고 웃을 수 있는 능력이
존재여행을 더 빛나게 해줍니다.

04

놓아두고 받아들여 얻는 평온

평온은 삶의 폭풍 속에서도 고요한 중심으로 이끈다

이번에는 '더 평온하기 위해' 바람처럼 자유롭고 가벼워지는 방법을 찾아보겠습니다. 먼저 '갖고 있으면 불편한 것'으로 무엇이 있는지 찾아보았으면 합니다.

첫 번째는 물건에서 찾아봅니다. 언젠가 하루를 비워, 사는 만큼 쌓였던 물건들을 정리했습니다. 사용하지 않는 천 가방 두 개를 퇴공^{누군가 쓸 수 있도록 공동 방에 내놓는 것}하고 연구실 가득 쌓아 둔 책과 정리하지 못한 리플렛, 신문, 각종 소식지 등을 정리했습니다. 책상 위에는 다양한 종류의 볼펜과 먹지 않고 쌓아 둔 약통들이 눈에 띕니다. 제가 가진 것들이 너무 많다는 것을 다시 알아차립니다. '이것들이 내게 꼭 필요한 것인가?' 스스로에게 다시 질문해 봅니다. 그리고 지금 당장 필요하지 않은 것들을 필요한 누군가에게 나누거나 버립니다.

제가 버린 것들은 어디로 가는 것일까요? 자신이 갖고 있는 것을 버리는 이유가 또 다른 더 좋은 것을 갖기 위한 것인지, 소욕지족하기 위한 것인지는 돌이켜 살펴봐야 할 일입니다. 거대 자본의 물결을 타고 탄생한 소비문화에 길들여진 우리는 만족과 소욕에서 오는 행복을 경험하기

04 놓아두고 받아들여 얻는 평온　　　　337

어려운 시대에 살고 있습니다. 버리거나 나누지 못하고 갖고 있는 것도 문제이지만, 구조적으로는 대량 생산이 더 큰 문제입니다. 만들어진 모든 것들이 소멸해 가는 과정에서 우리 모두는 대가를 치릅니다. 온 바다와 빈 땅들이 쓰레기장이 되고, 다른 생명들은 이 쓰레기들 때문에 생존에 위협을 받다 못해 거대한 지옥이 되어 갑니다. 누군가는 계속해서 버리고, 누군가는 계속해서 생산하고, 누군가는 이 때문에 살거나 죽거나 하고 있습니다. 정치와 경제인들만의 문제일까요? 어느 한곳이라도, 내 책임이 없는 곳은 없습니다. 왜냐하면 우리는 모두 연결되어 있으니까요. 이러한 소비 사회에서 우리는 어떤 선택을 하면서 살 수 있을까요? 이 문제를 깊이 고민해 보아야 합니다.

두 번째는 정신적인 것입니다. 나를 불편하고 무겁게 하는 고정관념과 선입견은 어떤 것이 있는지 헤아려 봅니다. 저는 어린 시절부터 '여자는 ~해야 한다'는 관념을 갖게 하는 환경에서 자랐습니다. '얌전해야 한다, 순종해야 한다, 소리를 내서 웃어서는 안 된다, 밤늦게 다니면 안 된다, 남자들이랑 어울리면 안 된다, 음식을 먹을 때는 소리 나지 않게 먹어야 한다, 신발은 가지런히 벗어야 한다, 뛰어다니면 안 된다' 등입니다. 이런 관념들은 다른 사람을 배려하고 존중하는 데서 비롯한 것이겠지요. 하지만 세월이 흐르면서 본래의 존중과 배려하는 개념은 상실되고 힘 있는 누군가를 위해 순응하는 존재로 길들이기 위해 이용되었습니다.

그 결과 제 자신의 존재로 살기보다는 다른 사람의 기분과 분위기를 맞추는 데 탁월함을 가져왔습니다. 성인이 되면서 제가 자유롭지 못한 이유가 이러한 선입견과 고정관념 때문이었음을 알고 쓸데없는 것들을 하나씩 버리면서 지금은 많이 가벼워진 채 살고 있는 것 같습니다. 이런 교육이 더불어 살아가는 사회적인 감각을 익히고 다른 사람을 배려하고 존중하는 바탕이 되기 위해선 스스로 선택할 수 있도록 기다려 주는 것이 바람직한 모습이라고 봅니다.

제가 더 자유롭고 가볍기 위해 아직 버리지 못한 것들은 무엇이 있는지 찾아봅니다. 제게는 아직 '승복을 입고 춤을 추는 것은 승려로써 자랑스러운 일이 못 된다'는 문장이 마음 한구석을 불편하게 합니다. 자랑스러운 일만 하고 사는 것은 아니지만, 이 문장으로 다른 사람들의 관념과 시선이 가져다주는 무언과 유언의 충고를 감지하기 때문입니다. 하지만 저는 춤을 추면 세포들이 하나하나 살아나 활발해지고, 에너지가 솟아나면서 제 존재와 하나가 되는 느낌을 갖습니다. 그래서 춤을 추고 싶습니다. 춤을 추면 나를 흔들어 깨워, 쌓였던 감정과 불필요하게 저장되었던 억압된 에너지들이 빠져 나감을 알아차립니다. 마치 바람처럼, 깃털처럼 가벼워집니다.

여러분도 스스로를 무겁게 하는, 불필요하게 가지고 있는 선입견으로 어떤 것이 있는지 한 번 찾아보았으면 합니다. 자신과 다른 이들에게 가지는 기대와 시선을 찾아 아래 빈 곳에 단어나 문구를 넣어 문장을 완성해 보시기 바랍니다.

_____는(은) 반드시

_____ 해야 한다.

_____는 당연히

_____ 일 것이다.(혹은 할 것이다.)

_____는(은) 항상

_____ 하다.(이다.)

_____는(은) 원래

_____ 이다.(한다.)

_____는(은) 마땅히

_____ 해야만 한다.

이러한 고정관념이 나의 생활에 어떤 영향을 미치고 있는지 사유해 보시는 것도 권합니다. 타인과 커뮤니티의 관계에서 성장과 변화를 방해하는 것들을 찾아보시기 바랍니다. 그리고 버릴 수 있는 불필요한 개념이 있는지 헤아려 보고 버리시기를 초대합니다. 삶의 폭풍 속에서도 굳건한 중심을 가지도록, 평온을 유지하도록 지탱하고 이끌어 주는 진리가 아닌 것들은 모두 내려놓기를 바랍니다. 그래서 조금 더 가벼워지고 자유로워진 시선과 마음을 가질 수 있기를 기원합니다.

우리는 이미 온전한 존재

수피 신비가이며 시인인 루미는 '인류의 모든 스승들은 우리가 이 세상에 태어난 목적이 자기 자신의 본성, 즉 깨달음과 하나가 되는 것이라고 가르쳐 왔다'고 전합니다. 이것은 우리가 우리의 참된 존재를 깨달아 체현하기 위해 이 세상에 왔다는 말입니다. 현대 신비가 에크하르트 톨레는 '근원'으로, 영성가 파커 파머는 '내면의 교사'로 수피 신비가들은 '숨겨진 정수'라고 하고, 그리스도교에서는 '신성', 힌두교에서는 '브라흐만' 등 모든 종교의 표층에서 각기 다른 이름으로 불리고 있지만 심층에서는 같은 개념을 말합니다.

그런데 불교에서는 이 본성本性을 조금 다르게 이야기합니다. 그들이 말하는 본성과 근원, 내면의 교사나 신성, 브라흐만 등은 영원히 불변하지 않고 존재하는, '고정된 있음'을 말했다면, 초기불교에서는 무상·무아를 말합니다. 변하지 않고, 고정되어 있고 영원한 실체로 존재하는 것은 없다는 가르침입니다. 붓다께서는 우리가 애지중지하는 '나'는, 내가 생각하고 보고 아는 형태와 개념으로 고정되어 있거나 불변하는 존재가 아니라고 하셨습니다. 『앙굿따라니까야』에서는 우리 마음·의식의 깊은 층을 '밝고 청정하고 투명한 빛'으로 표현하고 있습니다. 이러한 마음에 부정적인 번뇌들이 손님처럼 왔다 간다는 의미로 '객진번뇌客塵煩惱'로 물들어 있다고 합니다. 반야·중관에서도 사물과 존재의 본성은 무엇이 있는 것이 아닌 텅 빈 공성空性이라고 가르칩니다. 있다는 것은 '없다'의 상대적인 개념으로, 본성의 공성을 언어와 개념으로 시설할 수 없다는 것입니다.

대승 화엄에서 말하는 불성佛性은 붓다의 깨달은 성품이 우리에게 본래 갖추어져 있다는 것이고, 여래장에서 말하는 불성도 모든 존재가 불성이 갖추고 있지만 번뇌로 감추어져 있기 때문에 지혜의 눈이 없어서 볼 수가 없다고 전합니다. 선불교에서는 이러한 지혜를 깨달으면 번뇌가 바로 보리라는, 개념을 벗어난 공성이 드러난다고 합니다. 존재를 형성하고 있는 오온과 이분법으로 인식하는 습관적인 개념의 세계를 넘어서야 『반야심경』 등에서 말하는 공성을 조견할 수 있습니다.

티베트의 스승인 뇨슐 켄포 린포체는 마음의 본성, 불성을 "심오하고 평온하고, 복잡함에서 벗어나 어떤 것과도 뒤섞임 없이 반짝반짝 빛나는 명료함, 마음의 개념적 이해를 벗어남"이라고 했고, 소걀 린포체는 본성을 '참된 존재의 광휘와 광대함, 관대하고 따스하고 자비로운, 깨달은 존재의 무한한 자비심'이라고 표현합니다.

 이렇게 볼 때 우리는 우리가 평소에 '나'라고 알고 있는 마음과 내가 아직 발견하지 못한 '본성'이라는 두 가지의 마음이 있다는 것을 알 수 있습니다. 본성은 탐욕과 성냄, 어리석음이라는 고통의 원인을 여읜 상태입니다. 붓다의 자비로움과 지혜가 드러나는 순간, 고요함과 명료한 앎이 순간적으로 빛나는 상태가 본성이 드러나는 것이라 할 수 있습니다. 많은 분들이 화두로 수행하고 있는 '이 뭣고'도 바로 우리 본성을 드러내는 수행입니다.

 모든 불교 전통에서는 어렵게 귀한 인간의 몸이 되었을 때 우리가 제일 심혈을 기울여 최선을 다해야 할 일은 우리의 본모습을 발견해서 참된 행복을 회복하는 것이라고 가르칩니다. 이것은 어떤 상황에서도 절망하지 않고, 진리를 향한 목마름과 자신의 본성을 마주하려는 노력으로 획득할 수 있다고 합니다.

하지만 우리는 본성에 대해 잘 모르거나 낯설어 하는데 소걀 린포체는 그 이유를 네 가지로 듭니다. 너무나 가까이 있어서 보기도 깨닫기도 어려운 것이 첫째이고, 너무나 깊어서 알 수가 없기 때문에 모르는 것이 둘째입니다. 셋째는 항상 현전하고 너무나 쉽기 때문에 믿기 어려우며, 넷째는 너무나 방대하고 놀라워서 우리의 편협한 사고로는 상상조차 할 수 없다고 합니다.

우리가 존재여행을 하는 동안 정말 필요한 것은 우리의 본성을 자각하는 것이 아닐까 합니다. 그 방법으로 꼬리에 꼬리를 무는 생각의 흐름을 알아차리기 위해 하루 중 잠시 아무것도 하지 않고 멈추어 쉬는 텅 빈 시간을 가지는 것을 권합니다. 생각의 껍질 속에 감추어진, 생각의 틈새인 침묵의 맑고 텅 빈 공간을 명료하게 인식하기를 실험하는 것입니다. 그리고 더 나아가 더럽거나 깨끗하다는, 좋거나 싫다는, 맞거나 틀리다는 판단보다 나타나는 현상을 그대로 비추어 보는 지혜를 계발하는 것입니다.

우리가 경험하는 고통의 대부분은 사물과 사람들이 자신이 원하는 방식으로 존재하기를 바라는 마음에서 비롯합니다. 내가 얼마나 많은 상황과 사람을 나의 방식대로 통제하려고 하는지 알아차리고 내려놓는 수행을 해보시길 권합니다. 그러면 아집이라는 구름이 걷히고, 맑은 하늘이라는 텅 빈 본성이 현현하는 것을 알아차리게 될 것입니다. 이것은 또한 상대방도 불성의 온전한 존재라는 것을 믿고 이해하며 공경하는 것입니다. 대상이 내가 원하는 방식이 아닌 그 존재 자체로 있도록 놔두거나 허용하기는 평화와 평온을 위한 첫 걸음입니다.
　그냥 놔두고 바라보고 수용하기는 지혜가 존재와 존재 사이에 강물처럼 흐르게 하는 것입니다. 평화가 길이 되는 존재 방식을 받아들이는 것이지요. 나라는 허상을 내려놓고 우주적 전체성의 흐름에 드는 존재 방식입니다.

대지처럼 받아들이고 깊이 뿌리 내려라

붓다는 더불어 살아가는 공동생활에서 기쁨은 삶의 활력소라고 하셨습니다. 또 기쁨을 주변과 나누는 것이 우리 삶의 윤기와 풍요로움을 가져온다고 하셨습니다. 티베트 스승들은 우리 존재의 본래 모습은 청정하고 투명한 빛이라 했습니다. 고요히 자신의 본래 모습을 보면 어떤 것으로도 훼손할 수 없는 기쁨이 있다고도 하셨습니다.

이번에는 우리 모두에게 내재한 기쁨을 발견하기 위한 방법을 탐구해 보고자 합니다. 우리는 모두 자기 인생의 주인공이며, 삶의 학교에서 배움의 기쁨을 누리고 있습니다. 인생학교에서는 주인공의 삶을 인기나 결과물로 판단하지 않습니다. 주인공의 삶은 우열과 시비를 가리는 비교를 통해서 잘났다고 뻐기거나 상대적 우월감을 느끼는 것이 아닙니다. 주인공은 시간과 자신의 마음을 자유롭게 운용하여 스스로 원하는 것을 이루는 주체적인 사람입니다. 또한 존재 하나하나가 모두 독창적이고 다양한 모습을 지녔다는 사실을 알고, 있는 그대로의 모습을 함께 꽃피움을 기뻐하며 누리는 사람입니다.

하지만 주인공은 기능이나 심리적·윤리적으로 완벽한 존재는 아닙니다. 약하기도 하고, 능력이 뛰어나지도 않고, 수많은 시련을 겪는 존재입니다. 그런데 어려움을 겪을 때 주변에 도움을 줄 만한 친구와 도반이라는 자원을 가진 존재들입니다. 그리고 수없는 모험과 실험을 감행하여 두려움을 용기로 바꾸는 사람들입니다. 결코 포기하지 않는 사람이 주인공이 됩니다.

그런데 주인공은 주인공으로만 존재할 수 없습니다. 조연이나 엑스트라와 같은 대중의 무리에서 주인공이 탄생합니다. 즉 관계에서 주인공의 역할을 하는 때가 있는 것이지요. 주인공이 박수갈채와 인정을 받는 것에 주의를 두면 그렇지 못할 경우 좌절감과 슬픔을 느끼며 고통스러워합니다. 또한 인정과 박수갈채를 받기 위해 많은 열정을 쏟아 내느라 지금 여기의 고요히 현존하는 기쁨을 발견하지 못하고 달리는 경우가 많습니다. 기쁨이 없는 순간은 진정한 자신의 존재를 꽃피우지 못하는 순간입니다. 박수갈채와 인정은 좌절과 슬픔에 기대어 있고, 열정과 바쁨은 현존의 기쁨에 기대어 있는 것이 존재의 숨은 전체성입니다. 전체성 안에서는 주인공의 시간도, 역할도, 삶도 바뀝니다.

봄이 오면 온 산하에는 물오른 버들강아지부터 시작해서 온갖 나무들이 작은 꽃망울과 잎을 틔워 내느라 분주합니다. 대지에는 작고 여린 것들이 온 힘을 다해 구멍을 뚫고 자신의 존재를 꽃피우기 위해 용기를 내 올라오고 있습니다. 산하대지가 그야말로 꽃들로 장관을 이뤄, 볼 것이 많은 봄입니다. 핀 꽃도 아름답지만, 꽃을 주인공으로 드러내 주는 '배경'이 되는 삶의 아름다움도 보입니다.

자신을 뚫고 일어서라고 자신의 몸에 상처를 내는 구멍을 기꺼이 허락하는 대지는 마치 어머니를 닮아서 그리스 신화 속 만물의 어머니 신과 똑같이 '가이아Gaia'라는 이름을 가지고 있습니다. 대지를 중심으로 놓고 보면 자신을 딛고 일어나라고 등을 내어 주는 주인공입니다. 또 대지의 모습은 기쁨과 고통은 하나라는 사실을 말해 줍니다. 주인공과 조연, 엑스트라의 모습이 계속 변화하고 순환하는 진리를 보여 줍니다. 고통스러운 순간, 자신이 짓밟힌 것처럼 느껴질 때 보복하거나 원망하는 대신, 그 존재가 피어나기 위한 발판으로 받아들이며 기뻐할 수 있다면 대지의 모습에서 존재의 완성을 배우는 것입니다.

대지는 씨앗을 받아들이고 헌신적으로 양육하여 세상에 새 생명을 탄생시킵니다. 이때 생명의 환호와 기쁨으로 봄의 교향악이 울려 퍼집니다. 모든 생명은 대지의 자손이자, 대지 자신입니다. 보살은 마치 대지와 같아서 모든 이들을 자기 자신처럼 여기고 공손하게 대하며 차별하지 않습니다. 모든 존재들에게 평등하게 봉사하는 기쁨을 누립니다. 칭송할 만한 주인공 대지의 존재 방식을 바라봅니다.

안도현 시인은 "살아가면서 가장 아름다운 일은 누군가의 배경이 되어 주는 일"이라고 했습니다. "별을 더욱 빛나게 하는 까만 하늘처럼, 꽃을 더욱 돋보이게 하는 무던 땅처럼, 함께 하기에 더욱 아름다운 연어 떼처럼"이라고 '배경이 되는 기쁨'을 노래합니다. 우리가 누군가의 배경이 되었던 적은 언제였을까요? 주인공의 삶에서 배경이 되는 삶으로 전환했던 때 우리는 어떤 감정을 느꼈을까요? 주인공만이 특별하고 중요하고, 조연이나 엑스트라는 별 볼 일이 없다고 여기는 사고방식에서 우리는 얼마나 자유로울까요?

우리는 살아오면서 주인공이 아닌 배경이나 조연의 역할을 했던 시간에서 기쁨과 평온을 느낀 적이 분명 있었을 겁니다. '내'가 드러나지 않는 공동체의 일원으로 아름다움의 배경이 되는 경험은 진실의 태피스트리처럼 아름다운 문양을 창조해 전체성을 꽃피워 내는 것임을 알 수 있습니다. 이생에 와서 자신이 배경이 되는 삶과 시간을 얼마나 경험하셨는지요? 그리고 나의 존재를 위해 배경이 되어 주었던 이들은 얼마나 만나셨는지요?

영원한 배경과 영원한 주인공이 없음을 아는 지혜로 지금 현재의 때를 자각하면서 기쁘고 평온할 수 있기를 바랍니다. 배경이든 주인공의 삶이든 모두 기뻐하며 평온한 존재여행이 되기를 바랍니다.

● 나 가 는 글

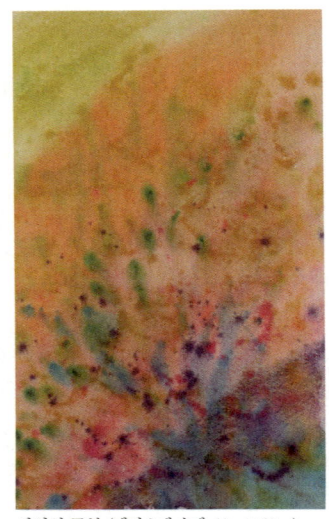
신성한 돌봄 (캔버스에 수채, 40cm×60cm)

사계절이 뚜렷한 우리나라에서 맞이하는 아침에는 매일매일 자연의 아름다움과 생동감을 발견하는 기쁨을 느낄 수 있습니다.

햇살이 창문 틈으로 환하고 따사롭게 들어오는 아침, 새들의 지저귐이 저의 발걸음을 문밖으로 초대합니다. 밖으로 난 문을 향해 한 발 내딛자 태양은 마치 "이 환한 곳으로 좀 와 봐! 내가 너를 빛나게 해줄게."라고 속삭이는 듯합니다. 그 빛은 저를 땅으로 데려갑니다. "땅을 뚫고 올라오는 새싹의 용기를 좀 봐!"라고 다시 간질이듯 부추기는 소리는 기쁨의 탄성을 자아내기에 충분합니다. 저는 파란 하늘 뒤로 물러나는 찬란한 여명을 보고 아쉬움을, 떠오르는 태양에서는 반가움을 함께 느낍니다. 제 속에 있는 밝고 맑은, 기분 좋고 신비한 에너지를 발견합니다. 햇빛은 제가 빛에서 온 존재라는 사실을 상기시켜 줍니다. 단단하고 무거웠던 땅을 뚫고 나오는 새싹의 힘은 제 뱃속의 힘에서도 함께 흐름을 알아차리게 합니다. 제 안에서 무기력하고 무거운 부정적인 에너지를 뚫고 나오려는 살아있는 동력을 꿈틀거리게 합니다.

이 새로운 하루의 풍광을 선물 받은 저는 이 풍경들에 제 기쁨을 담아 불보살님들께 공양 올립니다. 찬란한 빛살과 땅 위에 하늘빛을 수놓은 활짝 핀 작은 꽃잎들, 땅의 신선한 냄새와 투명한 아침 이슬을 머금고 반짝이며 떨리는 나뭇잎들을 모두 바칩니다. 주인 없는 세상의 온갖 아름다운 것들, 곧 다른 모습으로 변화하는 이 작은 생명들의 무상하고 황홀한 움직임을 거룩한 존재들께 바칩니다.

　매일의 일상에서 작은 변화의 신선함을 발견하는 시선과 그것에서 의미를 찾는 기쁨은 오늘의 존재여행을 행복하게 하는 비결입니다. 여기에 달라이 라마 존자님을 본받아 오늘 하루 화를 내지 않을 것이라 다짐하고, 일체 존재들의 행복을 위해 할 수 있는 한 선행을 할 것을 결심합니다. 이 결심을 실천하겠다는 의지로 맑은 물 한 잔 올립니다. 제가 올린 청수清水가 불보살님들의 위신력으로 오늘 하루 목마름으로 고통을 받는 누군가에게 맑고 시원한 감로수가 되기를 발원하면서 절을 올립니다.

　제가 태양처럼 한 바 없이 온 존재들의 생명을 양육하기를, 신선한 바람처럼 한 바 없이 타는 갈망의 열을 식혀 주기를, 맑은 물처럼 한 바 없이 존재의 고뇌를 씻어 주기를, 대지의 수용과 변형의 에너지처럼 한 바 없는 자애와 연민으로 일체 존재들이 꽃피게 할 수 있기를, 비바람이 한 바 없이 나무들을 춤추게 하는 것처럼, 부정적인 감정들이 한 바 없이 존재를 흔들어 가벼워지게 하는 것처럼 신선한 아침의 공기처럼 한 바 없이 매일 새로운 날을 자각하기를, 존재여행의 기차에 오른 이들이 사무량심 역을 거쳐 마침내 지혜와 자비의 텅 빈 공성역에 이르기를, 마침내 붓다를 이루기를 바라는 바 없이 바랐습니다.

태양이 서쪽으로 기울 무렵, 여름이 지나고 나뭇잎들과 산들을 온갖 색으로 옷을 갈아입히기 시작하는 가을을 알아차립니다. 투명한 빛이 온갖 존재들을 투과하듯 차가운 바람이 불기 시작하고, 뜨거운 태양이 곡식과 과일을 여물어 익게 하는 수확의 계절이 다가옴을 느낍니다. "잠자리가 날고, 흰 구름이 그림을 그리는데 너는 무엇을 했지?" 기러기가 질문을 하고 날아갑니다. 휘영청 밝은 만월보살은 본성을 가리키지만 아직 손가락 끝만 바라보는 어리석음을 버리지 못합니다. 알곡을 거두어들이는 계절이 지나면 곧 존재의 전라를 드러낼 겨울이 다가올 것입니다.

한 그루 느티나무는 차고 매서운 겨울 칼바람이 부는 한가운데서도 희고 고운 눈의 황홀한 풍광을 맞이할 수 있듯이, 우리는 고통과 아픔의 한가운데서도 친절한 사랑과 연민으로 기뻐하고 평온한 힘을 느낄 수 있습니다. 이처럼 인생의 겨울에서도 사무량심의 꽃으로 귀한 지혜와 자유의 열매를 맺을 수 있기를 감히 바라 봅니다.

하지만 지금은 겸손하게 온몸으로 대지를 느낄 차례입니다. 부족하면서도 나무들을 희생해 노래한 과보를 기다릴 시간입니다. 사계절의 순환이 두 번이나 지나도록 익지 못한 수행의 결실들은 아직도 설은 채 그대로입니다. 그렇지만 조금이라도 공덕이 된다면 제불보살님들의 회향을 본받아 모든 존재들의 완전한 행복을 위해 바칩니다.

부족하지만 억지로라도 설익은 이 글을 내놓을 수 있었던 것은 꾸준하게 용기와 격려로 지지해 준 화순비경 도반들과 불광출판사의 여러분, 그리고 첫 출발을 함께 해준 시라 덕분입니다. 그 외에도 제가 포기하고 싶을 때마다 새로운 활기를 선물해 준 여러 인연들 덕분에 이 책이 만들어지게 되었습니다. 그 고마운 마음들과 사무량심이 피워 낸 행복의 꽃이 이 책이고 싶습니다. 사무량심으로 진정한 공성의 열매를 맺으시길 기원합니다.

이 책과 인연이 된 모든 분들과 일체 존재들이 고통에서 벗어나 행복과 행복의 원인을 짓고, 고통 없는 기쁨에 머무시길 기원합니다. 반야와 함께한 평온으로 무한히 자유롭기를 기원합니다. 고맙습니다.

강과 바다가 만나는 김포에서
정연 재마 두 손 모음

참고 문헌

경전류

각묵 역(2004), 『네 가지 마음 챙기는 공부(대념처경과 그 주석서)』, 울산: 초기불전연구원.
＿＿＿(2006), 『디가니까야』, 울산: 초기불전연구원.
대림 역(2004), 『청정도론』, 서울: 초기불전연구원.
＿＿＿(2006), 『앙굿따라니까야』, 울산: 초기불전연구원.
＿＿＿(2012), 『맛지마니까야』, 울산: 초기불전연구원.
각묵 엮음/각묵·대림 역(2013), 『니까야 강독』 1·2, 울산: 초기불전연구원.
무념 응진 역(2008), 『법구경 이야기』 2, 경주: 옛길.
법정 역(1999), 『숫타니파타』, 파주: 이레.
일아 편역(2008), 『한 권으로 읽는 빠알리 경전』, 서울: 민족사.
이운허 역(2006), 『대방광불화엄경』, 동국역경원.
석법성 역(2016), 『대지도론』, 서울: 운주사.
산티데바/석혜능 편역(2009), 『입보살행론』, 부산: 부다가야.; 청전 역(2005), 『입보리행론』, 여수: 하얀 연꽃.

단행본 및 논문

강신익(2009), 「의학, 의술, 의덕」, 『몸, 마음공부의 기반인가 장애인가』, pp.271~326, 서울: 운주사.
곽미자(2010), 『요가니드라 워크북, 요가이완치료』, 장흥: 한국요가출판사.
김재성(2010), 「초기불교의 분노와 치유」, 『비폭력연구』 제4호, pp.19~46.
＿＿＿(2012), 「불교명상의 심리치료에의 응용에 대한 연구: 최근 심리치료와 전통적 불교명상에서 마음챙김의 위상을 중심으로」, 『불교연구』 제37집, pp.171~230.

_____(2015), 「붓다가 가르친 자비」, 『자비 깨달음의 씨앗인가, 열매인가』, 서울: 운주사.
김현경(2015), 『12감각을 깨워야 내 아이가 행복하다』, 서울: 물병자리.
람버트 슈미트하우젠/양영순 역(2014. 12), 「평정과 자비 - 초기불교에 나타나는 정신성과 구제(利)의 목적」, 『불교학리뷰』 16, 논산: 금강대학교 불교문화연구소, pp.187~195.
미산(2010), 「초기불교와 상담심리」, 『중앙승가대학교 대학원 연구논집』 제3집, pp.59~125.
_____(2015), 「진정한 자비의 실천과 선불교 자비행법의 모색」, 『자비, 깨달음의 씨앗인가, 열매인가』, 서울: 운주사.
미산·조성택·김홍근(2015), 『인생교과서 02 부처』, 파주: 21세기북스.
이정명(2010), 「소마, 정서적 몸, 그리고 이들 재료의 창조적 변형 ; 타말파연구소의 삶/예술과정을 중심으로」, 『무용기록학회』 20, pp.65~85.
_____(2014), 「신심통합적 움직임 교육으로서의 무브먼트 리츄얼에 관한 고찰」, 『무용기록학회』 32, pp.163~184.
_____(2015), 「트라우마 생존자를 위한 움직임 교육 프로그램 개발과 참여자 체험연구」, 명지대학교 대학원 박사학위 논문.
임용자(2004), 『표현예술치료의 이론과 실제』, 서울: 문음사.
_____(2008), 『동작 예술심리치료의 이해』, 서울: 창지사.
장현갑(2009), 『마음 VS 뇌』, 서울: 불광출판사.
전현수(2010), 『정신과 의사가 붓다에게 배운 마음치료 이야기』, 서울: 불광출판사.
EBS 감정시대 제작팀/이현주 글(2017), 『감정시대』, 파주: 월북.

나카무라 하지메/남수영 역(2010), 『용수의 중관사상』, 용인: 여래출판사.
데이비드 해밀턴(David R. Hamilton)/장현갑·김미옥 역(2012), 『마음이 몸을 치료한다』, 서울: 불광출판사.
딕 티비츠(Dick Tibbits)/한미영 역(2008), 『용서가 있는 삶』, 파주: (주)알마.
리사 카파로(Risa F. Kaparo)/ 최광석 역(2013), 『소마지성을 깨워라』, 서울: 행복에너지.
밍규르 린포체/김소향·류시화 역(2009), 『티베트의 즐거운 지혜』, 서울: 문학의숲.

비디아밀라 버치(Vidyamala Burch)·대니 펜맨(Danny Penman)/ 김성훈 역(2015), 『기적의 명상치료』, 서울: 불광출판사.

뻴뚤 린포체/오기열 역(2013), 『위대한 스승의 가르침』, 서울: 지영사.

_____/황엽·백연화 역(2015), 『대원만전행 강해』1, 2, 3, 고독원.

샤론 샐즈버그(Sharon Salzberg)·로버트 서먼(Robert Thurman)/윤서인 역(2014), 『분노를 다스리는 붓다의 가르침』, 서울: 담앤북스.

소걀 린포체/오진탁 역(2013), 『삶과 죽음을 바라보는 티베트의 지혜』, 서울: 민음사.

손드라 배릿(Sondra Barrett)/김용환·원민정 역(2016), 『세포에게서 배우는 포용과 선택』, 서울: 학지사.

스와미 라마(Swami Rama)/길연 역(2004), 『신비의 호흡요법』, 서울: 관음출판사.

아남 툽텐/이창엽 역(2015), 『알아차림의 기적』, 서울: 담앤북스.

앨런 월리스(B. A. Wallace)/ 황학구 역(2007), 『아티샤의 명상요결』, 파주: 청년사.

제프리 홉킨스(Jeffery Hopkins)/김충현 역(2007), 『자비명상』, 서울: 불교시대사.

조안 초도로우(Joan Chodorow)/임용자·나혜숙 역(2003), 『춤·동작 치료와 심층심리학』, 서울: 물병자리.

크리스토퍼 K. 거머(Christopher K. Germer)/ 한창호 역(2011), 『나를 위한 기도, 셀프 컴패션』, 파주: 아름드리미디어.

토머스 한나(Thomas Hanna)/김정명 역(2013), 『부드러운 움직임의 길을 찾아』, 고양: 소피아.

_____/최광석 역(2014), 『소마틱스』, 서울: 도서출판 행복에너지.

틱낫한(Thich Nhat Hanh)/박혜수 역(2003), 『틱낫한의 사랑의 가르침』, 서울: 도서출판 열림원.

파커 J. 파머/윤규상 역(2007), 『온전한 삶으로의 여행』, 서울: 해토.

프란시스코 바렐라(Francisco Varela)·에반 톰슨(Evan Thompson)·엘리노어 로쉬(Eleanor Rosch)/박봉래 역(2013), 『몸의 인지과학』, 파주: 김영사.

몸과 마음을 함께 돌보는
소마 사무량심 명상
기쁨의 세포를 춤추게 하라

ⓒ 정연 재마, 2018

2018년 12월 7일 초판 1쇄 발행
2022년 11월 1일 초판 2쇄 발행

글·그림 정연 재마
발행인 박상근(至弘) • 편집인 류지호 • 상무이사 김상기 • 편집이사 양동민
책임편집 김소영 • 편집 김재호, 양민호, 권순범
디자인 쿠담디자인 • 제작 김명환 • 마케팅 김대현, 정승채, 이선호 • 관리 윤정안
펴낸 곳 불광출판사 (03150) 서울시 종로구 우정국로 45-13, 3층
　　　 대표전화 02) 420-3200 편집부 02) 420-3300 팩시밀리 02) 420-3400
　　　 출판등록 제300-2009-130호(1979. 10. 10.)

ISBN 978-89-7479-484-2 (03220)

값 19,000원

○ 이 책은 대한불교조계종 교육원 교육아사리 지원사업으로 제작되었습니다.

잘못된 책은 구입하신 서점에서 바꾸어 드립니다.
독자의 의견을 기다립니다. www.bulkwang.co.kr
불광출판사는 (주)불광미디어의 단행본 브랜드입니다.